▶《北京工商大学学报（社会科学版）》"贸易经

品牌研究大视野
PINPAI YANJIU DASHIYE

王 轶/编

中国财经出版传媒集团
经济科学出版社
Economic Science Press

图书在版编目（CIP）数据

品牌研究大视野／王轶编 .—北京：经济科学出版社，2017.4

(《北京工商大学学报（社会科学版）》"贸易经济"栏目精粹)

ISBN 978-7-5141-7965-1

Ⅰ.①品… Ⅱ.①王… Ⅲ.①品牌–企业管理–研究–中国 Ⅳ.①F273.2

中国版本图书馆 CIP 数据核字（2017）第 090425 号

责任编辑：高进水　刘　颖
责任校对：辰轩文化
责任印制：王世伟

品牌研究大视野
王　轶　编

经济科学出版社出版、发行　新华书店经销
社址：北京市海淀区阜成路甲 28 号　邮编：100142
总编部电话：010-88191217　发行部电话：010-88191522
网址：www.esp.com.cn
电子邮件：esp@esp.com.cn
天猫网店：经济科学出版社旗舰店
网址：http://jjkxcbs.tmall.com
北京季蜂印刷有限公司印装
787×1092　16 开　14.5 印张　200000 字
2017 年 4 月第 1 版　2017 年 4 月第 1 次印刷
ISBN 978-7-5141-7965-1　定价：36.00 元
(图书出现印装问题，本社负责调换。电话：010-88191510)
(版权所有　侵权必究　举报电话：010-88191586
电子邮箱：dbts@esp.com.cn)

编辑委员会

主　编：李朝鲜
副主编：宋冬英
委　员：（按姓氏排序）
　　　　邓　艳　宋冬英　王沈南　王　轶

序言一

《北京工商大学学报（社会科学版）》前身为《北京商学院学报》。作为原商业部直属高等院校所办刊物，自1981年创刊时即将刊物定位为以贸易经济为主的经济类学术期刊，"贸易经济"（亦称"商贸流通"）栏目为本刊特色栏目。

30多年来，"贸易经济"栏目伴随着我国社会主义经济不断深入改革和扩大开放，不仅走过了从计划经济到市场经济理论与实践的研究与探索过程，见证了我国商贸流通发生翻天覆地变化的历史，也突破了原来狭隘地单纯谈论国内贸易，就商业论商业的局限性。

"贸易经济"栏目始终坚持集中和突出优势办专业特色栏目的思想；期刊一直是《中文核心期刊要目总览》中的"贸易经济类核心期刊"，是第一批以"贸易经济"栏目为专业特色入选CSSCI收录的来源期刊。"贸易经济"栏目2010年被全国文科学报研究会评为"特色栏目"。2004年以来多次被北京高教学会社会科学学报研究会评为"北京高校人文社科学报优秀栏目"，2010年以来多次被评为"北京市高校人文社科学报名栏"。

为了展示"贸易经济"栏目30多年的优秀成果，学报编辑部决定出版一套"贸易经济"精粹丛书，第一册为《流通与营销理论发展研究》，第二册为《品牌研究大视野》。通过此套丛书，可以看出"贸易经济"栏目为我国贸易经济理论研究与实践的发展所做出的努力和贡献。

"贸易经济"栏目设立30多年来，共计发表了1000多篇论文，由于文章时效性等原因，此两册书籍分门别类地收录了学报2001－2016年"贸易经济"栏目所发表的有代表性的文章40余篇，对贸易经济领域的热点、难点问题和前瞻性理论进行了深度分析。文章遴选主要基于三项原则：一是按照每年"贸易经济"栏目所发表文章的CNKI复合被引次数的高低排序；二是按照每年"贸易经济"栏目所发表文章在四大转载期刊（《新华文摘》《中国社会科学文摘》《高等学校文科社会科学文摘》和中国人民大学复印报刊资料）上的被转情况；三是聚焦两册书籍的话题。

第一册《流通与营销理论发展研究》辑录了2001－2016年期间反映中国流通业巨变的一些代表性文章。文章分为四部分：第一部分为流通理论，内容涉及商业原则、商业文化、商业聚集、顾客价值、零售轮理论、流通经济学的复兴等；第二部分为流通业面临的现实问题及对策，内容涉及流通业发展方式、流通业核心竞争力、冷链物流、零售业发展矛盾等；第三部分为农产品的流通问题，内容涉及农产品流通效率、农产品流通网络组织、农产品流通渠道、农产品供应链整合、农产品流通模式、农产品流通线上线下融合等；第四部分为全渠道问题，内容涉及网络营销、线下线上融合、多渠道零售、移动零售、全渠道零售等。

第二册《品牌研究大视野》辑录了 2001－2016 年期间"商贸流通"栏目发表过的关于"品牌"研究的一些代表性文章。文章分为三部分：第一部分主要讨论品牌维度与定位，内容涉及品牌定位、品牌本性与个性、品牌特性、品牌形象和品牌延伸等；第二部分为品牌经营与国际化，内容涉及品牌内涵、品牌营销策略和品牌战略变迁等；第三部分为品牌体验与购买，内容涉及零售商店品牌形象、品牌竞争力、老字号品牌的发展以及商业街品牌分析等。

在本套书籍的结集出版过程中，我们也惊喜地发现，虽然文章发表时是各自独立的研究成果，但按照一定的逻辑规律编辑成册时，其研究的内在逻辑以及该领域的历史发展脉络便清晰可见。而这种逻辑和脉络恰恰反映了我国贸易经济领域理论研究的阶段性、系统性和前瞻性以及未来有待研究的问题。

最后，殷切希望《北京工商大学学报（社会科学版）》借此机会，认真总结"贸易经济"栏目的发展经验，明确栏目今后的发展思路，秉承学报的发展宗旨，努力把刊物打造成为我国贸易经济理论探讨的风向标、商贸流通领域研究的思想交流高原。

期刊文章发表与书籍出版的格式是有差异的，虽然后期再次经过编辑的校对，但错误还是难以避免，希望广大读者朋友批评指正。

李朝鲜

2016 年 11 月

[李朝鲜，教授，博士生导师，《北京工商大学学报（社会科学版）》主编，北京工商大学副校长]

序言二

当前有关品牌研究的思路,主要沿着两条线路向前演进。

第一条是品牌资产的线路。从企业经营的角度出发,以品牌的价值为基础,沿着品牌价值评估、品牌资产增值的路线向前演进。这条路线包括品质管理、品牌经营、品牌价值评估、品牌并购、品牌延伸等研究。各类品牌排名榜集中体现了品牌资产的价值,企业经营管理者的重要任务是推动品牌资产增值。

第二条是品牌形象的线路。从消费者认知的角度出发,以品牌的感观、标识、认知为基础,沿着品牌形象的路线向前演进。这条路线包括品质感受、服务体验、品牌标识、视觉感知、品牌购买、品牌忠诚等研究。其中品牌视觉感知、品牌标识是品牌首先与消费者发生联系的接触点,品质感受、服务体验、品牌购买、品牌忠诚度是消费者获得品牌价值的重要路径。

这两类线路并不是孤立的,而是交织在一起的。一个品牌能够持续增长,必然要以消费者不断购买其产品或服务为基础。即使在评估品牌资产的过程中,也需要以该品牌的市场潜力为评价基数,而市场潜力的大小最终取决于消费者对该品牌的购买意向和忠诚度。因此,品牌必然是一个多要素的概念,是一个需要系统思维的概念。

市场上有相当一部分教材或著作对品牌的解释是片面的,甚至是错误的。比如,以为品牌仅仅是一个标志、一个标识、一个牌子,或者仅仅是一个符号。有的人把产品的包装形象混同于品牌形象,认为企业进行品牌形象升级就是更换产品包装,包装换一换,品牌形象改善了,价格提高几个档,品牌的价值也就提高了。这是对品牌概念的错误理解,也是国内不少企业经营者难以提升品牌档次、难以打造著名品牌的根本原因。

当前线上销售势头猛烈,一步步取代传统的销售模式是商业发展的大趋势,但传统的商业企业仍在流通领域唱主角,商业环境是消费者感受品牌品质、体验品牌服务的重要场所。相比网络上虚拟的品牌体验与服务,商业环境下的品牌体验具有情真意切、真情实感的现实感。对于食品餐饮、服装鞋帽、旅游探险、文化娱乐等领域的品牌推广而言,商业环境具有虚拟体验不可比拟的优势。

本书汇编了有关品牌研究的特色鲜明的成果,试图从系统思维的角度,解构品牌要素的构成，重点分析商业环境中的品牌要素以及消费者对品牌要素的期望，对于我们从品质要素、消费者体验等角度来探索品牌的本质，具有十分重要的启发意义。

中国品牌做强做大并走向世界，为世界人民提供品质优良的商品，丰富人们的生活，这是指日可待的事情，也是历史发展的良机。我们期待国内企业早日打造出一大批享誉世界的中国品牌！

罗子明

2016 年 11 月

[罗子明，教授，北京工商大学艺术与传媒学院院长，中国广告协会学术委员会常委，中国广告教育研究会常务理事]

目 录

第一部分　品牌维度与定位

关于品牌定位几个理论问题的探讨　邱红彬　// 3

国内外品牌本性理论研究综述　张燚　张锐　// 8

基于品牌个性及品牌认同的品牌资产驱动模型研究　金立印　// 16

基于符号学的"整体品牌"概念　王连森　// 26

品牌形象的构成及其测量　罗子明　// 35

品牌特性对品牌至爱的影响：品牌借用倾向和物质主义
　价值观的调节作用　杨德锋　李清　赵平　// 41

品牌联想冲突对于评价品牌延伸的影响
　——基于完美主义的视角　唐建生　翟海英　许倩　// 53

品牌延伸的决策研究　刘勇　// 66

第二部分　品牌经营与国际化

企业品牌内涵及其生成模式　蒋璟萍　// 77

论全球品牌及其营销策略　阎俊　// 84

努力将贴牌大国打造成自主品牌强国的思考　柳思维　// 93

真实性偏好如何影响全球品牌中国元素产品的
　购买可能性？　黄海洋　何佳讯　// 103

中国品牌合理化战略对国外消费者支持的内化

  机制研究 刘洪深 何昊 周玲 // 119

中国企业国际化经营中的品牌战略变迁路径 刘文纲 赵占明 // 131

第三部分 品牌体验与购买

零售商店形象属性维度的实证研究 宋思根 // 141

零售店铺形象的量表设计

  ——从百货商店、超级市场和购物中心的角度 杨宜苗 // 148

零售商品牌资产影响因素及其作用机制的

  实证研究 沈鹏熠 胡保玲 // 155

零售企业自有品牌竞争力评价研究 李艳华 // 168

零售商自有品牌的功能和市场定位 朱瑞庭 // 177

大型品牌旅行社网络化经营的模式分析与路径选择 杨重庆 // 186

"中华老字号"品牌发展滞后原因及其对策研究 冷志明 // 195

中华老字号品牌的生命周期研究 李飞 // 200

国外著名商业街比较与分析 刘菲 // 210

商业街：中华商业文化之魂 李学工 // 216

第一部分
品牌维度与定位

关于品牌定位几个理论问题的探讨

▲邱红彬（湖北经济学院，湖北武汉　430079）

> **摘　要**：品牌定位是品牌营销战略中的核心问题。文章在现代营销理论的基础上，从品牌定位系统及品牌定位与其他营销要素间的关系等几个方面探讨了品牌定位理论，在如何正确理解品牌定位问题上提出了个人的一些看法。
>
> **关键词**：品牌营销；品牌定位；品牌定位系统

自从我国宋朝一家专造功夫细针的刘家针铺以"白兔"为其细针商品标记开始，人类逐渐进入了一个品牌生产、经营和消费的社会。今天，品牌营销早已摆脱了仅仅作为商品标记的初衷而具有更加深刻的内涵，实施品牌营销战略也已成为众多企业的共识。同时，各种品牌营销理论更是层出不穷，并极大地指导和丰富了企业的营销实践。本文将在此基础上对品牌营销理论中的核心问题——品牌定位作如下方面的探讨。

一、关于品牌定位系统

世界著名广告大师大卫·奥格威曾指出："品牌是一种错综复杂的象征，它是产品属性、名称、包装、价格、历史、声誉、广告方式的无形总和，品牌因消费者对其使用的印象及自身的经验而有所界定，它是消费者对产品一切感觉的总和。"奥格威的论断从一个侧面揭示了品牌绝对不只是标志企业产品的空洞符号，而是一个有着丰富内涵的概念，甚至可以说它是企业产品立足于市场的个性与形象的集中体现。这也决定了品牌定位并不只是简单地确定产品某一方面特征的市场行为，它应该是全方位塑造产品个性与形象的系统工程。下面我们给出一个关于品牌定位系统的基本结构图（见图1）。

图1表明，品牌定位的基本依据来自三个方面的信息，即企业优势、目标市场竞争者定位信息及目标市场消费者需求信息。在此基础上，围绕品牌定位理念的定位工作正式启动，从质量、功能、包装、价格、渠道、广告等六个角度对品牌进行系统的定位，之后便产出个性化品牌。纵观品牌定位的过程，我们不难发现，个性化品牌产生于一个决策系统，在这个决策系统中，如何进行品牌的具体定位取决于品牌定位理

---

* 本文原刊载于《北京工商大学学报（社会科学版）》2002年第4期。

念，而品牌定位理念的确定又是以上述三个方面的信息流为依据的，因此，个性化品牌实际上是品牌定位决策系统对外部输入信息进行综合加工的结果。在品牌定位决策系统中，以下几个问题值得进一步关注。

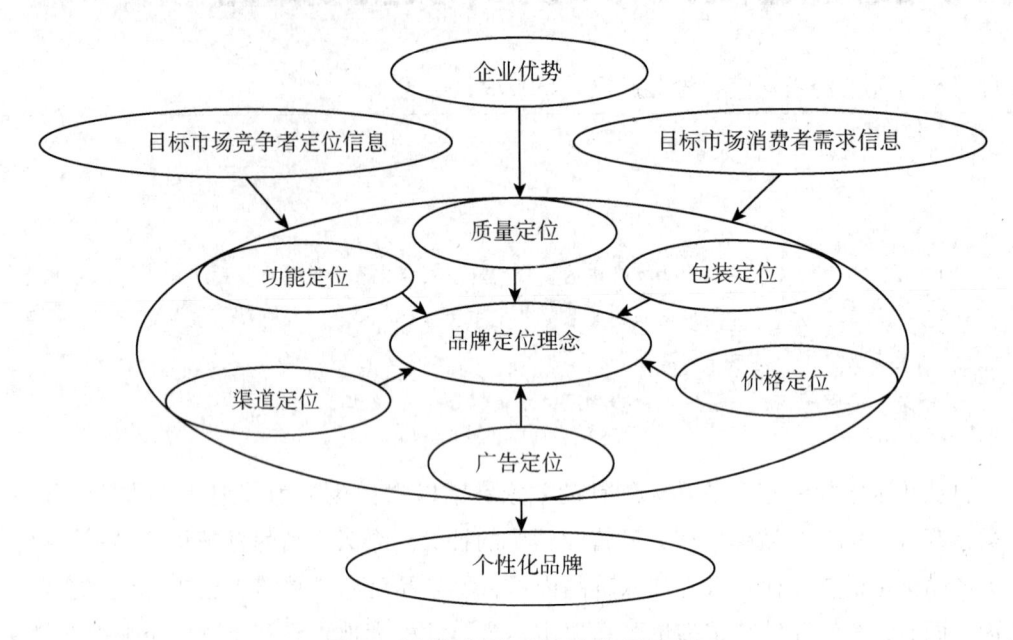

图 1　品牌定位系统结构示意图

1. 竞争者定位信息和消费者需求信息必须取自特定目标市场。从竞争角度分析，企业在品牌定位时之所以要考虑竞争者的定位信息，是为了赢得与竞争者产品的比较优势，而这种比较优势是针对同一顾客群的，所以，只有目标市场与企业相同或相似的竞争者定位信息才是对企业有价值的信息，一家小轿车生产商的品牌定位信息对一家卡车生产商的品牌定位是没有任何意义的。从消费者需求角度分析，品牌定位的动因是为了更好地迎合消费者的个性化需求。从整体市场范围来看，消费者的需求特征纷繁芜杂，如果将此作为品牌定位的依据，势必要么从所有消费者群中抽象出其共性需求或力图兼顾所有消费者需求，使产品成为"万金油"，即毫无特色；要么顾此失彼，使品牌定位发生错位，即品牌定位与目标市场消费者需求不相吻合。如在许多国产洗衣粉的品牌定位中，只笼统强调去污力强似乎成为亘古不变的主题，从而导致产品"千牌一面"。在这些品牌面前，消费者由于无从比较，往往感到无所适从。究其原因，没有结合特定目标市场定位应是其中的一个重要因素。

2. 品牌定位应结合企业优势。品牌定位活动不是企业间的实力大比拼，而应该是企业在相互参照的情况下，在市场上塑造符合消费者需求且能发挥自身特长的品牌形象，并通过这种精心策划的品牌形象吸引特定消费者群的市场营销行为。也就是说，品牌定位的成功与否并不一定取决于企业的综合实力，而在于谁能将自己的优势有效融合到品牌定位的过程中。如果片面强调与竞争对手争夺市场，在进行品牌定位时不考虑自己的薄弱环节，以己之短博人之长，那么其定位效果可想而知。从目前国内的情况来看，之所以没有哪一家汽车生产商敢于挑战劳斯莱斯汽车"高贵、王者、显赫、至尊"的品牌定位，原因在于无法拥有像劳斯莱斯公司那样的生产优势。实际上，只要用心挖掘，每一家企业都会有自身的显在或潜在优势，这就要求企业在进行品牌定位之前应注意分析自己的主观条件，从中发现优势并将其嵌入到企业的个性化品牌中。如百事可乐在与可口可乐的定位比较中，发现自己较短的生产历史竟是一种优势，即在消费者心目中是一家生产新产品的企业，将百事可乐定位于"新一代的可乐"，利用新生代崇拜明星的心理，请迈克尔·杰克逊做广告代言人。在杰克逊掀起的阵阵狂潮中，"百事"成了"年轻、活泼、时代"的象征。

3. 品牌定位理念是品牌定位的灵魂。品牌定位理念是企业在实施品牌定位行为时所遵循的基本指导思想，它也是企业通过品牌定位活动力图传达给消费者的一种产品概念。品牌定位理念借助质量定位、功能定位、包装定位、渠道定位、价格定位、广告定位等六个方面得以实现，消费者也是从上述六个方面来了解和接受企业的品牌定位理念的。因此，为了使品牌定位理念能在品牌定位实践中得到较好的体现，必须把握好品牌定位的方式及其与品牌定位理念的关系。一般来说，品牌定位理念是附着在一定的品牌定位方式之上的，而品牌定位方式则通过质量、功能直至广告等六个方面中的一个或几个方面的组合表现出来，这也就是说，品牌定位理念可以主要附着在品牌定位方式中的一种或几种定位的组合上。劳斯莱斯汽车"高贵、王者、显赫、至尊"品牌定位理念主要是从质量、渠道、价格、广告等四个方面的组合进行传达的：高不可攀的质量、狭窄的销售渠道、高昂的售价与反复对工艺流程进行强调的陈述式广告。而百事可乐"新一代的可乐"的品牌定位理念则在很大程度上依靠广告定位加以实现。另外需要强调的是，品牌定位理念形成以后，如得到市场认同，就应保持其相对稳定性。也许在此期间市场竞争和消费者需求会发生某些变化，企业可以据此对品牌定位方式作出调整，但切忌不要轻易否定自己的定位理念，否则会前功尽弃。

4. 个性化品牌是与个性化需求的消费者群相对应的。应该说，品牌定位后的产品是为某特定消费者群量身定做的产物，企业应视这部分消费者为锁定型顾客，除此之外的消费者则为争取型顾客。企业依靠个性化品牌的魅力吸引锁定型顾客，并不时通过采取一些特殊的促销措施去打动争取型顾客。如劳斯莱斯公司对购买除黑色之外的汽车的消费者免于考察其身份是否尊贵，争取到了一批有钱但社会地位一般的顾客。但需要注意的是，这些促销措施不应从根本上与品牌定位理念发生冲突，就像劳斯莱斯汽车不会以大幅度降价来取悦于中产阶级一样。以上分析也说明，企业没有必要也不可能奢望通过品牌定位去吸引目标市场上所有的顾客，品牌定位应个性化需求而产生，也将在个性化需求中实现其主要价值。

二、关于品牌定位与其他营销要素的关系

1. 品牌定位与市场细分、选择目标市场的关系。现代营销战略理论认为，市场细

分（segmenting）、选择目标市场（targeting）和品牌定位（positioning）是企业营销活动前奏中逐步深入的三部曲（即 STP），的确，离开了市场细分与选择目标市场，品牌定位将无从谈起。从这个意义上讲，市场细分与选择目标市场是进行品牌定位的两项基础性工作，即品牌定位工作是在完成市场细分和选择目标市场之后才正式启动的。那么，针对特定目标市场的品牌定位活动又是如何展开的呢？如前所述，经过系统化的工作程序后，形成了个性化品牌，问题是这个个性化品牌是否用来吸引目标市场上的每一位顾客，如果在此做出肯定回答，那将意味着针对同一目标市场不同企业的品牌定位会是千篇一律，这就使品牌定位丧失了其应有的价值。因此可以这样说，品牌定位制造的个性化品牌仅仅是用来锁定目标市场上某一特定的顾客群，这个特定的顾客群实际上是在目标市场上进行二次市场细分与再次选择目标市场的产物。例如"海飞丝"去屑洗发露与"风影"去屑洗发露都是以去头皮屑消费者为目标市场，但"海飞丝"着重突出其去屑的功效，强调"强效去屑"，而"风影"则着重突出其护发功能，强调"去屑不伤发"，这两种细腻的定位手法实际上又将有头皮屑者市场划分为偏重去屑与偏重护发两个子市场。由此可见，品牌定位既以市场细分、选择目标市场为基础，又包含进一步市场细分和选择目标市场的工作，三者相互交融，密不可分。

2. 品牌定位与市场营销组合的关系。现代营销理论一般认为市场营销组合策略应以目标市场上消费者的需求为主要依据，根据上文的分析结论，则可将此观点进行进一步阐释，即市场营销组合策略的实施应针对品牌定位以后的目标市场上特定消费者的需求，或者说，市场营销组合策略的实施是围绕基于目标市场上特定消费者需求而形成的品牌定位理念进行的。在上面论及的品牌定位系统中，品牌定位实际上包含了对市场营销组合进行规划的工作步骤，由此可以推断，品牌定位与市场营销组合并不是两个独立的营销环节，而是相互融合的两个营销要素，如果将市场营销组合理解为营销策略的规划和实施，则营销策略的规划工作是在品牌定位过程中完成的。

3. 品牌定位与诸营销要素的关系。在上文分析的基础之上，我们可通过企业营销流程将品牌定位与诸营销要素之间的关系用图 2 表示出来。

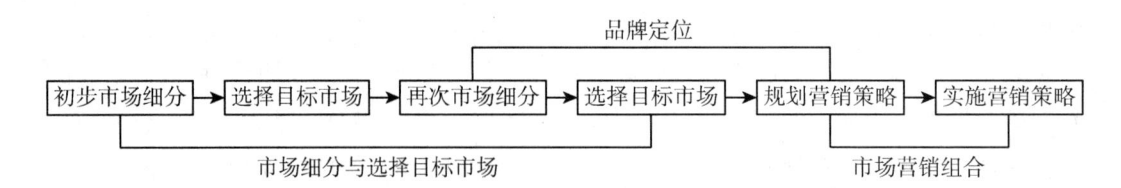

```
                              品牌定位
                    ┌─────────────────────────────┐
┌────────┐ ┌────────┐ ┌────────┐ ┌────────┐ ┌────────┐ ┌────────┐
│初步市场│→│选择目标│→│再次市场│→│选择目标│→│规划营销│→│实施营销│
│  细分  │ │  市场  │ │  细分  │ │  市场  │ │  策略  │ │  策略  │
└────────┘ └────────┘ └────────┘ └────────┘ └────────┘ └────────┘
    └──────────────────────────────────┘   └────────────────────┘
         市场细分与选择目标市场                    市场营销组合
```

图 2　品牌定位与诸营销要素关系

图 2 清楚揭示了品牌定位与相关营销要素相互渗透的关系，同时也表明了品牌定位作为一个系统要素在整个营销流程中的地位以及品牌定位工作在整个营销工作中承前启后的重要作用。

可以得出这样的结论，品牌定位在品牌营销战略中有着十分重要的意义，它是企业实施品牌战略的指南，值得市场研究人员和企业家在更深的层面上进行探讨，从而推动企业营销活动步入一个新的境界。

参考文献

[1] 邱红彬. 论品牌定位系统及其应用 [J]. 重庆商学院学报，2001 (4).

[2] 菲利普·科特勒，加里·阿姆斯特朗. 营销学导论 [M]. 余利军，译. 北京：华夏出版社，1998.

[3] 刘凤军. 品牌运营论 [M]. 北京：经济科学出版社，2000.

A Study of Some Theoretical Problems Concerning Brand Positioning

▲Qiu Hong-bin（*Hubei University of Economics*，*Wuhan*，*Hubei*，*430079*，*China*）

Abstract：Brand positioning is at the core of the brand marketing strategy. This paper explored the theory concerning brand positioning. To be specific, it studied the brand positioning system and the relationship between brand positioning and other marketing factors. Besides, the author presented some of his own opinions about how to understand brand positioning problems correctly.

Key Words：brand marketing；brand positioning；brand positioning system

国内外品牌本性理论研究综述*

▲张 燚[1],张 锐[2] (1. 重庆交通学院管理系,重庆 400074 2. 重庆市万盛区经济贸易委员会,重庆 400800)

摘 要:品牌是对相关事物的表征,由于使用具体语言、表述的需要和倾向性不同,将有不同的品牌特性表述方式。而不同的品牌本性理解,将会产生不同的品牌管理理论和经营模式。文章拟从品牌本性表述的传统观念、现代观念和未来观念出发,对各种品牌本性理论研究进行评述,以期能对品牌本性理论的历史及未来的发展形态进行概括,揭示品牌本性理论研究的新趋向。

关键词:品牌;品牌本性;品牌观念

根据品牌一词在使用时具体语言环境的不同,以及表述时的需要与倾向性,可以把品牌本性表述概括为三种存在形式和发展阶段:即传统品牌观(浅层品牌观)、现代品牌观和未来品牌观(深层品牌观)。为此,本文将从品牌本性表述的传统观、现代观和未来观等三个方面对国内外品牌本性理论研究进行阐释评述。

一、品牌本性表述:传统观

古德伊尔(Goodyear,1996)基于其广泛的国际经历曾指出:各国管理者根据他们所处的不同环境,对品牌这一术语的理解或解释是不同的(如德国更多的是理解为功能性利益,而英国则更多的是强调心理利益)。纵览当前国内外品牌界,对于品牌本性的描述归纳起来主要有以下几类。

1. 符号说:必要而不充分。美国市场营销协会(AMA)定义委员会(1960)认为,品牌是用以识别一个或一群产品或劳务的名称、术语、标记、符号或设计,或是它们的组合运用,其目的是借以辨认某个销售者或某群销售者的产品或服务,并使之同竞争对手的产品和服务区别开来。美国管理协会认为,品牌是经营者或经营者集团的产品与服务,基于与其他竞争者有所区别而赋予之名称、术语、记号、象征、设计,亦或是上述方式的结合(Peter D. Bennett,1998);Philip Kotler(1997)认为,

---

* 本文原刊载于《北京工商大学学报(社会科学版)》2004年第1期。

品牌就是一个名字、称谓、符号或设计，或是上述总和，其目的是要使自己的产品或服务有别于其他竞争者，从本质上说，品牌是销售者向购买者长期提供的一组特定的特点、利益和服务的允诺和质量的保证。同时，他还认识到品牌是一个更为复杂的符号，它表达了六层含义，即属性、利益、价值、文化、个性和使用者。美国学者 Lynn B. Upshaw（1995）则认为，品牌是名称、标识和其他可展示的标记，使某种产品或服务区别于其他产品或服务。杨欢进（2000）觉得，毫无疑问，品牌是商品的牌子，是商品的商标；韩光军、王书卿等也都基于视觉系统的角度对品牌进行过定义。

2. 情感说：问题的一个重要方面。由 Burleigh B. Gardner 和 Sidney J. levy（1955）发表的第一篇有关品牌的论文是具有创新性的，他们阐明了下列原理：品牌的发展是因为品牌具有一组能满足顾客理性和情感需要的价值，品牌的创建要超越差异性（differentiation）和功能主义（functionalism），它应该注重开发一种个性价值（personality），因此，品牌管理的一项任务就是要建立品牌的个性，要创造性地运用广告资源来为品牌建设（即企业的长期收益）投资。King（1970）指出，品牌不仅由于其功能性价值而被喜爱，而且由于其心理和社会的价值而被喜爱。David A. Aaker（1993）则指出，目前大多数经理仍然过多地关注于短期的财务收益，而不注意对品牌的长期投资。Lannon & Cooper（1983）坚持了品牌创建中的情感主题，他们运用人类学与心理学的理论对这一课题的研究做出了贡献，并指出美国广告方式（其是信息传播的工具）和欧洲广告方式（其是神话和仪式的具体化，即它使人们可以看到品牌如何随着文化的变化而演变）的不同特点。英国品牌界（1989）普遍认为，一个品牌是消费者意识感觉的简单收集。Lambin（1993）指出，许多经理仍然十分强调产品功能性价值的重要性，而不关注建立其可持续发展的品牌心理价值，事实上，竞争对手能很快地模仿产品的功能特性，但要建立起一个品牌的心理价值却需要花费很长时间。Lannon（1994）后来又发展了上述观点，并利用人类学来探索品牌作为一种象征性手段所增加的价值。

3. 综合说：生产、营销与时空的结合。世界著名广告大师 David Ogilvy（1955）认为，品牌是一种错综复杂的象征，它是品牌的属性、名称、包装、价格、历史、声誉、广告风格的无形组合，品牌同时也因消费者对其使用的印象及自身的经验而有所界定。Lynn B. Upshaw（1995）从可视而不是隐藏于可视背后的角度谈及品牌特征时说，品牌是消费者眼中的产品和服务的全部，也就是人们看到的各种因素集合起来所形成的产品表现，包括销售策略、人性化的产品个性以及两者的结合等，或是全部有形或无形要素的自然参与，比如，品牌名称、标识、图案这些要素等；而王海涛认为，严格地说，广泛意义上的品牌包括三个层次的内涵：首先，品牌是一种商标，这是从其法律意义上说的；其次，品牌是一种牌子，是金字招牌，这是从其经济或市场意义上说的；最后，品牌是一种口碑、一种品味、一种格调，这是从其文化或心理意义上说的。何君等认为，品牌不仅是不同企业产品的标识，更多的是营销价值资讯的载体，特定品牌往往代表着特定的产品品质、产品风格、服务水平、流行时尚等方面的资讯，这些资讯逐渐被市场广泛了解和接受，在消费者心中就成为特定的消费价值、消费情感的代表。黄昌富（1999）认为，品牌是一个系统，一个包括产品与服务功能要素（如用途、品质、价格、包装等），厂商和产品的形象要素（如图案、色调、广告、音乐等），消费者的心理要素（如对企业及其产品和服务的认知、感受、态度、体验等）在内的多维综合体。Chernatory & McDonald（1998）认为，一个成功的品牌能帮助顾客识别产品、服务、人员或地方，把品牌加在产品、服务、人员或地方上，能使购买者或使用者感受到与最好地满足他们需要相关的独特的增加价值，而且品牌的成功源于其在竞争环境下，能持续地保持这些增加的价值。

4. 浅层关系说：狭隘的关系营销。奥美公司认为，品牌是消费者与产品的关系，消费者才是品牌的最后拥有者，品牌是消费者经验的总和。Michael Perry 认为，品牌是消费者如何感受一个产品，它代表消费者在其生活中对产品与服务的感受而滋生的信任、相关性与意义的总和。David Arnold 认为，品牌就是一种类似成见的偏见，成功的品牌是长期持续地建立产品定位及个性的结果，消费者对它有较高的认同。Alvin A. Achenbaum（1993）认为，使一个品牌与无品牌的同种产品相区别并使该品牌具有净值的是消费者对产品特征、产品功能、品牌名称以及名称所代表的意义和使用这一品牌的公司的总体感觉和知觉。Kevin Lane Keller（1998）也这样认同，品牌源于消费者反应的差异，如果没有差异发生，那么具有品牌名称的产品本质上仍然是一般的类别意义上的产品，而反应中的差别是消费者对品牌理解的结果，虽然公司通过其营销计划和其他行为为品牌提供了激励，但最终品牌是留存在消费者头脑中的东西，品牌是一个可感知的存在，植根于现实之中，但映射着个人的习性。王新新（2000）认为，品牌是一种关系性契约，品牌不仅包含物品之间的交换关系，而且还包括其他社会关系，如企业与顾客之间的情感关系；苏晓东等（2002）认为，品牌是一种复杂的关系符号，它包含了产品、消费者与企业三者之间的关系总和，基于这个认识从而架构了"7200 品牌管理系统（BMS）"。

5. 资源说：会计、经济与市场中的价值。Alexander L. Biel 认为，品牌资产是一种超越生产、商品及所有有形资产以外的无形资产，其带来的好处是可以预期未来的进账远超过推出具有竞争力的其他品牌所需的扩充成本；而陈伟航则指出，品牌会渗透人心，因而形成不可泯没的无形资产，品牌资产的妥善运用可以给企业带来无穷的财富；韩志锋认为，品牌是企业内在属性在外部环境中创造出来的一种资源，它不仅是企业内在属性的外部环境集中体现出来的（外化的）有价值的形象标志，而且因为其能整合企业外不同资源对企业内在属性发展产生反作用，它更是一种资源。这一部类的品牌定义方式，着眼于品牌的"价值功能"上，其侧重点在于品牌在市场营运中的作用，它主要站在经济学、财务会计学、市场营销学的立场上，从品牌的外延，如品牌资产方面进行阐述，突出品牌作为一种无形财产时能给企业带来多大的财富和利润，能给社会带来些什么样的文化及时尚等价值意义。

6. 浅层媒介说：艺术层面的视角。余明阳（2002）认为，品牌是在营销或传播过程中形成的，用以将产品与消费者等关系利益团体联系起来，并带来新价值的一种媒介。这一部类的定义，是在整合"生产和流通"两个层面上从品牌的"媒介功能"的角度来阐述的，强调了两点内容：第一，品牌是种媒介，它将企业内部的生产与企业外部的环境联系起来；第二，强调品牌的形成是一种互动的传播过程，它既需要企业赋予产品一定的附加信息，又需要消费群体将自己的感觉、情感、态度附于品牌之上反馈给企业。

7. 对传统品牌本性表述的评述。传统品牌本性表述对品牌的理解与注释存在五个方面的共性：一是其展开品牌定义的对象前提都是基于营利组织，即经济现象的角度；二是只承认品牌的精神文化属性，非物质性；三是它只是某种标记或符号，静态性；四是品牌具有识别性，是用来区别主客体的；五是对品牌结构的理解，一般认为它是名称、标志、颜色等构成的显形要素。对传统品牌本性理论的片面性，可从以下五个方面进行分析：第一，品牌存在的意义是广泛的，不仅仅体现在经济方面，更体现在社会、市场、文化等多个层面。第二，品牌作为一个概念不仅是对该类事物的抽象概括，具有浓厚的观念、精神、文化特征，它同时是具体的、物质的、动态的。没有脱离物质而独立存在的品牌，也没有脱离其观念、精神、文化属性，可以称其为品牌的物质。品牌具有双重属性，即精神属性与物质属性，它是观念、精神、文化与一定经济、物质载体的融合物，这是品牌成立的必要条件。第三，只看到品牌的静态性，是因为对品牌理解片面造成的，即只看到了品牌的名称、标志与颜色等外在视觉要素构成的某种标准或识别，而没有看到品牌构成来源的复杂性、丰富性与整体性、整合性、生态性。第四，品牌不仅要由外在视觉要素决定的某种标准来构成，它还要有完整的观念、精神、文化及其派生的如政治、生命等标准，以及与其物质载体的结合标准、行为文化系统的统一规范以及由此形成的战略标准、管理标准、对内对外的一致性策略等来共同完成同一目标，因此品牌的含义不仅包括静态的符号、名称与颜色，它们只是品牌构成的一小部分，而能够使某一事物达到品牌这种境界或程度的标准来源于对品牌的整体性规划与缔造，而识别其要素也不仅限于视觉系统，单纯拥有良好视觉系统的组织有许多，但并不能因此成为现实意义上的品牌。这充其量只能说，它具备了一定的识别能力或一定审美水准。但是，它绝对不能替代经营水平，更不能因为单纯的视觉设计的美感而使企业成为强势品牌企业。第五，传统的品牌解释没有把品牌作为一种经济模式来观察，而是作为一种"样式"，抹杀了它作为一种经济模式与经营模式的本质特点来论述品牌，就失去了研究它的理论基础，从而使品牌成为一种不可知的东西。

二、品牌本性表述：现代观

1. 深层关系说：利益相关者互动。Tom Duncan & Sandra Moriarty（1998）基于

James F. Moore（1996）的"商业生态系统演化理论"、Evert Gummesson 的"想象结构"（imaginary organization）观点以及 Richard Normann 和 Refael Ramirez（1993）的"价值星座"（Value Constellation）认识，发展出了"价值范畴"的概念，并在此基础上提出了一种全新的品牌资产方程式，即"品牌资产＝品牌支持度＋品牌关系＋沟通"。同时，他们还发展了追求品牌资产价值的十大策略——品牌关系驾驭法则，并认为，真正的品牌是存在于关系利益人的想法和内心中，资料库营销（Database Marketing, DM）以及整合传播营销（IMC）都只不过是整合营销不可或缺的一环，即冰山一角而已。"品牌整合模式"就是这种观念下的产物，但是，这种认识也不能代表品牌的全部，其只是一种从市场、社会的宏大角度进行"拍摄"的图片。

2. 扩展的媒介特性说：艺术与审美的延伸。品牌作为一种特殊的媒介手段，具有三个最普遍的特点：第一是品牌构成的综合性；第二是品牌审美资源的丰富性；第三是品牌的跨文化性。

品牌是一种综合艺术。品牌艺术的综合性在于，它既是一种时间艺术，又是一种空间艺术。它是一种时空艺术。而服务只是一维时间艺术，产品只是三维空间艺术。尤其是产品的空间"真实性"特点限制了产品的时空运动表现力。品牌空间是更"假定性"的空间，正是这一特点，使品牌能够在很大的程度上摆脱"物质的束缚"，因而具有了极大的时空运动表现力。从接受方式来看，品牌是一门视觉、听觉与想象的综合艺术，它不受二维、三维造型艺术，既不能表现听觉也不能表现运动的束缚。也就是说，品牌既可以表现视觉，也可以表现听觉，同时也可以表现想象（通过标识、图案、文字等）。从创建方式来看，品牌是一门由采购、生产、营销、财务、会计、信息、人力、核心能力、命名、定位、整合传播等各种职能、技术或手段、艺术的专业共同参与的综合艺术，而且管理人员在品牌创建构思阶段就要考虑到上述因素的综合作用。品牌构成的综合性是品牌审美资源丰富性的基础。

3. 对现代品牌本性表述的评述。尽管品牌本性的深层关系说和扩展的媒介特性说是对传统品牌本性理论的综合，但这只是对表面现象的综合，缺乏对品牌的本质认识。因此，品牌本性表述的现代观仍然存在一定的视角局限。

三、品牌本性表述：未来观

1. 品牌哲学说：独辟战略视角。陈放（2002）认为品牌哲学即是从哲学高度研究品牌及运动的基本哲学规律，并为品牌实践从哲学层面提供指导。年小山（2003）认为品牌是在整合先进生产力要素、经济要素条件下，以无形资产为主要经营对象，以文化为存在方式、以物质为载体、具备并实行某种标准与规范，以达到一定目的为原则，并据此设定自身运动轨迹，因而带有显著个性化倾向的、具备优势存在基础的相关事物，它是由精神、物质、行为有机融合的统一体。

人的价值观决定着社会以及其中的各种组织的价值取向和人的以及人能动作用下

的事物——品牌行为规范,因此,价值观念的转变是品牌变革最重要的前提。传统品牌观念以及现代品牌观念等诸如此类的浅层品牌观念都是我们认识品牌本性的根基,而马克思主义哲学以及其他中西方哲学的思想和方法则是我们认识品牌本性和架构深层品牌的助跑器,即创设出发的踏板。

2. 品牌生态说：力主共同进化。随着现代网络经济的发展,传统的品牌管理理论与方法日渐落伍,为此,从20世纪90年代以来国内外品牌学者正积极地寻求新的品牌理论和品牌管理模式。著名品牌战略专家大卫·A.艾克（David A. Aaker, 1998）在《创建强大的品牌》中明确提出了基于单个企业品牌系统的"品牌群"概念,并指出这是一个认识品牌的全新角度。随后,安格尼斯嘉·温克勒（Agnieszka Winkler, 1999）在其著作《快速建立品牌：新经济时代的品牌策略》中提出和系统探讨了"品牌生态环境"的概念和管理问题,并指出品牌生态环境是一个复杂的、充满活力的、不断变化的有机组织。王兴元（1999, 2000）则进一步扩展了名牌作为一种关系性契约的观点,明确提出"名牌生态系统",并对其名牌生态系统的构成、名牌生态环境、名牌生态系统的演化、名牌生态系统的核心竞争力及扩张性、名牌生态系统的竞争与合作,以及名牌生态系统评价与诊断进行了具有开创性地探索。本文作者（2003）对上述研究作了进一步的发展,提出了"品牌生态系统""品牌生态管理"和"品牌生态学"的概念。所谓品牌生态系统是一个由品牌与品牌产品、品牌拥有企业、企业股东、供应商、最终顾客、中间商、竞争者、金融机构、大众媒体、政府、社会公众、相关企业,以及品牌生态环境（包括社会、经济、文化、自然环境）等所组成的人工生态系统。所谓品牌生态管理就是对整个品牌生态系统的管理。品牌生态管理除了构造企业内部品牌系统的战略外,还要通过精心地组建相互关联、相互促进的品牌群（David A. Aaker, 1998）来创造可持续的竞争优势。其目的不是去向孤立的企业品牌系统进行投资,而是去发展结构合理的品牌生态系统及其品牌关系,以便能够通过良好的合作与沟通产生生态协同效应去创造出远高于资本成本的收益,并带来持久的品牌价值和品牌力。品牌生态管理的实质就是要与利益相关者群体建立一种和谐共生的关系,塑造名牌,当然这并不排除品牌间竞赛、争夺与对抗。而品牌生态学就是以生态学理论为基础,应用生态学的方法去研究以组织和人为核心的品牌生态系统的结构、功能、动态、系统组成成分间,以及系统与周围生态环境系统间相互作用的规律,并利用这些规律优化系统结构,调节系统关系,提高组织运作和资源利用效率以改善品牌"生态空间",实现结构合理、功能高效和品牌关系协调的一门综合性科学。"品牌生态说"将成为解决企业品牌复杂性问题的一门指导性科学。"品牌生态"的提出将从四个根本性转变把品牌理论与实践推向一个崭新的阶段,即：（1）从品牌个体研究转变到品牌系统研究；（2）从品牌系统研究转变到品牌生态系统研究；（3）从品牌生态系统研究转变到品牌生态自组织系统研究；（4）从品牌生态的要素和关系研究转变到品牌生态自组织系统的平衡与发展研究。"品牌生态"突破了传统品牌本性观和现代品牌本性观的"现象说",它为企事业组织提供了系统审视品牌及其生态系统的契机,从品牌本质出发重新认识品牌的内涵，寻求品牌塑造的全新视野。因此，品牌生态研究将成为品牌理论发展与完善的重要趋向。

四、小 结

品牌本性的未来观既不是对品牌本性传统观和现代观的全盘否定，也不是对它们的简单综合，而是从品牌的本质出发，对各种具体品牌思想、方法及先进品牌管理技术的一次系统集成和创新。品牌哲学说是运用马克思主义哲学的思想和方法来认识品牌本性和架构深层品牌逻辑，它是我们认识深层品牌本性的重要方法。而品牌生态说则从生态学的高度来研究品牌建设与管理问题，它为品牌的管理和深入研究开创了新的视角和领域。当然，创造成功的品牌生态管理模式，对于大多数企业组织来说将会是非常革命性的，因为他们必须摒弃当初他们成功的做法，改为全新的思考及行为模式（Duncan，1999），即对与利益相关者所构成的生态共同体实施品牌生态管理，提高企业品牌与商业生态环境的协同进化能力和适应能力，培育著名品牌，提升市场竞争力。毋庸置疑，品牌哲学说和品牌生态说必将成为品牌本性理论演化的重要方向，并将发展成为指导企业品牌塑造的重要指导理论和方法。

参 考 文 献

［1］ Kotler, P., Jain, D., & Maesincee, S. Marketing Move: A New Approach to Profits, Growth, and Rnewal [M]. Cambridge: Harvard Business School Publishing Corporation. 2002.

［2］ James F. Moore. The Death of Competition [M]. New York: Arts & Licensing International, Inc. 1996.

［3］ Duncan, T. & Moriarty. S. Driving Brand Value [M]. New York: McGraw-Hill, 1999.

［4］ Peter F. Drucker. Management Challenges for the 21st Century [M]. Tokyo: Big Apple Tuttle-Mori Agency Inc, 1999.

［5］ A Branthwaite, P Cooper. Analgesic Effects of Branding in Treatment of Headaches [J]. British Medical Journal, 1981, 282 (16): 1576–1578.

［6］ D Aaker. Are Brand Equity and Advertising [M]. Hillsdale: Lawrence Erlbaum Associates, 1993: 333–341.

［7］ 王兴元. 名牌生态系统初探 [J]. 中外科技信息, 2000 (2).

［8］ 张燚, 张锐. 品牌生态管理: 21世纪品牌管理的新趋势 [J]. 财贸研究, 2003 (2).

［9］ 张锐, 张燚. 品牌生态学: 品牌理论演化的新趋向 [J]. 外国经济与管理, 2003 (8).

［10］ 陈放. 品牌学 [M]. 北京: 时事出版社, 2002.

［11］ 孔繁任. 中国营销报告 [M]. 北京: 光明日报出版社, 2001.

Review on the Studies of Brand Nature Theories

▲Zhang Yi[1] & Zhang Rui[2] (*1. Department of Management, Chongqing Jiaotong University, Chongqing 400074, China; 2. Wansheng District Economic and Trade Committee, Chongqing 400074, China*)

Abstract: Brand is a token to correlative things. Because of the diversities in language, expression and orientation, there will be various ways of narration on brand nature. Different understandings of brand nature will lead to different theories of brand management and different management modes. This paper starts from traditional idea, contemporary idea and future idea on brand nature, and then it reviews on various theories of brand nature. The paper aims to sum up the history of the brand nature theories and the future development to illuminate the tendency of the research of the theories.

Key Words: brand; brand nature; brand idea

基于品牌个性及品牌认同的品牌资产驱动模型研究*

▲金立印（韩国培材大学经营学系，韩国大田　305702）

> **摘　要**：文章构建了一个基于品牌个性和品牌认同感的品牌资产驱动结构模型，通过实证分析发现：品牌个性五个维度中的"仁、智、勇"对消费者个体品牌认同感和社会品牌认同感均有显著影响效应，而"乐、雅"虽对个体品牌认同感具有显著影响效应，但其对社会品牌认同感的效应在统计上并不显著。个体品牌认同和社会品牌认同对态度和行为忠诚都具有明显的影响效应。
>
> **关键词**：品牌个性；品牌认同；品牌资产模型

一、引　言

　　品牌资产管理一直是营销理论和实践领域中的一个热点课题。品牌资产可从财务角度和顾客角度来测量，Keller（1993）首先提出了基于顾客的品牌资产（customer-based brand equity）这一概念，[①]认为从消费者对品牌的反应、评价、联想、态度、共鸣、行为等方面来测量品牌资产更能较准确地反映品牌在市场中的位置。消费者对品牌的反应以其对品牌个性的认知为基础，Aaker（1996）认为品牌资产管理的核心在于构建一系列独特的品牌识别特征，品牌所独有的象征性意义和个性是刺激消费者品牌联想和态度形成的关键要素，在市场定位和差别化战略中发挥着至关重要的作用。[②] 作为品牌资产管理的基础性问题，品牌个性已被越来越多的营销学者所重视，相关研究也日趋活跃。

　　国内外关于品牌个性的研究主要集中于品牌个性维度及量表的开发。由 Aaker（1997）最先发展出的品牌个性五维度量表是迄今为止对品牌个性所做的最系统、最有影响的测量量表，并在西方营销理论和实践中得到了广泛应用。黄胜兵和卢泰宏

＊ 本文原刊载于《北京工商大学学报（社会科学版）》2006 年第 1 期。
　① Keller Kevin Lane. Conceptualizing, Measuring, and Managing Customer – Based Brand Equity [J]. Journal of Marketing, 1993, 57 (1), 1 – 22.
　② Aaker David A. Building Strong Brands [M]. New York：Free Press. 1996.

(2003) 在 Aaker (1997) 研究的基础上, 利用中国消费者样本, 以中国本土品牌为对象, 归纳出具有中国传统文化特色的"仁、智、勇、乐、雅"五个品牌个性维度及量表体系。① 这项研究作为品牌个性维度研究的本土化尝试, 具有重要的理论价值和实践意义, 但是消费者对中国品牌个性五维度的认知和反应通过何种社会心理过程来影响他们的品牌偏好和忠诚? 联结品牌个性维度和品牌资产的中间变量是什么? 如何通过品牌个性管理来构筑企业的品牌资产等诸多问题尚未得到解决, 有待于以中国品牌和中国消费者为对象做进一步的探索性研究。

基于这样一个背景, 本研究在借鉴现有研究成果的基础上, 提出了一个基于品牌个性五维度的品牌资产驱动模型, 将消费者的品牌认同感 (band - self identification) 看做品牌个性维度影响品牌忠诚的媒介变量, 并尝试通过来自中国消费者的数据检验模型、深入分析品牌个性、品牌认同及品牌忠诚间的结构关系。通过这样的一个研究来探究品牌个性如何驱动品牌资产, 从而指导企业采取有效措施加强品牌个性的管理, 最终达到赢得消费者对品牌的认同和忠诚, 有效构建品牌资产的目的。

二、文献综述及研究假设

1. 品牌个性与品牌认同感的关系。Aaker (1997) 将品牌个性定义为消费者赋予品牌以人格化特征的集合, 并通过因子分析将品牌个性归纳为"纯真 (sincerity)、刺激 (exciting)、称职/有能力的 (competence)、教养 (sophistication) 和强壮 (ruggedness)"五个维度, 开发了一个较为系统的测量量表。② 以上五个品牌个性维度是在西方人格理论和消费文化基础上归纳形成的, 能够有效地解释品牌个性间的差异, 在西方营销理论研究和实践中得到了广泛应用。此后, Aaker 还对不同文化圈的日本和西班牙国家的品牌个性维度和结构进行了研究, 通过同在美国的研究结果相比较发现文化同品牌个性间有着密切联系。在国内, 品牌个性也逐渐受到学者们的关注, 黄胜兵和卢泰宏 (2003) 对品牌个性维度的本土化研究做了尝试, 得出了由 66 个品牌个性词汇构成的五个品牌个性维度、并将其分别命名为具有中国传统文化特色的"仁、智、勇、乐、雅"。"仁"是同西方研究中的"sincerity"相对应的品牌个性维度, 形容人们具有的优良品行和高洁品质; "智"是同西方的"competence"相对应的维度, 形容人们智敏、沉稳、严谨和贤能等品质; "勇"与"ruggedness"较为相关, 形容强壮、粗犷、奔放等形象特征; "乐"比较具有中国特色, 除包含了"exciting"的含义以外, 还具有表达积极、自信、乐观、时尚的含义; "雅"同西方研究中的"sophistication"相应, 涵盖了"有品位、有教养、体面气派"等词汇, 用来形容儒雅的言行风范和个性。

品牌个性同象征性消费关联密切, 当消费者想要表达真实自我而又不能直接说出口时, 可以通过自己的消费行为来表达。如通过穿着、交通工具、吃的和喝的东西等

---

① 黄胜兵, 卢泰宏. 品牌个性维度的本土化研究 [J]. 南开管理评论, 2003 (1).
② Aaker Jennifer L. Dimensions of Brand Personality [J]. Journal of Marketing Research, 1997, 34 (8): 347 - 56.

来表达其个性（Holt，1995）。① 消费者为了通过这样的象征性消费达到一种展示（或炫耀）自我或区分于他人的目的而常购买同消费者自我个性一致的（或跟他们所崇尚或追求的个性一致的）品牌。品牌的个性跟消费者的个性越接近（或者跟他们所崇尚或追求的个性越接近），越容易得到消费者共鸣，使消费者对其产生一种认同感，满足消费者的情感需求，拉近品牌与消费者之间的距离、增强购买欲望（Schouten，1991）。② 所以消费者购买自己中意的、认同的品牌在某种程度上是为了满足其社会性及展示自我价值的需要。因此，对于企业而言，创建具有与其目标消费群体相近个性的、能够得到其认同的品牌将是一种有效的战略。

具有消费者所欣赏个性的品牌，更容易为消费者所接纳和认同、喜欢并乐意购买，从而体现出其品牌价值。Underwood et al.（2001）曾利用社会同一性理论中的自我定义概念来阐释消费者对特定品牌产生认同感的动机。③ 自我定义是指个体对自我的认知和想法，它包含定义个体自我和定义社会自我两层含义，个体根据自身的个性特征来定义个体自我（在自己心目中的位置和形象）、根据自身所属社会群体类别的特征来定义社会自我（在社会中的位置和形象）。消费者的购买和消费行为往往受到其自我定义意识的影响，对于那些有助于定义或强化以及能够向他人或整个社会群体传递其自我形象的品牌，能够提升自己的社会地位改善自己的社会形象的品牌具有较高的认同感。Rio et al.（2001）认为品牌认同感根据其定义自我动机的不同，可细分为个体品牌认同感和社会品牌认同感，个体品牌认同感的形成始于消费者对特定品牌的个性与其自身个性特征相似程度的感知，而当某一产品品牌能向他人展示消费者为特定群体内成员这一地位或凸显所属群体（或希望所属群体）的特征时，消费者会对该品牌产生社会认同感。④

Graeff（1996）认为，当品牌个性形象能丰富消费者自我个性形象时，与消费者个性形象一致时、能够保护或提升消费者个性形象时，消费者的品牌认同感较高，并期待同该品牌形成一种长期的关系，最终成为忠诚的顾客。⑤ 由此可见，品牌个性是通过具有与其相近个性的消费群体对其认同和喜爱来体现出其特有的价值，特定品牌具有的个性能否得到目标消费群体的认同、得到多大程度的认同是影响品牌忠诚和品牌价值的决定要素。因此，可得出如下假设。

假设1：品牌个性维度中的某些维度对个体品牌认同感有显著影响。

假设2：品牌个性维度中的某些维度对社会品牌认同感有显著影响。

---

① Holt Douglas B. How consumers Consume: A Typology of Consumption Practices [J]. Journal of Consumer Research, 1995, 22 (6): 1 - 16.

② Schouten John. Selves in Transition [J]. Journal of consumer Research, 1991, 17 (3): 412 - 25.

③ Underwood Robert, Edward Bond, and Robert Baer. Building Service Brands via Social Identity: Lessons from the Sports Marketplace [J]. Journal of Marketing Theory and Practice, 2001, 25 (12): 1 - 13.

④ Rio A., Belen del, Rodolfo Vazquez, and Victor Iglesias. The Effect of Brand Associations on Consumer Response [J]. Journal of Consumer Marketing, 2001, 18 (5): 410 - 425.

⑤ Graeff T. R. Using Promotional Messages to Manage the Effects of Brand and Self Image on Brand Evaluations [J]. Journal of Consumer Marketing, 1996, 13 (4): 4 - 18.

另外，定义个体自我与定义社会自我是不可能独立存在的。一般来讲，个体在根据自身个体特征定义其自我范畴之后，会努力去寻求社会及他人对其自我形象的认可，大多数情况下，他人和整个社会的认可与尊重是个人自我价值实现的终极目标。由此我们可以推论个人品牌认同感与社会品牌认同感不是独立存在的，社会认同可能受到个体认同的影响。由此得到假设3。

假设3：消费者的个体品牌认同感对社会品牌认同感有显著影响。

2. 品牌认同感与品牌资产的关系。Feldwick（1996）认为品牌资产根据不同的研究目的主要有三种不同的衡量方式，第一种方式通过财会报表中品牌的销售价格来衡量，可称之为基于财务的品牌资产；第二种方式通过消费者对品牌的喜爱和偏好程度来衡量，即通过品牌忠诚度或品牌力量（brand strength）衡量品牌资产；第三种为通过消费者的品牌联想和品牌信念来衡量，也可以看做是通过品牌在消费者心目中的形象来衡量品牌资产的方式，后两种均属于基于顾客的品牌资产衡量方式。[①]

Keller（2001）将基于顾客的品牌资产定义为消费者因认知市场上不同品牌的知识而产生的各种反应效果，并发展出一个基于顾客的品牌资产模型。[②] 此模型区分出"品牌特点、品牌绩效、品牌联想、品牌判断、品牌感觉、品牌共鸣"六个品牌构建区块，形成一个品牌金字塔。品牌特点与品牌知名度相关，有助于消费者实现正确的品牌识别。品牌绩效同满足消费者功能性需求相关，有助于消费者明确该品牌产品的功能。品牌联想是消费者想到某一品牌时能记起的与品牌有关的事，能够让消费者产生熟悉的、友好的、强烈的、独特的、联想的品牌具有较高的价值。品牌判断主要是指消费者对品牌的个人意见等理性反应，主要包括对品牌质量的认知、信赖及是否考虑购买等。品牌感觉则是消费者对品牌的情感反应，包括品牌所能唤起的消费者的温暖、安静、自豪等反应。能令消费者产生积极的理性（品牌判断）或感性反应（品牌感觉）的品牌具有较高的价值。

基于顾客的品牌资产模型其终极在于消费者同品牌形成密切的关系，即产生强烈的品牌共鸣。品牌共鸣是指消费者和品牌间的本质关系，其效果主要表现为消费者对品牌的行为忠诚、态度忠诚、共同体意识和积极投入一切与品牌相关的事务中（Keller，2001）。

基于顾客的品牌资产衡量模型中包含着大量的二级维度，学者们在实际研究中常根据需要选择几个合适的维度来衡量品牌资产。笔者认为现有文献中衡量品牌资产的众多维度可分为两大类：一类是消费者对品牌的"态度反应"，另一类为消费者对品牌的"行为反应"。因此，本研究从消费者对品牌的态度忠诚度和行为忠诚度两个方面来衡量基于顾客的品牌资产。

Keller（2001）指出获得消费者的认同、实现消费者与品牌的共鸣，是构建消费者与品牌关系的关键、也是创造品牌价值的关键。Rio et al.（2001）通过实证研究发现

[①] Feldwick p. Do We Really Need Brand Equity？［J］. The Journal of Brand Management，1996，4（1）：9-28.

[②] Keller Kevin Lane. Building Customer-Based Brand Equity［J］. Marketing Management，2001，24（8）：15-19.

消费者对品牌的个体认同感和社会认同感对品牌延伸商品的购买意图、推荐意向及支付高价格意向等态度和行为反应具有显著影响。由此可推断消费者对品牌的认同感影响其对品牌的态度和行为，并得到以下假设。

假设4：消费者的个体品牌认同感对品牌态度忠诚度有显著影响。
假设5：消费者的个体品牌认同感对品牌行为忠诚度有显著影响。
假设6：消费者的社会品牌认同感对品牌态度忠诚度有显著影响。
假设7：消费者的社会品牌认同感对品牌行为忠诚度有显著影响。

另外，态度决定行为。Farr and Hollis（1997）发现特定品牌的市场份额同消费的购买行为（或重购行为）高度相关，而购买（或重购）则在很大程度上受到消费者对该品牌态度的影响。① 根据这一观点，可得出以下假设。

假设8：消费者的品牌态度忠诚度对行为忠诚度有显著影响。

以上8项假设构成本研究的结构方程模型，如图1所示。该模型的自变量为品牌个性维度，媒介变量为消费者品牌认同感，被影响变量为衡量品牌资产的态度忠诚和行为忠诚度，是一个基于品牌个性和品牌认同的品牌资产驱动模型。

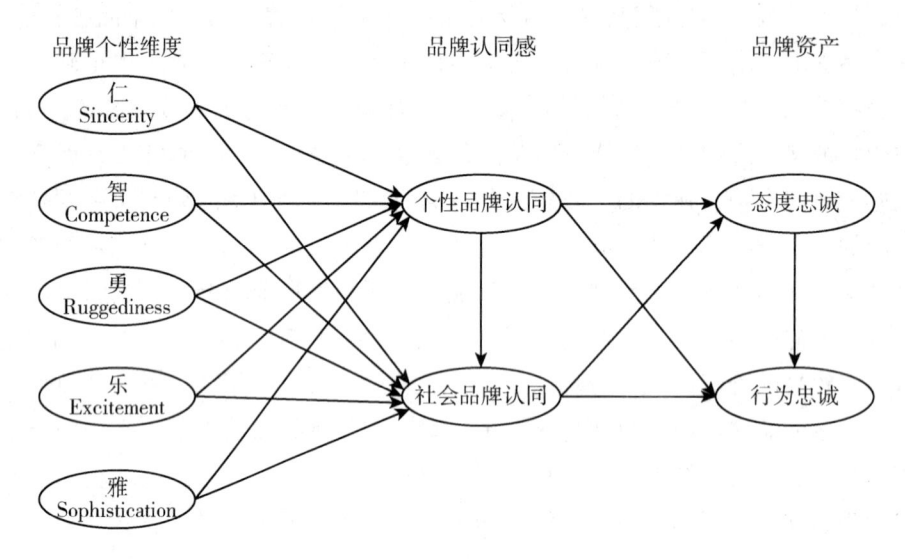

图1　研究模型

三、实证分析

1. 调研方法及样本特征。为了检验结构模型和假设，笔者根据品牌是著名的、品牌个性尽量有差异、覆盖产品类型全面并具有代表性等若干标准选择了20个本土品牌作为本研究测试的对象。这20个品牌为：海尔、联想、旺旺、乐百氏、喜之郎、盼

---

① Farr Andy, Nigel Hollis. What Do You Want Your Brand To Be When It Grows Up: Big and Strong? [J]. Journal of Advertising Research, 1997, 11 (3): 23 - 35.

盼、中华尊驰、明仕、奇瑞、红牛、全聚德、雅戈尔、格力、剑南春、恒源祥、七匹狼、同仁堂、飞亚达、雅倩、荣事达。本次调研共使用了 600 份问卷（针对每个品牌的问卷各 30 份）。问卷中包含了测量消费者对每个品牌个性五维度的感觉程度、消费者对该品牌的认同程度、态度及行为意向等方面的问题，以及用来了解样本特征的几个问题。

本研究对模型中的变量都采用多指标衡量法来测量，各个变量的衡量语句是在借鉴国内外学者衡量方法的基础上，结合预调研（50 名 MBA 学生）的结果形成的。具体测量方法如下：品牌个性五维度的衡量综合借鉴了 Aaker（1997）、黄胜兵和卢泰宏（2003）的研究中使用的方法，从"正直、温馨、仁慈、务实"等 4 个方面来衡量"仁"，从"成功、智慧、信赖"等三个方面来衡量"智"，从"强壮刚毅、粗犷、进取"三个方面来衡量"勇"，从"吉祥、时尚、乐观"等三个方面来衡量"乐"，从"魅力、品位、儒雅"三个方面来衡量"雅"。在测量消费者感知的品牌个性维度时，先假设被访者将该品牌想象为一个具有以上各项人性特征的人，然后用 7 级 Likert 量表来衡量被访者的态度：1 代表完全不同意，4 代表不能确定，7 代表完全同意。

品牌认同感的衡量借鉴了 Rio et al.（2001）的研究，分别从消费者感知的品牌个性形象与自己"个性、价值观、生活方式"的一致程度来衡量，从品牌个性形象体现"社会地位、尊重、区分社会群体"的程度来衡量。品牌态度忠诚的衡量借鉴了 Narayandas（1996）使用过的方法，从"喜爱程度、亲密感、偏好"等三个方面衡量。品牌行为忠诚常通过消费者的实际（反复）购买意向或购买率来衡量，本研究借鉴 Tellls（1988）的研究，[①] 使用"购买（或再购买）意向""持续购买可能性、向他人推荐"等语句对其进行了衡量。以上每个变量的衡量语句都用 7 级 Likert 量表来衡量被调研者的不同态度：1 代表完全不同意，4 代表不能确定，7 代表完全同意。

调研在北京、上海和天津三个城市进行，以被访者自填问卷的形式完成。共发出问卷 600 份，回收有效问卷 549 份，除去未诚实作答的 32 份后共有 517 个样本进入最终的数据分析。最终样本特征如下：男性占 52.2%，女性占 47.8%；年龄在 20－30 岁间的占 43.7%，30－40 岁的占 33.8%，40 岁以上占 22.5%；高中或以下文化程度的占 21.2%，大专占 28.4%，本科占 36.3%，研究生以上学历者为 14.1%。收入水平集中在 1000－2000 元的占 43.5%，1000 元以下占 22.9%，2000－3000 元的占 28.2%，3000 元以上的占 5.4%。样本地区分布情况为北京样本为 35.5%，上海样本为 38.7%，天津样本为 25.8%。样本分布较为均衡。

2. 数据分析结果。在进行模型分析之前，首先对结构模型中变量的衡量进行了信度和效度检验。信度检验采用 Cronbach's α 系数来检验各个衡量项目的内部一致性如

[①] Tellis, Gerard J. Advertising Exposure, Loyalty, and Brand Purchase: A Two-Stage Model of Choice [J]. Journal of Marketing Research, 1988, 25 (3): 134－44.

何，以 Cronbach's α 系数是否大于 0.70 作为判断信度是否合格的标准。计算结果显示，各个变量衡量项目的 Cronbach's α 系数均在 0.70 以上，表明本研究对各个结构变量衡量的信度较好。变量衡量的效度主要通过内容效度和构造效度分析来评价。内容效度是一个主观评价指标，由于本研究中对各变量的衡量都是在借鉴国内外学者的现有研究基础上形成的，因此具有较好的内容效度。构造效度是指量表测量由理论所产生的变量间关系的系列假设的能力，主要通过因子分析的方法来检验。因本研究中各个变量的衡量语句均是由现有研究归纳出来的，所以笔者通过对整体衡量模型进行验证性因子分析的方法检验构造效度，结果显示所有衡量语句在其所衡量的变量上的标准化载荷系数均大于 0.70，并在统计上高度显著（t≥7.633），表明各衡量语句在其所衡量的变量上都具有较高的会聚有效性。衡量模型与数据的拟合程度指标为：$\chi^2 = 513.974$（df = 314），GFI = 0.922，AGFI = 0.890，RMR = 0.047，IFI = 0.948，CFI = 0.947，NFI = 0.921，显示衡量模型和数据具有较好的拟合度。以上的验证性因子分析结果表明本研究中构造变量衡量的收敛效度较好。表 1 是信度和效度的检验结果。

表 1　　　　　　　　变量衡量的信度和效度检验结果

变量		衡量项目	标准因子载荷	t 值	Cronbach's α
品牌个性维度	仁	正　直	0.794	—	0.763
		温　馨	0.753	8.574	
		仁　慈	0.770	8.783	
		务　实	0.711	7.944	
	智	成　功	0.721	—	0.732
		智　慧	0.708	8.374	
		信　赖	0.754	8.891	
	勇	强壮刚毅	0.790	—	0.756
		粗　犷	0.783	9.876	
		进　取	0.725	8.924	
	乐	吉　祥	0.763	—	0.747
		时　尚	0.780	9.828	
		乐　观	0.722	9.335	
	雅	魅　力	0.826	—	0.771
		品　位	0.730	9.364	
		儒　雅	0.715	9.057	

续表

变量		衡量项目	标准因子载荷	t 值	Cronbach's a
品牌认同感	个体认同感	该品牌的个性形象同我的个性形象相符	0.728	—	0.752
		我认同该品牌所代表的价值观	0.734	9.988	
		我认同该品牌所代表的生活方式	0.813	10.673	
	社会认同感	使用该品牌能体现出我的社会地位	0.825	—	0.758
		使用该品牌能使我获得他人尊重	0.791	9.852	
		该品牌能助我与不同类的人区分开	0.706	7.633	
品牌资产	态度忠诚	我喜爱该品牌	0.862	—	0.836
		较其他同类产品品牌,我更偏好该品牌	0.850	14.649	
		该品牌让我有亲密感	0.787	10.856	
	行为忠诚	需要时,我有(重复)购买该品牌的意向	0.867	—	0.844
		条件允许的话,我可能持续购买该品牌	0.782	10.903	
		我乐于向他人推荐该品牌	0.820	11.252	

衡量模型拟合度指标:

$\chi^2 = 513.974$ (df = 314; χ^2/df = 1.637),

GFI = 0.922, AGFI = 0.890, RMR = 0.047, IFI = 0.948, CFI = 0.947, NFI = 0.921

在变量衡量的信度和效度得到验证之后,本研究对研究模型和假设进行了检验,得到的结构方程模型拟合指标为:$\chi^2 = 549.982$(df = 324;χ^2/df = 1.697),GFI = 0.916,AGFI = 0.895,RMR = 0.049,IFI = 0.941,CFI = 0.940,NFI = 0.920,表明本研究所构建的结构方程模型具有良好的拟合优度。结构方程模型中的各个变量间的影响关系及路径估计系数如表 2 所示,本研究所做的假设中除了品牌个性的个别维度对品牌认同感的路径系数估计值在统计上不显著外,其余假设 3 至假设 8 均通过了统计检验。

表 2　　　　　　　　结构方程模型及假设检验结果

	路径	影响方向	非标准化系数	标准化系数	t 值	验证结果
假设 1	品牌个性"仁"维度→个体品牌认同感	正	0.231	0.230	2.871**	通过
	品牌个性"智"维度→个体品牌认同感	正	0.229	0.206	2.838**	
	品牌个性"勇"维度→个体品牌认同感	正	0.217	0.224	2.784**	
	品牌个性"乐"维度→个体品牌认同感	正	0.192	0.192	2.136*	
	品牌个性"雅"维度→个体品牌认同感	正	0.225	0.324	3.029**	

续表

	路径	影响方向	非标准化系数	标准化系数	t 值	验证结果
假设 2	品牌个性"仁"维度→社会品牌认同感	正	0.442	0.450	3.875**	部分通过
	品牌个性"智"维度→社会品牌认同感	正	0.324	0.324	3.986**	
	品牌个性"勇"维度→社会品牌认同感	正	0.182	0.180	2.007*	
	品牌个性"乐"维度→社会品牌认同感	正	0.083	0.083	0.577	
	品牌个性"雅"维度→社会品牌认同感	正	0.076	0.075	0.278	
假设 3	个体品牌认同感→社会品牌认同感	正	0.635	0.630	11.251**	通过
假设 4	个体品牌认同感→品牌态度忠诚	正	0.562	0.562	9.837**	通过
假设 5	个体品牌认同感→品牌行为忠诚	正	0.193	0.190	2.534*	通过
假设 6	社会品牌认同感→品牌态度忠诚	正	0.311	0.311	6.402**	通过
假设 7	社会品牌认同感→品牌行为忠诚	正	0.214	0.215	3.560**	通过
假设 8	品牌态度忠诚→品牌行为忠诚	正	0.258	0.260	3.836**	通过

$\chi^2 = 549.982$（df = 324；$\chi^2/df = 1.697$），GFI = 0.916，RMR = 0.049，CFI = 0.940，NFI = 0.920 * $p < 0.05$ ** $p < 0.01$

四、结论及建议

本研究的分析结果显示所构建的结构模型能够较好地反映数据特征，验证了品牌个性维度和品牌认同感是驱动品牌资产的重要因素。品牌个性五个维度中的"仁、智、勇"对消费者个体品牌认同感和社会品牌认同感均有显著影响效应，而"乐、雅"虽对个体品牌认同感具有显著影响效应，但其对社会品牌认同感的效应在统计上并不显著，这一结果说明"仁、智、勇"等个性特征较强的品牌既能起到展示消费者自我个性、价值观和生活方式的作用，又能满足消费者追求社会尊重和认同的欲望，而"乐、雅"个性较强的品牌虽能满足消费者展示自我的需求，却不能有效凸显消费者独特的社会地位，在满足消费者社会性需求上不如"仁、智、勇"三维度效果明显。

另外，个体品牌认同和社会品牌认同对态度和行为忠诚都有显著影响效应，说明得到消费者认同的品牌具有较高的品牌价值，强化品牌认同度是构筑品牌资产的有效途径。个体品牌认同对社会品牌认同具有显著影响，说明符合消费者个性、价值观和生活方式的品牌个性还可通过展现消费者自我价值来间接满足消费者在社会认同方面的需求。以上所得出的结论在品牌管理实践中主要具有以下几点意义。

第一，应根据不同的品牌诉求目的来塑造不同的品牌个性，特别是意欲通过特定品牌来满足消费者在社会地位、社会认同及尊重等社会性需求时，应考虑塑造一个具有"仁、智、勇"个性特征的品牌。

第二，鲜明的品牌个性易于使消费者产生品牌共鸣，有助于提升消费者的品牌认同感。而高度的品牌认同意味着消费者与品牌间长期持续关系的形成，能够增加品牌的价值。因此，企业品牌建设和管理战略应以树立塑造鲜明的品牌个性为基础、以强化品牌认同为途径、以构筑牢固的消费者——品牌关系为目的展开。

第三，保持每个购买者和使用者的满意，并将他们的满意转化为好的口碑，还可进一步强化消费者对品牌的认同感，由此可见提升品牌认同感不仅是企业构建品牌资产的途径，也是企业品牌资产管理的目标。

本研究对于品牌个性如何驱动品牌资产进行了探索性研究，得出了一些对企业品牌管理具有指导意义的建议。但本研究也存在着一些局限性，需要通过后续研究来补充和完善。首先，特定品牌的使用者和非使用者，不同人口统计特征的消费者对品牌个性的感知和认同程度可能是不同的，本研究没有考虑可能存在于不同类型消费者间的这种差异，有必要在后续研究中加以分析。其次，对于不同类型、不同消费者介入度和先知经验的产品，品牌个性维度对认同感所起的作用可能有所不同，因此，需要区分不同的产品类别进行进一步的研究。

A Brand Equity Driving Model Based on Brand Personality and Brand Identification

▲Jin Li-yin (*Department of Business Administration*, *Paichai University*, *Daejeon 305702*, *Korea*)

Abstract: In this study, a brand equity model is proposed and tested based on brand personality and brand identification. The results show that all five dimensions of brand personality have prominent influences on personal brand identification, and only three dimensions of brand personality have prominent influences on social brand identification. In addition, both personal and social brand identification have an obvious impact on attitude and behavior loyalty.

Key Words: brand personality; brand identification; brand equity model

基于符号学的"整体品牌"概念*

▲王连森（山东大学管理学院，山东济南 250100）

摘 要：对管理学、营销学中众说纷纭的品牌概念进行了梳理，对梳理后产生的两大疑惑用哲学家皮尔斯的"三位一体"符号思想进行了破解，在此基础上给出了符号学意义的品牌定义，构建了双角度的"三位一体性整体品牌"概念模型，并提出了进一步的研究方向和"品牌符号学"的初步构想。

关键词：品牌；概念；符号；皮尔斯；品牌符号学

我们正处在一个品牌竞争时代。品牌已不单是一种经济现象，还成为一种文化现象，并日渐成为国家实力和民族荣誉的象征。品牌的重要性引起了国内外众多学者及专家的研究兴趣，并由此产生了各种各样的品牌概念，众说纷纭，眼花缭乱，无形当中给品牌披上了一层神秘的面纱，有比喻曰"品牌是蒙娜丽莎的微笑，每个人都能感受到她的魅力，却又无人能清晰地表达出来。"本文从中择其要者，予以梳理和探究，力求揭开这一神秘面纱。

一、对现有品牌概念的梳理

1. 第一种概念：品牌是一种名称和标志。世界工业产品组织对品牌法律的定义是："区分企业间的产品和服务的标志"（让·诺尔·卡菲勒，2000）。

美国市场营销协会对品牌下的定义为："品牌是一种名称、术语、标记、符号或设计，或是它们的组合运用，其目的是借以辨认某个销售者或某群销售者的产品或服务，并使之同竞争对手的产品和服务区别开来"（Cary Armstrong 和 Philip Kotler, 2000）。

美国管理协会对品牌下的定义为：经营者或经营者集团的产品与服务，基于与其他竞争者有所区别而赋予之名称、术语、记号、象征、设计，抑或各种方式之结合（Peter D. Bennelt, 1998）。

2. 第二种概念：品牌不仅是一种名称和标志，还是一种表达或象征。菲利普·科特勒（2003）认为，一个品牌不仅仅是一个名字，标志，色彩，标语或者标记，往往是一个更为复杂的符号系统，它能表达出六层意思：属性、利益、价值、文化、个性、

---

* 本文原刊载于《北京工商大学学报（社会科学版）》2004年第5期。

使用者。一个品牌的本质，是营销者许诺向顾客持续传递特定的特性、利益和服务。

让·诺尔·卡菲勒（2000）也认为，品牌反映了六种品牌特性：品性、个性、文化、关系、使用者形象、消费者自我形象。

3. 第三种概念：品牌不仅是一种名称和标志，还是（更是）一种顾客对其产生的认知或感受。凯文·莱恩·凯利（Kevin Lane Kelly，1998）认为：尽管公司的营销和其他活动为品牌提供了原动力，但最终品牌是在消费者心目中安家落户的东西。品牌是一个认知的实体，它源自现实，同时也反映了消费者的认知，甚至反映了消费者的特质。

陆娟（2002）认为，品牌首先是反映不同企业及其产品之间差别的标志。品牌所代表的差异和特征，并非取决于企业和产品本身客观存在的差异和特征，还取决于顾客对它们的认知。品牌事实上是顾客对产品的知觉。

刘凤军（2001）认为，品牌是一个集合概念，它主要包括品牌名称和品牌标志两部分。品牌是抽象的，是消费者对产品的感受总和。

4. 第四种概念：品牌不仅是一种名称和标志，一种企业的表达或象征，还是（或更是）一种顾客对其产生的认知或感受。大卫·奥格威（D. Ogilvy）对品牌的定义：品牌是一种错综复杂的象征，它是品牌属性、名称、包装、价格、历史、声誉、广告风格的无形组合。品牌同时也因消费者对使用的印象，以及自身的经验有所界定（何佳讯，2000）。

黄昌富（1999）认为，品牌是一个系统，一个包括产品功能要素（如用途、品质、价格、包装等），厂商和产品的形象要素（如图案、色调、广告、音乐等），消费者的心理因素（如对企业及其产品和服务的认知、感受、态度、体验等）在内的三维综合体。

苏勇、陈小平（2003）给品牌下的定义：品牌不仅仅是一种符号结构，一种错综复杂的象征，更是企业、产品、社会的文化形态的综合反映和体现；品牌不仅仅是企业一项产权和消费者的认知，更是企业、产品与消费者之间关系的载体。

仔细分析以上四类概念，尽管彼此存在差异，但都完全或不完全地涉及三种要素：
要素1：企业及其产品/服务；
要素2：名称和标志（一种客观存在物）；
要素3：企业的表达或顾客的感受（一种主观思维）。

我们不禁要问：品牌概念是否必然要涉及这3个要素？品牌究竟是一种客观存在物，还是一种主观思维，抑或是两者的结合？此疑惑一。

进一步分析四类概念，尽管彼此存在差异，但都完全或不完全地涉及三个方面含义：
含义1：品牌是一种名称和标志；
含义2：品牌是一种企业的表达或象征（来自企业）；
含义3：品牌是一种顾客的认知或感受（来自顾客）。

我们不禁又要问：品牌概念究竟来自企业，还是来自顾客？意即，品牌究竟是企业的自我表达，还是顾客的感受，抑或是两者皆有？此疑惑二。

二、释惑：符号学的方法

对这两个疑惑的解除，笔者认为，单在"品牌"这一概念所常在的管理学、营销学等领域，靠自身的力量是难以实现的，必须跳出它们的疆界，立足更大的空间，寻求新的解释角度。这不得不求助于其他的学科。这门需要求助的学科（或曰方法论）就是与哲学、逻辑学、语言学、传媒学密切相关的"符号学"。

"符号是传播过程中为传达讯息而用以指代某种意义的中介"（冯国良，1995）。它是认识事物的一种简化手段，表现为有意义的代码和代码系统。符号无处不在，语言、文字、线条、色彩、体态动作等都是符号，"人类文化生活都是符号形式"（王少琳，1994）。无可争议，品牌表现为一种名称、标志或其组合，是一种符号或符号群。因此，品牌自然应该进入符号学研究的视野。

所谓符号学，就是关于符号体系的研究。现代符号学的发端可以说有两个源头：一个是语言学，另一个是逻辑学。前者的代表人物是瑞士人索绪尔，后者的代表人物是美国人皮尔斯（王铭玉，1998）。前者的研究基本局限于语言符号，方法论依据是二元的，即一切符号学的问题都是围绕"能指"和"所指"展开；后者则把符号问题的探讨推广到各种符号现象，并且方法论依据是三元的，即一切符号学的问题都不能回避"符号自身（媒介）""对象客体""解释项"三个方面。因为考虑到品牌既依托于语言符号，又依托于非语言符号，本文就重点介绍后者的符号学思想，并借其对前面的两个疑惑予以阐释和破解。

在皮尔斯看来，符号就是"在某些方面或某种能力上相对于某人而代表某物的东西"，任何一个符号都是由媒介（符号自身）、对象和解释这三种要素构成，这三种要素不具有分离性，而是"三位一体"，即符号的"三位一体"性质。这种思想可用一个三角形来表达（见图1）。

图1 "三位一体"的符号

任何一个符号都应具有此三要素，否则，它就不是一个完整的符号。换言之，我们所说的符号，不是一个单纯的符号自身，而是一个"符号整体"——具有"三位一体"性的符号。"符号不是一个客体，而是一种关系。它是作为媒介起作用的，具有一个对象关联物，并可用一定的解释加以说明。只有当某物处于这种三位关系之中，它才能发挥符号的作用"（马克斯·本泽，1992）。

对符号的"三位一体"性的进一步理解是：符号之所以为符号，在于某人（解释者）用它（媒介）代表某一事物（对象），而符号之所以能代表他物，在于能被"解释者"所"解释"。"符号自身无所谓指称和表达，而是人把它作如是观，是人这样理解和规定的结果"（卢德平，2002）。也就是说符号离不开"解释者"的解释。由此引申的意思是，同一符号往往面对不同的解释者，从而得到一致的或不一致的"解释"。

释惑一：品牌作为一个符号，必然具备这种"三位一体"性，即必然具备"对象""媒介""解释"这三个要素（分别对应前面的要素1、要素2、要素3）。也就是说，要界定品牌概念，必须把品牌看做一个"符号整体"（见图2）。这就回答了前面的第一个疑惑：品牌概念必然要涉及企业及其产品/服务、名称和标志、企业的表达或顾客的感受等3个要素。品牌既是一种客观存在物，又是一种主观思维，同时这两者又不能完全脱离"对象"，即企业及其产品/服务。

图2　"三位一体"的品牌

释惑二：对品牌这一符号来讲，品牌之所以诞生，最基本的动力来自企业期望顾客认识它、熟悉它、忠诚它，它当然地应该广泛接触顾客，从而面对除企业自身以外的许多"解释者"的"解释"。这种来自顾客们的"解释"未必与企业的"解释"一致，并且在它们内部彼此的"解释"也不见得一致。尽管如此，品牌"广而告之"这一与生俱来的特性，使其对此无法回避。这实际上已经回答了前面的第二个疑惑：品牌不仅要面对企业自身的"解释"，还要面对顾客的"解释"。品牌既是企业的自我表达（此时企业是"解释者"），又是顾客的感受总和。一个是企业的角度，一个是顾客的角度，此时品牌是双角度的概念（见图3）。

由此扩展一下话题。从设计品牌的最初目的看，企业自然期望在品牌传播的过程中，让品牌接触众多顾客，让他们对品牌产生注意、兴趣和感知，即"解释"。理想的情况是，从顾客那里得到的对品牌的解释是积极的、正面的、符合或高于企业对品牌的自我"解释"。这正是企业在品牌建设之路上要时刻瞄准的路标。

三、一个新的定义及"整体品牌"概念模型

由上文可见，借助符号学，特别是皮尔斯的"三位一体"符号思想可以帮助我们

```
      企业的自我表达        顾客的感受



      名称和标志          企业及其产品/服务
```

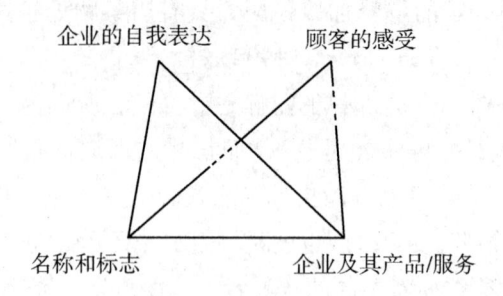

图 3 双角度的"三位一体"品牌

澄清对品牌概念的模糊认识。反观以往的品牌概念，多数表达得不完全或不彻底，即使有少数表达得较完全，但也没有洞察到或表述出各要素之间所包含的逻辑关系。在此，笔者尝试用符号学的思想对品牌重新定义：

品牌是企业用以代表自身及其产品/服务的特征，进而方便并促进顾客对其感知的由名称、标志等组成的符号系统。

以上定义也可表述为：品牌是代表企业及其产品/服务的一种名称和标志，藉以表示它（们）的属性、价值、文化、个性等特征，并影响着顾客对其采取的态度和行为。

该定义体现了品牌作为符号的"三位一体"性，即包含了不可分离的三要素："对象"——企业及其产品/服务，"媒介"——名称和标志，"解释者及其解释"——企业及其品牌主张、顾客及其品牌感受。不仅如此，该定义还表明了这三个要素的逻辑关系，即"媒介"代表着"对象"，并表示着"解释"，而"解释"反映着"对象"。因此，这是一种符合逻辑的完整意义上的品牌概念。以我国高科技品牌的代表——"联想"品牌为例。当我们提到"联想"这一品牌时，绝不仅仅指"联想"（名称）、"LENOVO"（标志）、"只要你想"（标志语）这些"媒介"，还自然地指联想集团及其产品/服务这一被指代的"对象"，并同时产生对它的"解释"——创新、自由、卓越（来自企业的和顾客的）。这三者之间存在着代表与被代表、表示与被表示、反映与被反映的逻辑关系，并一同出现，给人一个整体的"联想"品牌概念。

还需着重指出的是，企业的解释（即品牌主张及其产生的品牌识别）与顾客的解释（即品牌感知及其产生的品牌形象）之间应该建立一种联系。企业应积极地将品牌主张（识别）通过整合传播的方式传达给顾客，并根据顾客的品牌感知（形象）的反馈来调整当前的品牌主张（识别），以保持品牌旺盛而持久的生命力。

可以通过一个直观的模型来表示上述意思，笔者称之为"双角度的三位一体性'整体品牌'概念模型"（见图4）。

该模型不仅包含了企业和顾客两个角度的"三位一体"品牌概念，还表示出"品牌主张/识别"与"品牌感知/形象"之间传播与反馈的联系过程。也就是说，该模型表达了一个完整意义的"整体品牌"概念，即品牌是企业、顾客两个角度的包含名称和标志、企业及其产品/服务、象征意义和主观感受的"三位一体"的有机统一体。以

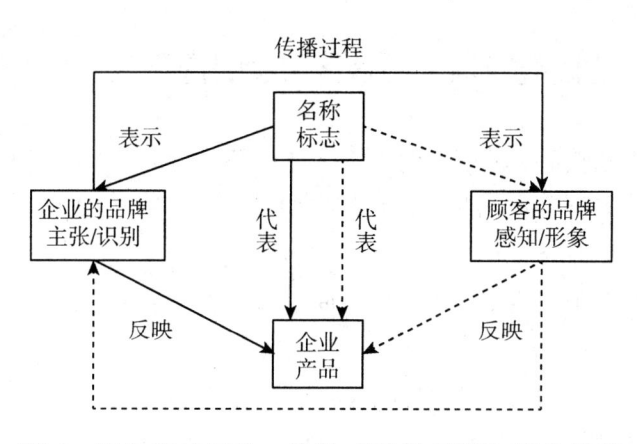

图4 双角度的三位一体性"整体品牌"概念模型

符号学理论为基础提出的这一"整体品牌"概念模型,是双角度的,不是单角度的,是"三元"的,不是"一元"的,它为我们从整体上系统地认识、把握、运作品牌提供了一个有利的工具,其含义以及理论价值和实践意义体现在:

1. 品牌是以企业及其产品为基础、为载体的。品牌总是与企业及其产品结合在一起,没有完全脱离一定企业和产品的品牌。尽管有时品牌会脱离原来的企业或产品,但它必须依附于新的企业或产品,才能再次体现它存在的价值。因此,在品牌创建的实践中,不仅要给企业和产品起一个好名字,设计一种好标志,更要塑造一个优秀企业,生产出优质产品,即人们常说的"内强素质,外树形象"。这一观点与国内学者王兴元(1999)的企业"名牌塔"理论和何建民(2002)提出的"品牌与产品结合"的研究角度是一致的。

2. 品牌名称和标志,是一种典型的符号(媒介),它必须发挥它作为符号的功能:"代表"某事物,"表示"某意义以及它本身的审美功能。怎样充分有效地发挥这些功能,是值得在理论上深入研究,实践上认真探索的课题。必须重视品牌名称和标志本身的"符号价值",让这一价值在品牌设计和传播中充分体现出来。

3. 品牌主张及品牌感受是一种解释者的"解释",本质上是一种主观思维,而人的主观思维是多元的、无限的。这就为品牌含义的赋予提供了广阔的空间。企业可以借品牌附加很多文化的审美的东西,为顾客提供更多的"情感性利益",并由此获取产品本身以外的额外收益。

4. 企业的品牌主张/识别与顾客的品牌感知/形象是相互作用的。企业应处在主动的位置,一方面主动提出品牌主张,建立品牌识别,通过"整合营销传播",方便和促进顾客对品牌的感知,使其产生"强烈的、有利的、独特的品牌联想",从而树立起积极的正面的品牌形象;另一方面,企业应适时地进行"品牌审计",考察顾客对品牌的"解释"是否积极、正确、符合企业的预期,若是,则进一步强化,若不是,必须及时地对品牌主张/识别予以调整。

四、进一步的研究方向及品牌符号学的构想

对概念的界定,既是一项研究的重点,又是研究的起点。对一事物概念的新的界定,往往会引发、拓展一个新的研究框架和逻辑体系。从"整体品牌"概念模型出发,进一步借助符号学的理论,可以在以下方面做深入研究。

1. "整体品牌"概念模型中各要素之间的深层次关系是什么?如何更好地挖掘和体现它们之间的关系?

2. 品牌名称、标志作为符号媒介,其分类、功能是怎样的?如何发挥诸项功能?品牌名称、标志设计的原则是什么?传播的原则是什么?

3. 企业应该从哪些方面提出品牌主张?如何建立和维护品牌识别?

4. 品牌形象的来源是什么?如何进行品牌审计?

5. 品牌主张/识别与顾客的品牌感知/形象之间的联系过程是怎样进行的?如何加强这一联系?

6. 能否在此模型基础上建立起品牌的整体运行模式?该运行模型是怎样的?等等。

符号思想早已有之,特别是"由美国哲学家皮尔斯和瑞士语言学家索绪尔于20世纪初提出的符号学,经过近一个世纪的研究与发展,已经从哲学、语言学领域渗透到人文学科研究的各个方面,其跨学科性质和意义日益凸显出来"(黄华新,2002)。借助符号学,我们已对品牌概念有了更为清晰的认识。因品牌有着很强的符号意义,符号学必定也会对其他品牌问题的研究有所启示。至此,不禁萌发了围绕品牌建立一门部门符号学即"品牌符号学"的构想。

用符号学的理论和方法来研究品牌既有必要性,又有可行性。这是因为,在与品牌十分相关甚至多有重叠的广告领域,符号学"为广告分析开拓了把图文有机结合的新视野"、"皮尔斯派符号学的理论被广泛应用于广告分析中"(范亚刚,1995),广告符号学正在作为一门独立的学科出现(李思屈,2000)。事实上,国外早有学者提出用符号学研究品牌的建议,譬如,法国的皮埃尔·吉罗(1988)就认为,"商品的介绍和包装在现代商业活动中具有重要的符号学价值。"著名品牌专家让·诺尔·卡菲勒(2000)明确提"要研究品牌的典型产品和商标、国籍、广告和包装,从符号学的角度探讨品牌的信息传送过程中的各个环节,包括目的、产品和符号"。国内对品牌符号学意义的认识也已零星地散见于一些文献中(王新新,1998;赵加积,2001)。

下面提出一些初步的学科构想。

学科性质:品牌符号学是一门以品牌符号为专门研究对象的部门符号学。它是符号学的一个分支,与广告符号学等部门符号学相关。

研究内容:品牌符号的分类,品牌符号语形学、语义学及语用学,品牌符号的特点、功能,品牌符号的设计、支持与传播等。

研究方法:以与人类认知、思维和信息传递以及与社会文化有密切关系的哲学或

方法论为指导，以结构主义、辩证唯物主义、索绪尔的符号学和语言学理论、皮尔斯的符号学理论尤其是"三位一体"符号思想和三种符号（图像、标志、象征）作为主要的理论基础（郭鸿2003），同时与相关学科如营销学、广告学、传播学、管理学、心理学等学科密切结合。

参考文献

[1] Gary Armstrong, Philip Kotler. Marketing：an introduction［M］. New Jersey：Prentice-Hall, lnc，2000.

[2] Peter D. Bennelt. Dictionary of Marketing Terms［M］. Chicago：AMA,1998.

[3] Kevin Lane Keller. Strategic Brand Management［M］. New Jersey：Prentice-Hall, lnc, 1998.

[4] 让·诺尔·卡菲勒. 战略性品牌管理［M］. 北京：商务印书馆, 2000.

[5] 菲利普·科特勒. 营销管理［M］. 上海：上海人民出版社, 2003.

[6] 陆娟. 现代企业品牌发展战略［M］. 南京：南京大学出版社, 2002.

[7] 刘凤军. 品牌：市场边界与竞争制高点［J］. 经济管理, 2001（6）.

[8] 何佳讯. 品牌形象策划［M］. 上海：复旦大学出版社, 2000.

[9] 黄昌富. 名牌竞争：买方市场条件下的系统竞争［J］. 中国流通经济, 1999（3）.

[10] 苏勇, 陈小平. 品牌通鉴［M］. 上海：上海人民出版社, 2003.

[11] 冯国良. 传播学原理［M］. 上海：复旦大学出版社, 1995.

[12] 王少琳. 符号学与广告语言［J］. 上海外国语大学学报, 1994（6）。

[13] 王铭玉. 对皮尔斯符号思想的语言学阐释［J］. 解放军外语学院学报, 1998（6）.

[14] 马克斯·本泽, 伊丽莎白·瓦尔特. 广义符号学及其在设计中的应用［M］. 北京：中国社会科学出版社, 1992.

[15] 卢德平. 皮尔斯符号学说再评价［J］. 北方论丛, 2002（4）.

[16] 黄华新, 胡霞. 符号学的跨学科探索［J］. 哲学研究, 2002（11）.

[17] 范亚刚. 符号学与广告分析的若干问题［J］. 北京大学学报（哲学社会科学版）, 1995（4）.

[18] 李思屈. 广告的传播学性质与广告符号［J］. 西南民族学院学报, 2000（2）.

[19] 皮埃尔·吉罗. 符号学概论［M］. 成都：四川人民出版社, 1988.

[20] 王新新. 制造满足消费者心理需求的符号［J］. 中国工业经济, 1998（8）.

[21] 赵加积. 品牌"符号价值"经营理念及运作［J］. 中国机电工业, 2001（14）.

[22] 郭鸿. 对符号学的回顾和展望：符号学的性质、范围和研究方法［J］. 外语与外语教学 2003（5）.

[23] 王兴元. 企业"名牌塔"理论初探［J］. 世界标准化与质量管理, 1999（9）.

[24] 何建民. 创造名牌产品的理论与方法［M］. 上海：华东理工大学出版社, 2002.

The Concept of Total Brand Based on Semiotics

▲Wang Lian-sen (*School of Management, Shandong University, Jinan, Shandong 250100, China*)

Abstract: This paper discusses the diverse opinions of brand concept in management and marketing. It explains and solves the two puzzles stemmed from discussion with Philosopher Peirce's semiotics ideas of triunity. On that basis, it gives a new definition to brand in semiotics and builds a concept model named as "total brand" of double-angle triunity. Finally, the paper presents the orientation for further research and the preliminary content of semiotics of brand.

Key Words: brand; concept; sign; Peirce; semiotics of brand

品牌形象的构成及其测量*

▲罗子明（北京工商大学，北京　100037）

> **摘　要：** 关于品牌形象的描述，一直没有一个相对完善的概念，关于品牌形象的构成，也没有相对统一的体系。文章试图澄清品牌形象的基本概念及其基本内涵，并针对我国企业的实际情况，提出了规范品牌形象构成的指标体系，即由品牌认知、产品属性、品牌联想、品牌价值、品牌忠诚五个组成部分。同时，文章还对品牌形象的测量方法与测量项目作了比较详细的介绍。
>
> **关键词：** 品牌；品牌形象；品牌形象测量

一、品牌形象的概念

在解释品牌形象的概念之前需要对品牌的概念有所了解。

国内所提出的品牌概念多数是非常含糊甚至于是混乱的，大部分书本中对品牌的定义是：用来识别特定商品或劳务的名称、术语、符号、图案及它们的组合。现代营销中，品牌的概念已经演化出"品牌价值""品牌忠诚""品牌资产""品牌策略""品牌管理"等一类的子概念，按照这样的定义，我们能说品牌的价值就是品牌符号与图案的价值吗？品牌忠诚是对这些品牌符号与图案的忠诚吗？这样的定义充其量表达了品牌标记所包含的内容，而不是普遍意义上的品牌概念。在菲利普·科特勒的新著中，品牌的概念中加上了"它是卖方做出的不断为买方提供一系列产品特点、利益和服务的允诺"，1999年麦可·J. 贝克在他主编的《营销大百科》中，已经不再解释品牌的符号与图案意义了，而是详细地描述了品牌价值的构成。基于此，有必要对国内关于品牌概念的定义进行一次彻底的澄清。

我们试图给品牌作出这样的定义：品牌是商品价值或服务价值的综合表现，品牌通常以特定的形象符号作为标记。这个定义试图包含品牌原有的符号意义，也包含品牌的价值意义，同时没有忽略品牌价值的基础即商品与服务本身。

品牌形象是品牌构成要素在人们心理的综合反应。比如品牌价值、商品属性、品牌标记等给人们留下的印象，以及人们对品牌的主观评价。品牌忠诚也好，品牌资产

---

* 本文原刊载于《北京工商大学学报（社会科学版）》2001年第4期。

也好，品牌价值也好，最终必须经过消费者这一关键步骤才能实现，消费者心理对品牌反映从根本上影响着消费者的行为，并最终决定着品牌资产的真正价值。因此，"品牌形象"是"品牌"概念族中非常重要的子概念。

毋庸置疑，在商业运作的模式里，品牌形象的基础是产品及其服务，只有把产品与服务经营好了，才有可能经营好一个品牌及品牌形象。

为什么国内没有出现像倡导品牌那样倡导产品形象呢？造成这种现象的原因来自企业界与学术界的跟风，当20世纪初发达的西方市场经济强调产品质量、突出产品形象的时候，中国的经济还在封建制度下煎熬，我们并没有赶上初期市场的培育和基础教育阶段。当西方经济中的产品质量标准逐渐稳定、营销活动中越来越强调品牌形象的时候，人们以为企业经营就是品牌经营，或企业形象就是品牌形象，实际上形成了对产品及产品形象的漠然。

当前中国市场经济的发展状态，最需要关注的是产品及产品形象，应该由产品形象的完善自然而然地进化到品牌形象的完善上面来。

国内企业管理品牌及品牌形象还存在六大误区：一是把品牌形象理解为商品的商标、标志、符号等；二是把产品的包装形象混同于品牌形象；三是忽略了品牌形象中的产品属性或产品基础；四是把阶段性营销广告的形象等同于企业的品牌形象；五是有些企业没有明确的定位，频繁地更换品牌形象；六是有些企业仍然不重视品牌形象建设。这些误区的形成，"点子大师"与"点子公司"起了不可推卸的作用。

二、品牌形象的特性

1. 多维组合性。多维组合性指品牌形象是由多种特性组成，而不是单维的或由两三个指标构成了品牌的整体形象。一个牛奶制品的品牌形象，既包括牛奶的成分品质、卫生品质、颜色特征、产品价格、企业规模等形象维度，又包括企业的服务态度、企业文化内含等维度，还包括了消费者认知、消费者态度、美誉评价、价值评价等心理指标，同时也包括消费者使用经验与满意度、品牌忠诚等行为维度。

2. 复杂多样性。由于每一位消费者的情况不同，对企业对产品的认知、理解以及使用情况不一样；企业及产品在市场上的覆盖率有差别，企业信息与产品信息的传播等效果有差异；消费者的特点不同等等，因而品牌形象出现复杂多样性的特征。比如快餐麦当劳的品牌认知率，在北京地区可以达到80%以上，而在乌鲁木齐地区的品牌认知率不到40%。

3. 相对稳定性。品牌形象在相对较长的一段时间内会保持其稳定性。符合消费者愿望的企业理念、良好的产品品质、优质的服务等因素，是保持品牌形象长期稳定的必要条件。那些优秀的品牌能够保持几十年甚至于上百年而不动摇，或者因为消费者长期的喜爱与消费习惯，其形象能长久地保持稳定性，像可口可乐那样充满活力的品牌形象、贝尔公司在科技创新方面不断进步的形象等。

4. 可塑性。通过企业的努力，可以按照企业的意图建立品牌形象，改造原有的品牌形象，增加品牌内含的新特征，甚至于重新塑造品牌的形象。比如 IBM 企业的品牌形象，在 20 世纪 70 年代以前，一直是高质量商用设备的代表者，80 年代初，企业进入了严重的危机时期，顾客的评价是"大""全""笨"，经过痛苦的改革和品牌形象再造过程，现在的 IBM 重新回到了开创科技先锋、提供高品质服务的品牌形象。

5. 易碎性。在特定的条件下，不管是一些重大的事件，或是一些轻微细小的事件，都可能完全迅速地改变原有的品牌形象。

这种特点是由品牌形象本身的心理因素所致，虽然建立品牌形象必须具备强有力的客观基础，比如长期稳定的产品质量、长期稳定的企业规模、标准化系统化的服务体系等，但是因为人的心理具有流动性与复杂性等特征，在周围环境与事实的影响之下，会出现相应的心理变化，导致品牌形象随之发生变化。

2000 年年末，因报道日本味精生产中加有猪肉蛋白酶成分，印度尼西亚出现了全国抛弃日本味精的事件，日本味精的品牌形象被彻底打碎。

当然这些心理上的变化要从统计学的角度来理解，个别消费者的心理发生变化，品牌形象可能会出现轻微的波动，品牌形象在市场上会保持总体上的稳定，而消费者普遍的心理波动，可能会导致品牌形象的重大改变。

三、品牌形象的构成

关于品牌形象的构成，存在着多种不同版本的描述，有些描述偏重于形象设计方面，有些描述偏重于消费者行为方面。

本文试图对品牌形象的构成进行标准化，共划分为五个方面，即品牌认知、产品属性认知、品牌联想、品牌价值、品牌忠诚。

品牌认知是构造品牌形象的第一步，是指人们对品牌名称、企业名称、商品标志、品牌特定符号、专有产品名称等方面的认知状态，一般使用回忆法来测量这种认知状态，其中对品牌名称的认知一般使用知名度表示。

对产品属性的认知，是构成品牌形象价值论的基础，这是国内市场体系不稳定时期，需要特别强调的内容。产品的属性包含了品质属性、功能构成等产品的自然特征，这是消费者获得商品价值的基础，如果没有这些基础，形象再好再美的商品对消费者也是没有消费意义的，是不正常的消费。有些狂想型的营销者在建立品牌形象时，完全无视产品的属性，认为只要他的点子好，把知名度拔高，什么东西都卖得出去。这种观念对于产品质量不稳定的中国市场非常有害。

心理学的研究表明，人们对于一件孤立的事物难于形成稳定的记忆，那些稳定的、长期的记忆总是与生活中相关的信息联系在一起，并形成逻辑性或非逻辑性的联系，心理学家把这种心理上的联系称为联想，心理上的联想活动对于消费者的购买决策具有重大的影响，因此，心理上的联想便列入品牌形象研究的范围，并细划出相应的指标，这些指标以词语联想形式表示，对这些词语进行分类整理标记，描绘出品牌形象的轮廓。

购买之前的思考一般是，"我买了它值不值？"，消费之后的判断一般是"它非常值得""无所谓"或"不值得"，这些都归纳为消费者对品牌的价值评判即品牌价值。在测量中，是以人们对商品价格的评价、价格承受区间（价格需求曲线）、主观价值判断来表示。

品牌形象具有浓重的主观色彩，企业建造品牌形象的最终目的是促进消费者的购买行为。最新的研究表明，反映消费者行为的主要体现在品牌忠诚这一类指标上，包括消费者的购买习惯、向他人的推荐率等。

四、品牌形象的测量

品牌形象的测量主要分为两类：定性测量和定量测量。

（一）定性测量

测量方法：直接询问、座谈会等，一般采用座谈会法。

测量工具：提问大纲或座谈会大纲。

测量要点：使用拟人化的形象描述法。

具体做法：召集相关人员参加座谈会，主持人按大纲的要求提出一系列相对笼统的问题，即如果把品牌 X 比作一个人，那么以你的看法，应该怎么样来描述这个人的特征呢？每一个参加座谈会的人员会根据自己的印象对这一品牌进行拟人化的描述，这些描述的综合构成该群体的品牌形象。

比如把索尼品牌比喻为一个人，可能得到的描述是：这是一个精明的中年男子或老头，年龄大约在 40 多岁或 60 多岁左右，戴金丝边眼镜，穿西装，干净利落，作风严谨，工作苦干，是企业里的高层人员，比较狡猾等；或这是一个机灵的小姑娘，年龄 20 多岁，眼睛明亮，常露笑脸，喜欢穿不同颜色的衣服，讲究卫生，蹦来蹦去，经常使用一些高科技产品，头上常戴着 WALKMAN 一类的东西，比较开放等。从这些描述结果看，索尼的品牌形象具有两种不同的人格特征，一种是偏向于稳重型的中老年形象，另一种是偏向于青年的现代女性形象。这两种形象对于索尼企业制定新的品牌形象具有重要的指导作用。

定性测量的最大优点是，品牌描述形象化，容易理解，对指导广告一类的营销策略有重要参考意义。其最大的缺点是，不能准确地描述品牌的价值，不能描述产品及有关性质，对于制定综合性的营销策略没有指导意义。

（二）定量测量

测量方法：现场调查法、座谈会法。

测量工具：标准的测量问卷、辅助性的座谈会大纲。

测量要点：将品牌形象分解为详细的指标，由调查对象依据自己的看法对该品牌的各项指标作出评价，并统计评价结果。

定量测量的优点是，测量结果精细，包含的内容全面，对制定全方位的营销策略有重要指导意义；其缺点是测量过程比较复杂。

品牌形象五个构成面需要细分为具体的测量项目，便于操作与实施。细分的项目及解释如下：

1. 品牌认知。

未提示知名度——未经提示对品牌的回忆率。有的研究人员将其再细分为第一未提示知名度（top of mind，TOM）和总体未提示知名度，前者更能反映品牌之间的竞争力。

提示知名度——经提示后对品牌的回忆率。同等比率情况下，品牌竞争力弱于未提示知名度。

认知渠道或媒体——认知该品牌的信息渠道，及其媒体传播手段。

广告认知度——以广告传播品牌形象时，对广告内容的认知状态。

广告美誉度——以广告传播品牌形象时，对广告是否满意等情绪性的反应。

需要注意的是，现代品牌的塑造已经频繁地使用了广告人物，人们对广告人物的认知占据了品牌形象的一定位置，广告人物的社会声誉与行为品德也构成了品牌形象的组合之一，品牌认知可能包含对广告人物的认知。

2. 产品属性认知。

品质认知——产品的物理构成及其质量属性在心理上的反应。

档次认知——人们对产品品质及质量标准的主观评价。

功能认知——正常状态下人们认知产品所达到的功能与效果。

特色认知——与同类产品相比，认知该品牌具有独一无二的功能与效果。

3. 品牌联想。

词语联想——由该品牌首先联想到的词语，一般采用前3个联想到的词语。

档次联想——直接评价该品牌的档次。

美誉度联想——该品牌直接引起令人喜爱或满意的情绪性反应及评价。

理想使用者——消费该品牌合适人物的联想，是未来形象定位的重要依据。

理想形象——不考虑现实的条件与限制，人们期望该品牌的理想状态，是未来形象定位的重要依据。

品质联想——由品质联想到的信息，是品牌档次联想的补充。

功能联想——由产品功能引起的联想，是理想形象的补充。

消费缺憾——消费该品牌后联想到的消极评价及期望，是理想形象的补充。

4. 品牌价值。

价格评价——心理上对价格的态度，即价格偏高、适中或偏低等主观判断。

价格需求曲线——以人们的主观判断来评价商品理想的价格，统计意义上的集合即构成为消费群体的价格需求曲线。

价值评价——以"是否值得"购买或消费等价值尺度对品牌作出的评价。

5. 品牌忠诚。

使用率——消费群体中使用该品牌的比率，反映品牌的覆盖状态。

购买意向——主观上的购买意向及理由。

满意度——顾客购买、消费、使用产品时的满意度。

忠诚比率——在较长的时间内，重复购买该品牌的习惯与比例。

推荐比率——向其他消费者推荐的可能性及推荐行为。

购买环境——对购买地点与环境的选择偏向，与品牌定位有明显关系。

经过定量化品牌形象测量，能够为品牌定位提供科学的基础，品牌形象的现有指数与理想指数之间可以转换为品牌形象定位图，这个品牌形象定位图与企业的理念及当前的资源优势结合起来，便可以找出企业准确的形象位置。企业的目标是巩固现有的品牌形象？还是重新塑造形象？这一形象位置图是决策的依据。

参 考 文 献

［1］菲利普·科特勒，加里·阿姆斯特朗著. 营销学导论［M］. 俞利军，译. 北京：华夏出版社，1998.

［2］陈岱孙. 市场经济百科全书［M］. 上海：中国大百科全书出版社. 1998.

［3］Edited by Michael J. Baker. Encyclopedia of Marketing［M］. Toronto：Emglanol International Thomson Business Press，1999.

［4］刘凤军. 品牌运营论［M］. 北京：经济科学出版社，2000.

［5］山本一郎. 品牌赢家［M］. 吴一斌，译. 成都：西南财经大学出版社. 2000.

The Constituents of Brand Image and Their Measurements

▲Luo Zi-ming（*Beijing Technology and Business University*，*Beijing*，*100037*，*China*）

Abstract：A relatively perfect concept for brand image description has been lacking, and there is no relatively unified system for describing brand image. This paper tried to clarify the basic concept of the brand image as well as its basic connotation. Besides, this paper presented an index system for regulating brand image against the real conditions of the enterprises in our country. The index system includes brand recognition, brand attributes, brand association, brand value, brand loyalty. Meanwhile, the paper also presented a detailed introduction to the measuring methods of brand image and the items to be measured.

Key Words：brand；brand image；brand image measurement

品牌特性对品牌至爱的影响：品牌借用倾向和物质主义价值观的调节作用[*]

▲杨德锋[1,2]，李 清[1]，赵 平[2]（1. 暨南大学管理学院，广东广州 510632；2. 清华大学经济管理学院，北京 100084）

摘 要：文章从品牌特性和消费者自身特点两方面出发，探讨品牌至爱的形成机制。具体研究与人无关的品牌特性（品牌独特性、品牌卓越性和品牌质量）和与人有关的品牌特性（自我扩展）对品牌至爱的影响，以及消费者自我概念塑造时的品牌借用倾向（BESC）和物质主义价值观对上述关系的调节作用。结果表明，品牌独特性对自我扩展具有重要的影响，而品牌卓越和品牌质量的作用并不显著；BESC 负向调节品牌质量对品牌至爱的影响，物质主义价值观正向调节品牌卓越对品牌至爱的影响。

关键词：品牌至爱；品牌特性；品牌借用倾向（BESC）；物质主义价值观

一、引 言

爱是人的情感，爱与被爱都是一种强烈的情感体验（Carroll and Ahuvia，2006）。在商品消费活动中，消费者同样会产生爱的体验，并且这种体验是消费者对产品与品牌产生情感依恋的重要原因。品牌至爱是消费者对品牌的情感依恋、激情和承诺（Carroll and Ahuvia，2006）；是消费者与品牌之间长期关系的结果。消费者与品牌之间关系的实质是"消费者—品牌—消费者"三方关系（McAlexander et al.，2002），消费者对品牌依恋和至爱的对象实质上是人而不是物（Ahuvia，2005）。另外，不同特点的消费者在品牌评估中会有很大差异（Monga and John，2010），有些消费者可能愿意与品牌建立关系，另外一些可能并不愿意与品牌建立联系。消费者对品牌的依恋和至爱是一个复杂的关系结构，需要从品牌和消费者两方面进行分析，而现有研究缺乏考虑不同的品牌特性和消费者自身特点对品牌至爱影响的研究。

---

[*] 本文原刊载于《北京工商大学学报（社会科学版）》2012 年第 5 期。基金项目：国家自然科学基金重点项目（70632003）；国家自然科学基金项目（71102009；71002015）。

为此，本研究从两个方面进行探讨，一是借用以往学者们对品牌特性的划分（Vigneron and Johnson，2004），考察哪些品牌特性对建立品牌至爱有重要作用。二是从消费者本身的特点来看，探讨哪些消费者容易建立品牌关系，考察消费者心理变量与品牌至爱关系，具体研究自我概念塑造时的品牌借用倾向（Brand Engagement In Self Concept，BESC）[①]（Sprott et al.，2009）和物质主义价值观（Richins，1994）的影响。

二、文献回顾

（一）品牌至爱

品牌至爱反映了消费者对特定品牌狂热的依恋、激情和承诺（Carroll and Ahuvia，2006）。消费者不惜重金购买、甚至非常偏执地收藏某种产品或品牌，正是品牌至爱的体现（Ahuvia，2005）。现有关于品牌至爱的研究主要有品牌至爱的纬度结构（Albert等，2008），产品类别（享乐产品和自我表现产品）（Carroll and Ahuvia，2006）、广告策略（庞隽等，2009）、品牌社群和品牌认同（Bergkvist and Bech-Larsen，2010）对品牌至爱的影响，以及品牌体验通过对消费者的自我展示和娱乐享受对品牌至爱的作用（杨德锋等，2010）等。以往研究中缺乏关于品牌特性和消费者特性对品牌至爱影响关系的研究，为此本研究试图考察以上变量对品牌至爱的影响。

（二）品牌特性

1. 与人无关的品牌特性。品牌独特性。为了显示自己的与众不同，塑造与提升在他人心目中的自我形象，消费者具有通过消费物品的获取、利用和处理来寻求与他人差异性的个体特征（Tian等，2001）。购买独特的产品或者品牌，向他人展示与众不同的消费行为就成为消费者满足这种心理需求的表现方式。为了满足消费者对独特性的需求，企业通过一定的手段塑造品牌的独特性，形成品牌独特性。品牌独特性的表现形式常常是通过一定的稀缺性和排他性（例如，产品是限量版）（Vigneron and Johnson，2004）和品牌个性的与众不同（例如，叛逆）等形式来表达。

品牌卓越性。人们对社会身份和地位有着天然的需要。消费者所拥有的物质财富成为自我延伸的一部分，有助于彰显消费者的地位和身份（Belk，1988）。具有重要象征价值的品牌，能够满足消费者对彰显社会地位的需求。品牌卓越性就是"一个产品能够帮助观察者确认品牌可见性标记的程度"（Han等，2010）。品牌以其某一个特色，例如，奢侈、尊贵或时尚等，而成为卓越品牌，从而能够显示品牌拥有者的社会地位和身份（Vigneron and Johnson，2004）。

[①] brand engagement in self concept 直译为自我概念中的品牌借用，为了符合中文概念的表达习惯，本研究将其定义为自我概念塑造时的品牌借用倾向。

品牌质量。品牌质量是关于一个品牌能够实现产品功能目的优越性或卓越性的程度判断。品牌在提供情感价值或者象征价值的同时，其最基本的价值还是功能价值，而功能价值的提供，不能脱离品牌的质量价值。虽然很多品牌是为了向消费者提供情感或象征价值，但是质量价值必不可少，品牌质量能够在消费者的购买中发挥重要作用（Dodds 等，1991）。

2. 与人有关的品牌特性。自我扩展。对特定个体而言，"身体、内在的东西、思想和经历"是核心自我的一部分，而"个体所依附的外在环境、事物和人"则是自我扩展的一部分（Belk，1988）。在品牌特性中，自我扩展是消费者将所拥有的品牌作为自我身份的一部分（Belk，1988）。关键的所有物强化了消费者对自我的认知。消费者通过不断地消费来保持自我认同，以及建立与他人的关系（Ahuvia，2005）；"我们是我们所拥有的"（Belk，1988）表明，消费者所拥有的品牌对自我展示和认同的重要作用。

（三）消费者特质

品牌借用倾向。以往的研究探讨了消费者自我与某一特定品牌之间的关系，例如，自我—品牌联系（self-brand connection），其主要是关注自我与特定品牌之间的关系。而 BESC 主要度量消费者在借用品牌塑造自我概念中的一般倾向，也即品牌在消费者自我形象管理中的重要程度。BESC 则是一个广义的概念，它不只是包含消费者与某特定品牌之间的关系，而是与多个品牌的联系。消费者在将品牌作为自我概念的一部分中表现了一定的个体差异，不同的消费者在借助品牌塑造自我概念上存在差异（Sprott 等，2009）。

物质主义价值观。物质主义价值观是人们对生活中活动与拥有财富的重要性所秉持的一种信念（Richins and Dawson，1992），反映了人们旨在通过对财富的获得与商品的奢侈性消费来获得其他人的仰慕和社会身份认可（Liao and Wang，2009），具有以自我为中心、享乐主义、财富拥有作为个人成就标志的特点（Richins and Dawson，1992；Richins，1994）。物质主义价值观与幸福感、快乐和生活满意度负相关，与消费者的奢侈性消费正相关（Liao and Wang，2009；Wang and Wallendorf，2006）。对物质主义价值观水平比较高的人来说，那些昂贵的、有名望的、有公共知名度的所有物是很重要的。在消费中，物质主义价值观水平高的消费者更倾向于从产品选择（Wang and Wallendorf，2006）和品牌选择（Liao and Wang，2009）中获得社会地位和身份。

三、概念框架和研究假设

（一）概念框架

本文的研究框架如图 1 所示。依据 Vignerson and John（2004）的研究，本文将品牌特性分为与人无关的品牌特性和与人有关的品牌特性。与人有关的品牌特性只包含自我扩展一个方面，没有探讨娱乐性的影响。本研究探讨与人无关和与人有关的品牌特性对品牌至爱的影响，以及消费者特性，如 BESC 和物质主义价值观对上述影响关系的调节作用。

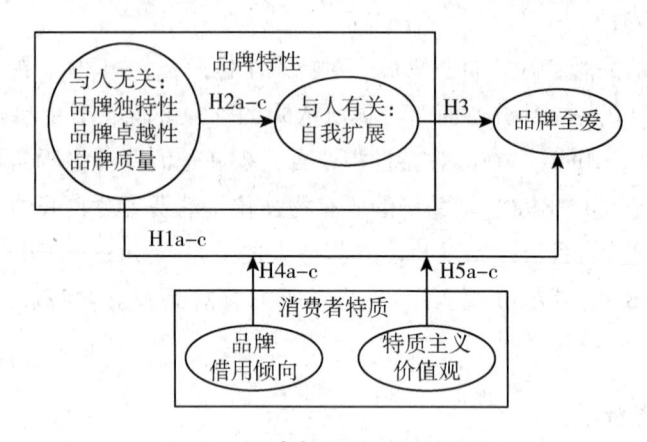

图 1　概念框架和研究假设

（二）研究假设

1. 与人无关的品牌特性对品牌至爱的影响。消费者对独特性的追求可以通过使用、购买有特色的品牌来得以满足。在消费选择上，具体可以通过创造性的选择不一致、非主流的选择不一致或者避免一致来实现（Tian 等，2001），消费者通过选择使用有别于大众的商品或品牌来展示自己的与众不同。当一个产品稀缺，或者是限量发售时，这个品牌就表现得很独特（Vignerson and John，2004）。品牌独特性满足了消费者对独特性的需求，消费者会更偏爱这种独特性的品牌，继而对其形成品牌至爱。因此，可得如下假设。

H1a：品牌独特性对构建品牌至爱有正面作用。

品牌卓越性是消费者品牌依恋的重要组成部分。当消费者通过消费某个品牌来展示社会地位时，品牌所表现出的卓越性起到了关键作用。通过品牌的卓越性，消费者展示了自我形象和社会地位，基于卓越品牌所表现出的传递社会形象的价值，消费者会更偏爱这类品牌，从而形成品牌至爱。基于以上论述，可得如下假设。

H1b：品牌卓越性对构建品牌至爱有正面作用。

品牌质量的高低决定了品牌本身是否能够有较高的功能价值，决定了消费者的感知价值。品牌质量正面影响消费者的满意程度。品牌质量是品牌价值的基础，品牌情感价值的传递和象征价值的彰显（Schembri 等，2010），都是建立在消费者对品牌质量有较高评价的基础之上。消费者的满意和对品牌的正面评价，有助于构建品牌至爱（Carroll and Ahuvia，2006）。

H1c：品牌质量对构建品牌至爱有正面作用。

2. 与人无关的品牌特性对自我扩展的影响。消费者具有独特性需求，并通过向他人展示自我的与众不同来满足这种需求。在展示自我的过程中，消费者倾向于通过物质形式（购买消费品）来满足对独特性的需求。在"我们所拥有的物质产品表明了我们"的形象逻辑下（Belk，1988），消费者拥有与众不同的产品，也有助于消费者塑造独特的自我形象。因此，品牌的独特性对扩展自我有积极的影响。

H2a：品牌独特性对自我扩展有正面作用。

与产品的功能性价值相比，品牌具有象征和自我表达的功能。品牌是"社会工具"（social tool），品牌消费具有象征性作用（symbolic role）、符号性作用（iconic role）和索引性作用（indexical role），对消费者的自我建构具有重要影响（Schembri 等，2010）。品牌的卓越性越强，越是能够彰显品牌拥有者的自我形象、社会地位和身份（Belk，1988），因此，品牌的卓越性有助于个体扩展自我。

H2b：品牌卓越性对自我扩展有正面作用。

品牌质量的高低是品牌功能和品牌形象的重要组成部分，也是品牌发挥情感价值和彰显社会价值的基础，是消费者相信品牌具有产品功能价值之外的信任基础（Dodds 等，1991）。一个质量较差的品牌，在展示品牌形象上缺乏说服力。在自我扩展中，消费者是期望通过能够代表自己形象的品牌向他人展示自己的形象，因而这样的品牌必须获得消费者的认可（Han 等，2010）。质量的高低决定了能否得到消费者本人的认可。质量较差的品牌都不能满足消费者最基本的产品功能需要，消费者无论如何也不可能将其作为自我形象，质量较高的品牌比较容易促使消费者将品牌作为自我的一部分，因此品牌质量对自我扩展具有正面作用。

H2c：品牌质量对自我扩展有正面作用。

3. 与人有关的品牌特性对品牌至爱的影响。自我认同是消费者偏好品牌、参与品牌活动的重要因素，是品牌提供的重要利益，因为越来越多的品牌从强调品牌的功能属性转向强调它们的品牌是如何匹配消费者的生活风格。消费是社会化活动，消费的产品和对象是消费者之间相互交流和展示的平台，品牌成为自我的一个部分。当消费者将某一品牌或产品当做自我的一部分时（Bergkvist and Bech-Larsen，2010），消费者倾向于喜欢它，对它表现出较高的忠诚度，从而形成品牌至爱（Ahuvia，2005）。

H3：自我扩展对构建品牌至爱有正面作用。

4. 消费者特质的调节作用。BESC 的调节作用。BESC 是个体将重要品牌作为自我一部分的程度，不同的消费者存在一定的差异性。Sprott 等（2009）的研究表明，消费者自我概念塑造时的品牌借用倾向（BESC）程度越高，消费者与喜爱品牌之间的联结关系就越强；高 BESC 的消费者不仅将自己与所爱的品牌联结，还将自己与"不是自我一部分"的品牌划清界限。因此，相对低 BESC 的消费者来说，高 BESC 的消费者更容易通过独特性的产品理解到自我的形象，将其作为自我的一部分，从而对这一品牌形成至爱。

H4a：BESC 正向调节品牌独特性对品牌至爱的影响作用。

与低 BESC 的消费者相比，高 BESC 的消费者关注品牌，他们会在意自己所买的产品是什么品牌；对价格表现得更加不敏感，他们更偏好于喜爱品牌中的高档产品，例如质量更好或者更具特色的品牌（Sprott 等，2009）。因此，BESC 会调节品牌卓越性对品牌至爱的影响。

H4b：BESC 正向调节品牌卓越对品牌至爱的影响作用。

品牌质量是相对客观的，重点在于品牌的功能性价值，而高 BESC 的消费者对功能性价值的关注程度较低，其品牌质量与品牌至爱的关系较弱。而对于低 BESC 的消费者，对功能性价值的关注较高，其品牌质量与品牌至爱的关系较强（Sprott 等，2009）。因此，BESC 负向调节品牌质量对品牌至爱的影响。

H4c：BESC 负向调节品牌质量对品牌至爱的影响作用。

物质主义价值观的调节作用。物质主义价值观强调了物质财富在个人价值观中的重要性，对物质主义价值观水平较高的消费者而言，财富代表了社会地位、成就和社会声誉（Wang and Wallendorf，2006）。物质主义价值观水平高的消费者有较高的品牌意识（Liao and Wang，2009），更加看重知名和有声誉的品牌。具有独特性的品牌，代表了一定的财富拥有和排他性，物质主义价值观水平高的消费者对这类品牌更加偏爱，也更容易对这类品牌形成品牌至爱；而对物质主义价值观水平低的消费者，品牌独特性对品牌至爱的影响较弱。

H5a：物质主义价值观正向调节品牌独特性对品牌至爱的影响。

可见性高与私密性的产品对传达消费者的社会身份存在差异，在公共场合消费奢侈性与稀缺性的商品更能彰显成功和声望（Richins，1994）。物质主义价值观水平比较高的消费者更加看重通过拥有品牌来传达社会地位，他们有较高的品牌意识（Liao and Wang，2009），更倾向于选择能体现身份地位或者与众不同的消费品，对这些消费者而言，品牌卓越性对品牌至爱的影响更强；而物质主义价值观水平较低的消费者对体现身份和地位的品牌相对关注不足，对这些消费者而言，品牌卓越性对品牌至爱的影响关系较弱，物质主义价值观正向调节品牌卓越性对品牌至爱的影响。

H5b：物质主义价值观正向调节品牌卓越性对品牌至爱的影响。

品牌质量的高低也传达一定的社会意义。对同一类产品而言，质量较高的品牌往往定价较高；为此这些也能够显示购买者有较高的财富和社会地位。因而，对物质主义价值观水平较高的消费者来说，品牌质量的高低也是彰显购买者社会地位和社会声望的标志。在一个品牌有较高的品牌质量时，消费者的物质主义价值观水平越高，消费者也就越容易与这类品牌建立至爱关系，而对于物质主义价值观水平较低的消费者，品牌质量对其建立品牌质量关系的作用就不那么突出。我们期望，物质主义价值观正向调节品牌质量对品牌至爱的影响作用。

H5c：物质主义价值观正向调节品牌质量对品牌至爱的影响作用。

四、研究设计

(一) 变量度量

量表主要源自以往研究中的成熟量表。在度量上采用 Likert 5 分制。Carroll and Ahuvia (2006) 开发了品牌至爱的度量量表,共有 10 个指标,本研究借用这些指标。在 Vigneron and Johnson (2004) 的研究中,品牌独特性是语义差异型量表,本文将其改编为 Likert 量表,指标为 3 个。品牌卓越性来自 Truong 等 (2008) 的研究,原量表有 3 个指标,本研究也采用这 3 个指标。自我扩展来自 Carroll and Ahuvia (2006) 的研究,原量表共有 8 个指标,个人认同和社会认同各有 4 个指标,本研究从中各选择 2 个,总共有 4 个指标。品牌质量来自 Dodds 等人的研究,原量表有 5 个指标,本研究从中选择 2 个。Sprott 等 (2009) 开发了 BESC 的量表,共有 8 个指标,本研究借用了这些指标。物质主义价值观量表来自 Richins and Dawson (1992) 的研究,采用其中的 7 个指标。

(二) 调研品牌的选择

调查问卷中选择 7 类产品作为被访者评价的对象,购买涉入度较低的 5 类产品:洗发水、牙膏、运动服、食品与餐饮、牛奶,以及涉入度较高的 2 类产品:手机和家电。在每一个产品类别中都列出 5 个品牌,让被访者从以上 35 个品牌中选择一个最喜爱的品牌;然后让他们根据所选择的最喜欢的品牌进行品牌卓越性、独特性、品牌质量、自我扩展和品牌至爱相关测项的评价。

(三) 调研样本的选择

本研究采用方便抽样的方式,主要采取在广州市各商场门口随机发放的方式收集问卷。总共发放问卷 353 份,获得有效问卷 256 份,问卷回收率为 72.5%。在样本的描述统计方面,男性占 42.4%,女性占 57.6%;在学历分布上,初中及以下占 1.6%,高中或中专占 14.2%,大专占 30.7%,本科占 37.4%,研究生占 16.1%;在年龄上,小于 20 岁占 2.7%,20－24 岁占 46.9%,25－29 岁占 36.7%,30－39 岁占 10.2%,40－49 岁 3.1%,50－59 岁占 0.4%;个人月收入上,0－1000 元占 25.1%,1001－2000 元占 15.2%,2001－3000 元占 22.2%,3001－4000 元占 17.3%,4001－5000元占 7.8%,5001－6000 元占 5.4%,6001 以上占 7%。

五、研究结果

(一) 信效度分析

本文主要变量的 Pearson 相关系数、均值、标准差、Cronbach's a 信度系数、方差平均提取量（AVE），以及 AVE 平方根的描述统计如表 1 所示。

表 1　主要变量的 Pearson 相关系数矩阵和其他指标的描述性统计

	A	B	C	D	E	F	G
A. 品牌至爱	1						
B. 品牌独特性	0.581**	1					
C. 品牌卓越性	0.518**	0.530**	1				
D. 品牌质量	0.478**	0.397**	0.504**	1			
E. 自我扩展	0.458**	0.383**	0.207**	0.162**	1		
F. BESC	0.213**	0.162**	0.089	0.065	0.451**	1	
G. 物质主义价值观	0.219**	0.175**	0.260**	0.147**	0.358**	0.447**	1
均值	3.627	3.766	4.000	3.977	2.969	2.843	3.140
标准差	0.520	0.673	0.592	0.655	0.782	0.737	0.598
Cronbach's a 信度	0.753	0.809	0.751	0.781	0.832	0.798	0.707
AVE	0.626	0.723	0.803	0.821	0.667	0.554	0.522
AVE 平方根	0.791	0.850	0.896	0.906	0.817	0.744	0.722

注：** 分别表示双尾检验中在水平 0.01 下显著。

从表 1 可以看出，各变量的 Cronbach's a 信度都在 0.7 以上，量表信度较高。在效度方面，本文根据对各潜变量进行因子分析，对因子载荷小于 0.4 的测量指标予以删除；并且删除一定的指标，使得方差平均提取度（AVE）能够达到 0.5 以上。各变量的收敛效度（convergent validity）达到要求。各潜变量 AVE 的平方根在 0.722 – 0.906 之间，各潜变量之间具有显著性的相关系数在 0.089 – 0.581 之间，各变量 AVE 的平方根都大于各潜变量之间的相关系数，量表的区别效度（discriminant validity）较高。因此，从以上几个方面可以看出，量表的效度能够得到保证。

（二）假设检验

本研究采用回归分析的方法进行假设检验。以自我扩展为因变量，品牌独特性等变量为自变量的回归结果如表 2 所示。从表 2 中可以看出，H2a 得到支持，H2b 没有得到支持，H2c 也没有得到支持，由此可以得出的结论是品牌独特性对自我扩展具有重要的影响作用，而品牌卓越和品牌质量的作用并不显著。

表2　回归分析结果

自变量		因变量（自我扩展）		
		β 系数	T 值	假设检验
品牌独特性	H2a	0.437**	5.384	支持
品牌卓越性	H2b	0.011	0.113	不支持
品牌质量	H2c	0.027	0.303	不支持
F 值		14.420**		
ΔR^2		0.147		

注：** 表示 $p<0.01$。

为了降低主效应和交互效应的多重共线性，在验证交互效应时，对交互的变量进行了均值中心化（mean-centered）处理。以品牌至爱为因变量的回归结果如表3所示。假设H1a、H1b、H1c得到支持，即品牌独特性、品牌卓越性和品牌质量对品牌至爱都有显著的影响作用。假设H3也得到支持，自我扩展对构建品牌至爱的作用显著。

表3　回归分析结果

自变量		因变量（品牌至爱）				假设检验
		模型1		模型2		
		β 系数	T 值	β 系数	T 值	
品牌独特性	H1a	0.223**	5.156	0.221**	5.075	支持
品牌卓越性	H1b	0.207**	4.014	0.216**	4.198	支持
品牌质量	H1c	0.178**	3.384	0.198**	4.185	支持
自我扩展	H3	0.172	4.743	0.178**	4.977	支持
BESC		0.019	0.503	-0.006	-0.154	
物质主义价值观		-0.019	-0.416	-0.018	-0.381	
品牌独特性×BESC	H4a			0.026	0.393	不支持
品牌卓越性×BESC	H4b			0.003	0.038	不支持
品牌质量×BESC	H4c			-0.140**	-2.268	支持
品牌独特性×物质主义价值观	H5a			-0.088	-1.117	不支持
品牌卓越性×物质主义价值观	H5b			0.290**	2.886	支持
品牌质量性×物质主义价值观	H5c			0.040	0.496	不支持
F 值		41.021**		22.924**		
R^2		0.509		0.544		
调整后的 R^2		0.497		0.520		
ΔF-Statistic		2.878**				

注：** 表示 $p<0.01$。

在 BESC 的调节作用效果上，H4a 和 H4b 没有得到支持，H4c 得到支持。BESC 在调节品牌独特性和品牌卓越性对品牌至爱的影响作用并不显著，在负向调节品牌质量对品牌至爱的影响作用时显著。在消费者的物质主义价值观的调节作用方面，H5a 和 H5c 没有得到支持，H5b 得到支持。物质主义价值观调节品牌卓越对品牌至爱的影响作用，而在调节品牌独特性、品牌质量对品牌至爱的影响作用时表现不显著。

六、结论、贡献与建议

本文的研究结论主要包括三点：一是品牌独特性对自我扩展具有重要的影响作用，品牌卓越性和品牌质量对自我扩展的影响作用缺乏显著性。二是品牌独特性、品牌卓越性和品牌质量对品牌至爱都有显著的影响作用；自我扩展对构建品牌至爱的影响作用显著。三是在 BESC 的调节效应上，BESC 负向调节品牌质量对品牌至爱的影响，在品牌独特性和品牌卓越性对品牌至爱的影响关系中的调节作用并不显著。在物质主义价值观的调节效应上，物质主义价值观正向调节品牌卓越对品牌至爱的影响，在品牌独特性、品牌质量对品牌至爱的影响关系中的调节作用不显著。

本文的贡献主要表现为三点：一是丰富了品牌至爱前置因素的研究。本文探讨了与人无关和与人有关的品牌特性对构建品牌至爱的作用，验证了品牌独特性、品牌卓越性、品牌质量和自我扩展对品牌至爱的影响，从而扩展了品牌至爱前置因素的研究。二是将品牌特性的研究引入到品牌至爱的研究中。以往学者将品牌特性划分为与人相关和与人无关两个方面，本研究将这一研究分类引入到品牌至爱中，从而可以更加清晰地理解品牌至爱的形成机制。三是将消费者本身的特点引入到品牌至爱中的影响，考察 BESC 和物质主义价值观的调节作用。Sprott 等（2009）提出了 BESC 的概念，并对其在消费者品牌购买行为的影响性进行了研究。本研究将 BESC 与消费者的品牌至爱建立关系，探寻 BESC 水平高和水平低的消费者通过品牌特性建立品牌至爱的差异性，在一定意义上深化了品牌至爱研究。

根据上述研究结论，本文提出以下四点管理建议：一是重点强化品牌独特性。无论这个独特性在他人看来是多么另类或者荒唐，只要是目标顾客所欣赏的，就是具有独特性的品牌，就需要企业进行重点强化。二是大力培育消费者的自我—品牌联系。在管理中，可树立一个贴近消费者心灵的品牌形象，使消费者通过品牌的形象可以联想到自我的形象、个性和精神状态等，将自我与品牌联结。三是积极塑造品牌个性从而满足 BESC 水平较高的消费者。鲜明的个性能够使得品牌成为消费者"自我"的一个重要组成部分，从而满足这些消费者较高的借助品牌塑造自我形象的需求。四是努力培育品牌卓越性从而满足物质主义价值观较高的消费者。卓越性能够体现品牌的奢侈性和稀缺性，进而彰显品牌拥有者的社会地位和身份，使得物质主义价值观较高的消费者建立品牌至爱。

参考文献

[1] Ahuvia C. Beyond the extended self: loved objects and consumers' identity narratives [J]. Journal of Consumer Research, 2005, 32 (1): 171-184.

[2] Albert N, Merunka D, Valette-Florence P. When consumers love their brands: Exploring the concept and its dimensions [J]. Journal of Business Research, 2008, 61 (10): 1062-1075.

[3] Belk W. Possessions and the extended self [J]. Journal of Consumer Research, 1988, 15 (2): 139-168.

[4] Bergkvist L, Bech-Larsen T. Two studies of consequences and actionable antecedents of brand love [J]. Journal of Brand Management, 2010, 17 (7): 504-518.

[5] Carroll A, Ahuvia C. Some antecedents and outcomes of brand love [J]. Marketing Letters, 2006, 17 (2): 79-89.

[6] Dodds B, Monroe B, Grewal D. Effects of price, brand, and store information on buyers' product evaluations [J]. Journal of Marketing Research, 1991, 28 (3): 307-319.

[7] Han J, Nunes C, Drèze X. Signaling status with luxury goods: The role of brand prominence [J]. Journal of Marketing, 2010, 74 (4): 15-30.

[8] Liao J, Wang L. Face as a mediator of the relationship between material value and brand consciousness [J]. Psychology and Marketing, 2009, 26 (11): 987-1001.

[9] McAlexander H, Schouten W, Koenig F. Building brand community [J]. Journal of Marketing, 2002, 66 (1): 38-54.

[10] Monga B, John R. What makes brands elastic? The influence of brand concept and styles of thinking on brand extension evaluation [J]. Journal of Marketing, 2010, 74 (3): 80-92.

[11] Richins L. Special possessions and the expression of material values [J]. Journal of Consumer Research, 1994, 21 (3): 522-533.

[12] Richins L, Dawson S. Materialism as a consumer value: Measure development and validation [J]. Journal of Consumer Research, 1992, 19 (4): 303-316.

[13] Schembri S, Merrilees B, Kristiansen S. Brand consumption and narrative of the self [J]. Psychology and Marketing, 2010, 27 (6): 623-637.

[14] Sprott D, Czellar S, Spangenberg E. The importance of a general measure of brand engagement on market behavior: Development and validation of a scale [J]. Journal of Marketing Research, 2009, 46 (1): 92-104.

[15] Tian T, Bearden O, Hunter L. Consumers' need for uniqueness: Scale development and validation [J]. Journal of Consumer Research, 2001, 28 (1): 50-66.

[16] Vigneron F, Johnson W. Measuring perceptions of brand luxury [J]. Journal of Brand Management, 2004, 11 (6): 484-506.

[17] Wang J, Wallendorf M. Materialism, status signaling, and product satisfaction [J]. Journal of Academy of Marketing Science, 2006, 34 (4): 494-505.

[18] 庞隽, 郭贤达, 彭泗清. 广告策略对消费者—品牌关系的影响: 一项基于消费者品牌喜爱度的研究 [J]. 营销科学学报, 2007 (3): 59-73.

[19] 杨德锋,杨建华,卫海英. 品牌体验、自我展示与品牌至爱——通过非凡体验创建品牌至爱 [J]. 商业经济与管理,2010 (10): 69 – 77.

The Impact of Brand Characteristics upon Brand Love: Moderating Role of BESC and Materialism Value

▲Yang De-feng[1,2], Li Qing[1] & Zhao Ping[2]

(1. School of Management, Jinan University, Guangzhou, Guangdong 510632, China;
2. School of Economics and Management, Tsinghua University, Beijing 100084, China)

Abstract: This paper studies the mechanism to form brand love from two aspects: brand characteristics and consumer characteristics. Specifically, the research focuses on the impacts of non-person-related brand characteristics and person-related brand characteristics upon brand love, the former including brand uniqueness, brand conspicuousness and perceived quality, and the latter consisting of extended self. Besides, this paper also studies the moderating role of brand engagement in self-concept (BESC) and material value in the relationship between brand characteristics and brand love. The research results show that brand uniqueness has a positive effect on extended self while brand conspicuousness and perceived quality have no significant effect on extended self and that BESC negatively moderates the effect of perceived quality on brand love while material value positively moderates the effect of brand conspicuousness on brand love.

Key Words: brand love; brand characteristics; brand engagement in self-concept (BESC); material value

品牌联想冲突对于评价品牌延伸的影响*
——基于完美主义的视角

▲唐建生 翟海英 许 倩（天津大学管理与经济学部，天津 300072）

> **摘 要**：实践中许多品牌延伸失败案例都表现出了延伸产品与原品牌联想存在冲突的现象。通过对百事、奔驰、苹果三个品牌的研究发现，消费者对核心联想冲突延伸产品评价较低，低于无核心联想延伸产品。利用完美主义将消费者分类，非完美主义者、健康的完美主义者和功能障碍型完美主义者对核心联想冲突延伸产品评价无差异，所有这三类消费者都对核心联想冲突延伸产品的评价很低。研究还发现，存在消费者虽然对某种核心联想冲突延伸产品感知契合度评价较低，但却乐于购买的现象，故推出此类核心联想冲突延伸产品更需要谨慎对待。
>
> **关键词**：品牌延伸；品牌联想；品牌联想冲突；完美主义

一、引 言

品牌延伸是指将品牌名称应用到与现有产品或原产品完全不同的产品类别上，以降低新产品进入市场时的成本与风险（Aaker and Keller，1990）。1992年的调查结果显示，每10个进入市场的新产品中，至少有8个是通过品牌延伸的方式进入的（Ourusoff et al.，1992）。近年来，品牌延伸也越来越成为著名品牌扩大其品牌资产的流行方式（Dhananjay Bapat and J. S. Panwar，2009）。企业之所以选择品牌延伸，是由于其可以降低新产品进入市场的成本与风险，提升消费者对新产品的认知，并向消费者提供感情上的利益（Smith and Park，1992）。

二、文献回顾与研究假设

相对一个新的品牌名称而言，延伸的优势在于新产品可以借用消费者对于原品牌的感知以及正面认识（Aaker and Keller，1990；Czellar，2003；Leif E. Hem and Nina

---

* 本文原刊载于《北京工商大学学报（社会科学版）》2013年第1期。基金项目：国家自然科学基金项目（71072154）；教育部人文社会科学研究青年基金项目（12YJC630184）。

M. Iversen, 2009)。但是, 并非所有的品牌延伸都能获得成功, 原因在于消费者在评价品牌延伸时会受到许多因素影响。评价品牌延伸的一个关键因素是消费者感知的母品牌和延伸产品的关联性, 另一个因素是现有产品和延伸产品间的关联性 (Paul M. Herr et al., 1996)。

值得注意的是, 当消费者对某一品牌树立信心的时候, 只有品牌因素会影响他们对延伸产品的评价。消费者关于该品牌的联想比延伸产品和现有产品之间的相似性更重要 (Peter A. Dacin and Daniel C. Smith, 1993)。品牌联想会影响消费者对于原品牌的情感以及消费者对于产品种类相似性的判断, 并进而影响消费者对品牌延伸的评价 (Broniarczyk. Susan and Hutchinson. J. Wesley, 1992)。

这里的品牌联想是指与某一品牌相联系的独特含义 (Rangaswamy A., R. Burke and A. O. Eerence, 1993), 是消费者记忆中与品牌结点相联系的其他信息结点, 包含了品牌对消费者的意义 (keller, 1993)。品牌联想是一种"基于顾客的品牌资产", 其中的核心品牌联想的数量越大, 品牌资产越高 (Chen, 2001)。

在品牌延伸中有这样一些失败的案例, 如派克高档钢笔延伸至低档钢笔, 舒洁卫生纸延伸至餐巾纸, 保时捷引擎前置汽车延伸至引擎后置汽车等。这些失败的品牌延伸产品, 与延伸产品之间具有很强的关联性, 并且在许多方面都与原品牌联想甚至核心联想一致, 但存在一个共同点, 就是延伸产品与原品牌的某个核心品牌联想产生了冲突。高档是派克的核心品牌联想, 低档钢笔与高档形成冲突; 卫生纸是舒洁的核心品牌联想, 餐巾纸与卫生纸形成冲突; 引擎前置是保时捷的核心联想, 引擎后置与引擎前置形成冲突等 (见表1)。

表1　　　　　　　　　　失败延伸产品中的品牌联想冲突

原品牌	核心品牌联想	延伸产品	与核心品牌联想一致的方面	与核心品牌联想冲突的方面
派克	高档、质量好	三美元的低档钢笔	质量好	低档与高档冲突
舒洁	卫生纸、质量好	面巾纸、餐巾纸	生活用纸, 质量好	产品用途冲突
保时捷	引擎前置、跑车	引擎后置汽车	质量好、高端	引擎前置与引擎后置冲突

品牌联想会影响消费者对品牌的认知, 对价格的判断和对产品延伸的接受程度。已有研究证实在很多情况下, 相比现有产品与延伸产品的相似性以及消费者对品牌的偏好等因素, 品牌联想对消费者的品牌延伸评价起决定性作用 (Broniarczyk, M. Susan and J. W. Alba, 1994)。其中的核心品牌联想是品牌联想中最有价值, 同时也是最脆弱、最易受到影响的联想。可见, 品牌联想尤其是核心品牌联想对于品牌延伸有重要影响, 与核心品牌联想形成冲突, 可能是以上延伸产品失败的原因。因此, 我们有理由假设与原品牌核心联想存在冲突的延伸产品, 即便在其他方面与原品牌联想

具有相当高的契合度并且与现有产品高度关联，也不易延伸成功。甚至一些几乎并未体现原品牌核心联想，同时与核心品牌联想也不存在冲突，仅在其他非核心品牌联想方面与原品牌较为吻合的延伸产品可能会更容易被消费者接受。

图 1 中描述了四种延伸产品的品牌联想情况。不难发现，延伸产品 A 是一种理想的延伸产品，优于其他三种延伸产品。延伸产品 D 是最不理想的一种延伸产品，劣于其他延伸产品 C。延伸产品 A 和延伸产品 D 的优劣明显，研究意义不大。本研究涉及的是与原品牌某个核心品牌联想冲突，与其他核心联想一致的延伸产品 B 与几乎未体现原品牌核心品牌联想，也未与核心品牌联想形成冲突，但与非核心品牌联想一致的延伸产品 C 中，哪种延伸产品更易被消费者接受的问题。

与原品牌所有品牌联想一致的延伸产品 A	与原品牌某个核心品牌联想冲突，与其他核心联想一致的延伸产品 B
几乎未体现原品牌核心品牌联想，也未与核心品牌联想形成冲突，但与非核心品牌联想一致的延伸产品 C	几乎未体现原品牌品牌联想的延伸产品 D

图 1　延伸产品的品牌联想情况

为了便于陈述，我们将与原品牌某个核心品牌联想冲突，与其他核心联想一致的延伸产品 B 命名为核心联想冲突延伸产品，几乎未体现原品牌核心品牌联想，也未与核心品牌联想形成冲突，但与非核心品牌联想一致的延伸产品 C 命名为无核心联想延伸产品。

假设 1：相比无核心联想延伸产品，核心联想冲突延伸产品更不易被消费者接受。

我们将在研究 1 中证明假设 1。

此外，同样的品牌延伸会因为消费者的差异产生不同的结果。如消费者的专业化程度（expertise）、动机（motivation）（Gürhan-Canli，2003；Maheswaran，1998）、创新水平（innovativeness）、自我概念（self-construal）、内隐态度（implicit attitude）等都会影响消费者对于品牌延伸的评价。如果假设 1 成立的话，说明核心联想冲突延伸产品很难获得成功。那么，我们考虑是否存在这样一些消费者群体，他们相比其他消费者更容易接受核心联想冲突延伸产品呢？如果这样的消费者群体存在的话，通过维护和扩大这一部分消费者，企业在核心联想冲突延伸产品的推出上，还是有可能成功的。

本文拟采用完美主义水平将消费者进行分类。完美主义的提出可追溯至奥地利心理学家 Alfred Adler，他认为人类最根本的目的就是不断、更好地适应他所在的生存环境，而促使人类不断改变自己、发展自己的内在动力就是追求完美（striving for perfection）。目前，将完美主义视为多维度的心理机制已被学术界广泛接受。其中，具有代表性的有 Hewitt 提出的三维度结构。包括自我导向的（self-oriented）完美主义，指向他人（other-oriented）的完美主义和社会决定的（socially prescribed）完美主义。并设计了多维完美主义心理量表（Multidimensional Perfectionism Scale，MPS）用来测量这三个维度。其中，自我导向的完美主义指个体对自己有很高期望，指向他人的完美主义指个体对他人有很高期望，期望他人完美，对他人的错误感到不安；社会决定的完美主义指个体尽力满足别人对他的期望。Frost 则提出了六维度结构，并编制了 Frost 多维完美主义量表（Frost's Multidimensional Perfectionism Scale，FMPS）。根据完美主义的相关研究内容，完美主义可能会导致消费者对核心联想冲突延伸产品的不同评价，因此提出研究假设2。

假设2：不同水平的完美主义者对核心联想冲突延伸产品的感知契合度存在显著差异。

我们将在研究2中证明假设2。

三、研究方法与过程

（一）研究1：消费者对核心联想冲突延伸产品和无核心联想延伸产品的评价差异研究

在研究1中，我们研究消费者是否对核心联想冲突延伸产品和无核心联想延伸产品的评价存在差异。我们利用研究1检验假设1。

1. 研究方法。实验使用一个3（品牌种类）×2（核心联想冲突延伸产品 versus 无核心联想延伸产品）的设计。为了避免使用同一行业品牌，可能会由于品牌知名度不同，消费者的喜好不同等因素造成研究结果的偏差，本研究选取了三个不同行业的国际知名品牌百事、奔驰和苹果作为研究对象。百事公司是全球第四大食品和饮料公司。主要经营饮料、餐馆、体育用品等业务。梅赛德斯—奔驰是一家德国汽车公司，也是世界十大汽车公司之一，以生产高质量、高性能的豪华汽车闻名于世。苹果公司由斯蒂夫·乔布斯、斯蒂夫·盖瑞·沃兹尼亚克和 Ronald Gerald Wayne 在1976年创立。主要经营计算机、软件、移动电话、音乐播放器等IT产品，以高科技创新闻名。

实验前期，首先测量三个品牌在知名度上是否存在显著差异，以保证消费者对三个品牌有充分的了解。然后为三个母品牌分别虚拟两个延伸产品，一个延伸产品是核心联想冲突延伸产品，而另一个延伸产品是无核心联想延伸产品。因此必须了解母品牌的核心品牌联想是什么。

本文采用品牌概念地图（BCM）对品牌联想进行测量。BCM 技术（John and Loken, 2006) 是一种品牌联想图谱化测量技术, 该技术揭示了消费者如何看待品牌。通过诱发收集信息、构图、整合等过程, 形成品牌概念地图。本研究选取了 15 名学习过营销课程的研究生。首先要求他们提出关于以上三个品牌的任意品牌联想, 经过筛选后保留 50% 以上的品牌联想。然后在构图阶段, 要求消费者用已有的联想或新的联想制作一个网络图谱, 用来描述他们如何看待以上三个品牌, 并用 1 – 3 条线联结各个联想。其中, 线条数目越多表示联系越强烈, 与品牌直接联结的联想被称为第一顺序联想, 其他间接相连的联想分别被称为第二、第三、第四顺序联想。然后要求消费者用 10 点量表 (范围从非常不赞同到非常赞同) 来评价品牌。最终由研究人员将个别品牌图谱聚合形成以下三个简易品牌联想网络图谱 (见图 2、图 3、图 4)。我们将每个品牌的第一顺序联想中, 与品牌具有高度联系的联想视为核心品牌联想。根据测量出的原品牌核心品牌联想, 分别为每个品牌虚拟一个核心联想冲突延伸产品和一个无核心联想延伸产品。虚拟延伸产品由一名管理学副教授和一名心理学副教授根据品牌概念地图讨论产生, 这两位学者均为品牌延伸研究领域的专家, 对本研究理解深刻, 可保证虚拟产品满足前述条件, 如表 2 所示。

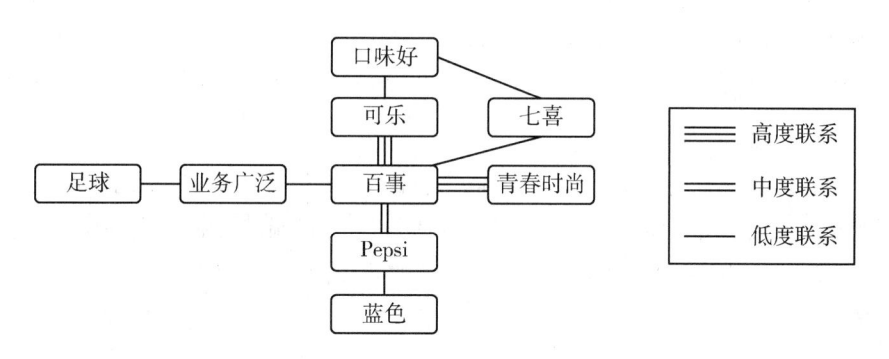

图 2 百事品牌概念地图

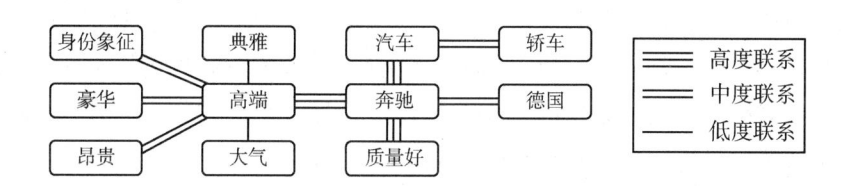

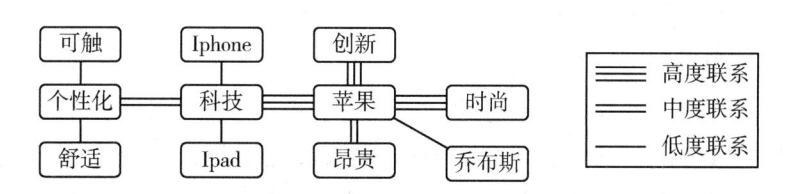

图 3 奔驰品牌概念地图

图 4 苹果品牌概念地图

表 2　　　　　　　　　　　虚拟延伸产品

母品牌	核心品牌联想	延伸产品	与核心品牌联想关系	
百事	可乐、青春时尚	青年使用的百事香水 百事果酱	可乐 冲突，香水不可食用 未涉及	青春时尚 一致 未涉及
奔驰	高端、质量好、汽车	10万元以下的奔驰低端轿车奔驰摩托车	高端 冲突，与高端定位相反 未涉及	质量好、汽车 一致 未涉及
苹果	科技、创新、时尚	苹果老年触屏手机 苹果数码相机	时尚 冲突，老年手机与时尚矛盾 未涉及	科技、创新 一致 未涉及

在对百事的品牌联想进行测试的过程中，图 2 中处于一级联想位置的有可乐、业务广泛、pepsi、青春时尚四个词汇。其中，可乐的被提及频率最高，青春时尚及其近义词的被提及频率第二。可乐和青春时尚这两个词汇与百事品牌有高度的联系，被认为是百事的核心品牌联想。因此，虚拟的核心联想冲突延伸产品为青年使用的百事香水，无核心联想延伸产品为百事果酱。

在对奔驰的品牌联想进行测试的过程中，图 3 中处于一级联想位置的有汽车、质量好、德国、高端四个词汇。其中，汽车、质量好、高端的被提及频率均较高，这三个词汇与奔驰品牌有高度的联系，被认为是奔驰的核心品牌联想。虚拟的核心联想冲突延伸产品为价格在 10 万以下耐用的奔驰低端轿车，无核心联想延伸产品为奔驰摩托车。

在对苹果的品牌联想进行测试的过程中，图 4 中处于一级联想位置的有科技、昂贵、创新、时尚、乔布斯五个词汇。其中科技、创新和时尚的被提及率最高，昂贵的被提及率稍低。科技、创新、时尚这三个词汇与苹果品牌有高度的联系，被认为是苹果的核心品牌联想。因此，虚拟的核心联想冲突延伸产品为适合老年使用的苹果触屏手机，无核心联想延伸产品为苹果数码相机。

下一步实验的参与者由随机选取产生，共 107 名被测试者。首先要求实验的参与者用五分量表对百事、奔驰、苹果的熟悉度进行评价，范围从"没听说过"到"非常熟悉"，来进一步验证所选品牌的知名度是否存在显著差异。

实验的核心部分是要求被测试者对前期研究提出的六种虚拟产品在多大程度上与母品牌契合进行评价，采用五分量表的方式，范围从"根本不契合"到"非常契合"。运用感知契合度评价延伸产品，是由于感知契合度是预测品牌延伸能否成功的关键 (Tauber, 1988; Völckner and Sattler, 2006)。最后要求被试者回答，在每个品牌的两种虚拟延伸产品中更倾向于选择哪一个。

2. 研究结果。延伸产品感知契合度。经过对百事、奔驰、苹果这三个品牌的知名度进行单因素方差分析（AVONA），这三个品牌的知名度不存在显著差异[$F(2, 318) = 2.286, p > 0.01$]，也进一步证明了前期研究所选品牌的合理性。

我们将3（品牌种类）×2（核心联想冲突延伸产品 versus 无核心联想延伸产品）实验中测得的延伸产品感知契合度作为因变量，进行独立样本t检验。结果如图5所示，消费者对实验所选用的三个品牌都表现出对核心联想冲突延伸产品的感知契合度显著低于无核心联想延伸产品的感知契合度。在0.05的置信水平下，消费者对百事香水的感知契合度显著低于百事果酱（$p < 0.05$）；消费者对10万元以下奔驰低端轿车的感知契合度显著低于奔驰摩托车（$p < 0.05$）；消费者对苹果老年手机的感知契合度显著低于苹果数码相机（$p < 0.05$）。这证明了H1：相比无核心联想延伸产品，核心联想冲突延伸产品更不易被消费者接受。总体来讲，几种无核心联想延伸产品与核心联想冲突延伸产品的感知契合度都不是很高，都有自身的缺陷。尤其值得注意的是，无核心联想延伸产品已经不是品牌延伸的最佳选择，但核心联想冲突延伸产品更加无法令消费者接受，比无核心联想延伸产品的感知契合度更低。

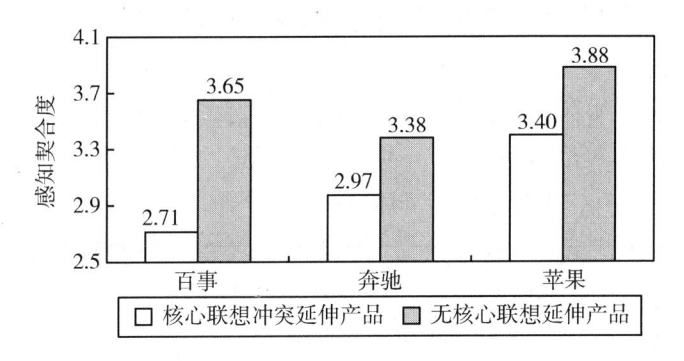

图5　消费者对核心联想冲突延伸产品与无核心联想延伸产品的感知契合度

消费者对两类延伸产品的选择。实验中，还要求参与者在每个品牌下的两个延伸产品中选择一个更倾向购买的产品，结果如图6所示。

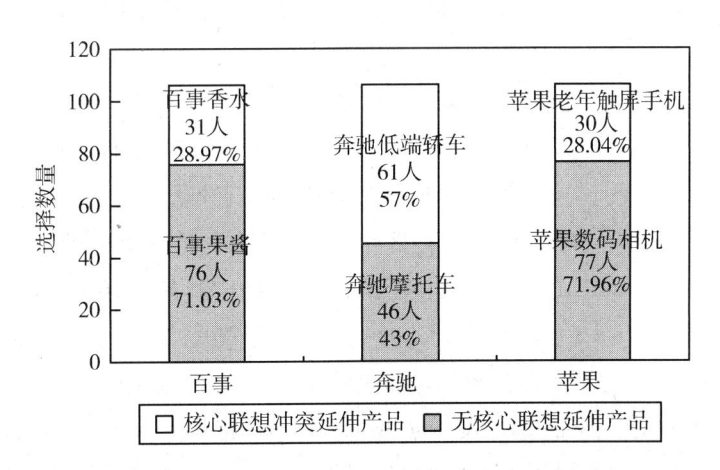

图6　消费者对核心联想冲突延伸产品与无核心联想延伸产品的选择

结果显示，百事品牌中，选择核心联想冲突延伸产品百事香水的消费者仅占被调查者的 28.97%，其余 71.03% 的消费者选择了无核心联想延伸产品百事果酱。苹果品牌中，选择核心联想冲突延伸产品苹果老年触屏手机的消费者仅占被调查者的 28.04%，其余 71.96% 的消费者选择了无核心联想延伸产品苹果数码相机。换句话说，消费者在两类延伸产品中，更倾向选择无核心联想延伸产品。调查结果进一步验证了假设 1，即相比无核心联想延伸产品，核心联想冲突延伸产品更不易被消费者接受。

但是，在对于奔驰延伸产品的选择中，却呈现出了与感知契合度研究不同的结果。选择核心联想冲突延伸产品奔驰 10 万元以下低端轿车的消费者占被调查者的 57%，选择无核心联想延伸产品奔驰摩托车的消费者为 43%，低于选择奔驰 10 万元以下低端轿车的比例。在参与实验的是同一批消费者的情况下，研究揭示了一个微妙的现象。即消费者虽然认为奔驰 10 万元以下低端轿车与奔驰品牌的契合度更低，但却更倾向于购买这种产品。这实际上与假设 1 不矛盾，感知契合度可以认为是消费者源自企业视角的评价，即消费者虽然认为奔驰 10 万元以下低端轿车并不契合奔驰品牌，但出于自身利益与购买力的考虑却十分青睐这种产品。

3. 讨论。研究证明存在相比无核心联想延伸产品，核心联想冲突延伸产品更不易被消费者接受的现象。不同的品牌、不同的核心联想冲突延伸产品和无核心联想延伸产品的选择，可能会对感知契合度的具体评价结果产生一定影响。

本研究重点在于证明这一现象的存在，启示管理者即使某种核心联想冲突延伸产品在某些方面与原品牌核心联想十分一致，但是延伸产品存在的冲突仍可能导致延伸失败。甚至核心联想冲突延伸产品比无核心联想延伸产品的效果更差，核心联想冲突延伸产品是一个风险巨大的选择。

此外，通过对奔驰的研究发现，存在消费者虽然认为某种核心联想冲突延伸产品并不契合原品牌，但消费者却倾向购买的现象。在这种情况下，需要综合延伸产品对原品牌的影响、消费者行为等多种因素，进而决策是否推出这样的延伸产品，避免短期行为给品牌带来的损害。

（二）研究 2：完美主义对评价核心联想冲突延伸产品的影响

研究 1 证实了消费者整体表现出对核心联想冲突延伸产品的感知契合度低于无核心联想延伸产品。但是不同完美主义的消费者认知具有不同的特点。我们根据完美主义的含义，假设完美主义可能会影响消费者对于核心联想冲突延伸产品的评价。

1. 研究方法。实验使用一个 2（核心联想冲突延伸产品 versus 无核心联想延伸产品）×3（品牌种类）×3（非完美主义者 versus 健康的完美主义者 versus 功能障碍型完美主义者）的设计。实验的参与者为随机选取的被测试者共 268 人，其中本科以下学历 50 人，本科及以上学历 218 人，母品牌和延伸产品沿用实验 1 中的选择。同样要求被测试者，对这六种虚拟延伸产品与母品牌的感知契合度进行评价。运用五分量表测量延伸产品与母品牌的契合度，范围从完全不符合到非常符合。

对于延伸产品的评价结束后,再对被测试者的完美主义水平进行测量,并根据测量结果将消费者分为非完美主义者、健康的完美主义者和功能障碍型完美主义者三类。

本研究使用由 Cheng 翻译、訾非修订的中文版 FMPS 对完美主义进行测量,该量表已被证明具有良好的信度与效度。Parker 使用 FMPS 对资质优异的 820 名学生进行研究,非完美主义者、健康的完美主义者和功能障碍型完美主义者的比例分别为 32.8%、41.7%、25.5%。訾非使用中文版 FMPS 对 350 名中国研究生进行问卷调查,聚类得到非完美主义者、健康的完美主义者和功能障碍型完美主义者三类人群的比例分别为 28.0%、47%、25%。两研究结果相近。因此,本研究将分值最高的约 25% 的消费者作为功能障碍型完美主义者(共 67 人),分值最低的约 30% 消费者作为非完美主义者(共 83 人),其余为健康的完美主义者(共 118 人)。

2. 研究结果。通过对实验 2 所获得数据的分析,进一步验证了实验 1 的结论。在 0.05 的置信水平下,消费者对于核心联想冲突延伸产品和无核心联想延伸产品感知契合度的评价结论与实验 1 相同,即相比无核心联想延伸产品,核心联想冲突延伸产品更不易被消费者接受。

$$M_{百事香水} = 2.74 \text{ VS } M_{百事果酱} = 3.65, t = -9.723, P < 0.05;$$
$$M_{奔驰低端轿车} = 2.78 \text{ VS } M_{奔驰摩托车} = 3.27, t = -4.637, P < 0.05;$$
$$M_{苹果老年手机} = 3.14 \text{ VS } M_{苹果数码相机} = 3.97, t = -8.184, P < 0.05。$$

将非完美主义者(共 83 人)、健康的完美主义者(共 118 人)、功能障碍型完美主义者(共 67 人)三组不同消费者对于核心联想冲突延伸产品的感知契合度评价得分作为因变量,对三个品牌分别进行单因素方差分析(AVONA)。结果显示,三组消费者对于百事的核心联想冲突产品——适合青年使用的百事香水的感知契合度评价结果不存在显著差异,如表 3 所示。

$$\alpha = 0.05; M_{非完美主义者} = 2.72 \text{ VS } M_{健康的完美主义者} = 2.79 \text{ VS } M_{功能障碍型完美主义者} = 2.69;$$
$$F(2,265) = 0.185, P > 0.05。$$

三组消费者对于奔驰的核心联想冲突产品:奔驰 10 万元以下低端轿车的感知契合度评价结果不存在显著差异,如表 4 所示。

$$\alpha = 0.05; M_{非完美主义者} = 2.70 \text{ VS } M_{健康的完美主义者} = 2.82 \text{ VS } M_{功能障碍型完美主义者} = 2.80;$$
$$F(2,265) = 0.251, P > 0.05。$$

三组消费者对于苹果的核心联想冲突产品:苹果老年触屏手机的感知契合度评价结果不存在显著差异,如表 5 所示。

$$\alpha = 0.05; M_{非完美主义者} = 3.01 \text{ VS } M_{健康的完美主义者} = 3.21 \text{ VS } M_{功能障碍型完美主义者} = 3.16;$$
$$F(2,265) = 0.543, P > 0.05。$$

表3　　百事香水 Tamhane 检验结果' T2　　($\alpha = 0.05$)

(I) group	(J) group	均值差 (I-J)	标准误差	显著性	95% 置信区间 下限	95% 置信区间 上限
非完美主义者	健康的完美主义者	-0.065	0.167	0.972	-0.47	0.34
	功能障碍型完美主义者	0.036	0.193	0.997	-0.43	0.50
健康的完美主义者	非完美主义者	0.065	0.167	0.972	-0.34	0.47
	功能障碍型完美主义者	0.102	0.173	0.913	-0.32	0.52
功能障碍型完美主义者	非完美主义者	-0.036	0.193	0.997	-0.50	0.43
	健康的完美主义者	-0.102	0.173	0.913	-0.52	0.32

表4　　奔驰10万元以下低端轿车 Tamhane' T2 检验结果　　($\alpha = 0.05$)

(I) group	(J) group	均值差 (I-J)	标准误差	显著性	95% 置信区间 下限	95% 置信区间 上限
非完美主义者	健康的完美主义者	-0.123	0.179	0.869	-0.55	0.31
	功能障碍型完美主义者	-0.092	0.206	0.959	-0.59	0.40
健康的完美主义者	非完美主义者	0.123	0.179	0.869	-0.31	0.55
	功能障碍型完美主义者	0.031	0.186	0.998	-0.42	0.48
功能障碍型完美主义者	非完美主义者	0.092	0.206	0.959	-0.40	0.59
	健康的完美主义者	-0.031	0.186	0.998	-0.48	0.42

表5　　苹果老年触屏手机 Tamhane' T2 检验结果　　($\alpha = 0.05$)

(I) group	(J) group	均值差 (I-J)	标准误差	显著性	95% 置信区间 下限	95% 置信区间 上限
非完美主义者	健康的完美主义者	-0.200	0.202	0.691	-0.69	0.29
	功能障碍型完美主义者	-0.152	0.227	0.878	-0.70	0.40
健康的完美主义者	非完美主义者	0.200	0.202	0.691	-0.29	0.69
	功能障碍型完美主义者	0.048	0.199	0.993	-0.43	0.53
功能障碍型完美主义者	非完美主义者	0.152	0.227	0.878	-0.40	0.70
	健康的完美主义者	-0.048	0.199	0.993	-0.53	0.43

通过对三种延伸产品的研究，均得到一个与假设2完全相反的结论，因此我们有理由推翻假设2。无论是非完美主义者、健康的完美主义者或者是功能障碍型完美主义者对核心联想冲突延伸产品的感知契合度都很低，且在统计学意义上并未表现出显著差异。由于尚未发现对核心联想冲突延伸产品感知契合度较高的消费者群体，因此选

择核心联想冲突延伸产品需要十分慎重。

3. 讨论。研究2试图寻找出某种类型的消费者，能够对核心联想冲突延伸产品有较高的感知契合度。实验结果表明，完美主义并不影响消费者对于核心联想冲突延伸产品的评价，也就是说并未找到这样的消费者群体。这可能是核心联想冲突延伸产品已经超出消费者对延伸产品接受边界所致，也可能是完美主义与消费者对品牌延伸的评价无直接联系，这一问题有待进一步论证。

研究2中存在这样一些局限，首先完美主义心理是在资质优异和成绩出众的学生中普遍存在的心理现象。对于其他人群是否能够运用相同的分类标准，目前没有可参考的依据，参与研究2的268名被测试者中，有218名被测试者为本科及以上学历，其余为本科以下学历，这可能会在一定程度上影响到本研究的结论。另外，是否存在更为科学的将消费者进行分类的方法，可直接影响核心联想冲突延伸产品的评价，也需进一步研究，从而为核心联想冲突延伸产品推向市场提供指导。

四、结　语

本研究在总结大量品牌延伸失败案例的基础上，证实了消费者对核心联想冲突延伸产品的评价通常很低，甚至低于与原品牌距离较远的无核心联想延伸产品。但现实中仍然有许多品牌倾向推出这类延伸产品，本研究启示管理者推出核心联想冲突延伸产品的风险非常大，并且目前尚未发现对核心联想冲突延伸产品接受程度较高的消费者群体。因此，推出核心联想冲突延伸产品并不是很好的选择。研究也发现消费者可能会对评价较低的核心联想冲突产品具有较大的购买兴趣，这种情形下应如何决策，尚需进一步研究。

参考文献

[1] Aaker D A, Keller K L. Consumer evaluation of brand extensions [J]. Journal of Marketing, 1990, 54 (1): 27-41.

[2] Ourusoff, Alexandra, Michael Ozanian, Paul B. Brown, Jason Starr. What's in a name? What the world's top brands are worth [J]. Financial World, 1992, 9 (1): 32-49.

[3] Eric A Yorkston, Joseph C Nunes, Shashi Matta. The malleable brand: the role of implicit theories in evaluating brand extensions [J]. Journal of Marketing, 2010, 74 (1): 80-93.

[4] Dhananjay Bapat, Panwar J S. Consumer evaluation of brand extensions: an empirical assessment in the Indian context [J]. The Journal of Business Perspective, 2009 (2): 47-52.

[5] Daniel C Smith, C. Whan Park. The effects of brand extensions on market share and advertising efficiency [J]. Journal of Marketing Research, 1992, 29 (8): 296-313.

[6] Czellar S. Consumer attitude towards brand extensions: an integrative model and research propositions [J]. International Journal of Research in Marketing, 2003 (3): 97-115.

[7] Leif E Hem, Nina M Iversen. Effects of different types of perceived similarity and subjective knowl-

edge in evaluations of brand extensions [J]. International Journal of Market Research, 2009, 51 (6): 797 – 818.

[8] Paul M Herr, Peter H. Farquhar, Russell H. Fazio. Impact of dominance and relatedness on brand extensions [J]. Journal of Consumer Psychology, 1996, 5 (2): 135 – 159.

[9] Peter A Dacin, Daniel C Smith. The effects of adding products to a brand on consumers' evaluations of new brand extensions [J]. Advances in Consumer Research, 1993, 20 (1): 594 – 598.

[10] Broniarczyk. Susan, Hutchinson. J. Wesley. What consumers "really" know and what they "think" they know: Investigations into the determinants of confidence and performance [J]. Advances in Consumer Research, 1992, 19 (1): 191.

[11] Rangaswamy A, Burke R, Eerence A O. Brand equity and the extendibility of brand names [J]. International Journal of Research in Marketing, 1993, 10 (1): 61 – 75.

[12] Kevin Lane Keller, Conceptualizing, measuring, and managing customer-based brand equity [J]. Journal of Marketing, 1993, 57 (1): 1 – 22.

[13] Chen A C. Using free association to examine the relationship between the characteristics of brand associations and brand equity [J]. Journal of Product and Brand Management, 2001 (10): 439 – 451.

[14] 杨宏飞. Frost 多维完美主义量表在 740 名本科生中的试用 [J]. 中国心理卫生杂志, 2007 (2): 97 – 100.

[15] Hewitt P L, Flett G L. Dimensions of perfectionism in unipolar depression [J]. Journal of Abnormal Psychology, 1991, 100: 98 – 101.

[16] Frost R, Marten P, Lahart C, et al. The dimensions of perfectionism [J]. Cognitive Therapy and Research, 1990, 14: 449 – 468.

[17] John D R, Loken B, Kim K, et al. Brand concept maps: a methodology for identifying brand association networks [J]. Journal of Marketing Research, 2006, 43: 549 – 563.

[18] Tauber, Edward M. Brand leverage: strategy for growth in a cost-controlled world [J]. Journal of Advertising Research, 1988, 28 (8): 26 – 30.

[19] Völckner, Franziska, Henrik Sattler. Drivers of brand extension Success [J]. Journal of Marketing, 2006, 70 (4): 18 – 34.

[20] 訾非, 周旭. 中文 Frost 多维度完美主义问卷的信效度检验 [J]. 中国临床心理学杂志, 2006 (6): 560 – 563.

[21] Parker W D. An empirical typology of perfectionism in academically talented children [J]. American Educational Research Journal, 1997, 34 (6): 545 – 562.

[22] Zi F. The patterns of perfectionism in chinese graduate students and their relationship with educational environment, personality, encouragement, and creativity [D]. Georgia: University of Georgia, Doctoral Dissertation, 2003.

Impact of Brand Association Conflict upon Evaluating Brand Extension Based on Perfectionism Perspective

▲Tang Jian-sheng, Zhai Hai-ying & Xu Qian

(*School of Management and Economics, Tianjin University, Tianjin 300072, China*)

Abstract: In practice, many cases of failure in brand extension indicate that there is a conflict between extension products and original brand association. Through the research on Pepsi, Mercedes-Benz and Apple, evidences shows that customers have a low evaluation on extension products which are in conflict with unique association, lower than the evaluation on non-unique association products. This paper classifies the consumers according to perfectionism. In evaluating products in conflict with unique association, non-perfectionists, healthy perfectionists and dysfunctional perfectionists make no significant difference. All the three types of consumers have a low evaluation on the products in conflict with unique association. In some cases, consumers are willing to buy the product in conflict with unique association though they have a low perception. Therefore, companies should be prudent to launch such products in conflict with unique association.

Key Words: brand extension; brand association; brand association conflict; perfectionism

品牌延伸的决策研究*

▲刘　勇（北京工商大学商学院，北京　100037）

> **摘　要**：随着品牌延伸策略在实践中的广泛运用，品牌延伸日渐成为国内外学术界的研究热点。从企业战略的高度来看，品牌延伸的决策模式可以分为以下四种：（1）不考虑品牌延伸决策对原品牌的影响，仅考虑新产品能否延伸成功；（2）不考虑品牌延伸决策对原品牌的影响，仅将品牌延伸策略和创立新品牌策略进行比较；（3）考虑到延伸对原品牌影响的品牌延伸战术性决策；（4）考虑到延伸对原品牌影响的品牌延伸战略性决策。我们对于每种决策模式都探讨了其约束条件并提出其决策流程图及判别依据。
>
> **关键词**：品牌延伸；品牌战略；决策模式

一、基本概念和观点

品牌战略是从战略的角度研究品牌的问题，是指导企业品牌运营活动的总的计划和谋略。即站在全局的高度对企业有关品牌创立、品牌建设、品牌延伸、品牌创新、品牌模式选择、品牌决策等与品牌运营有关的一切活动的总的计划和谋略；在全局性的高度对品牌运营活动进行分析、规划并执行这些计划。品牌战略是企业的职能战略，也是企业战略的一部分。

品牌延伸作为品牌战略的一种手段和选择，是企业战略的一种战术性行为。站在企业战略的角度来审视品牌延伸问题，有利于我们把握全局，在对待品牌延伸决策的时候具有大局观和清醒的认识。

1. 品牌延伸是品牌生存的需要。品牌是以产品为载体的，品牌的承诺是借助于产品来实现。我们知道，产品是有生命周期的，科技的不断进步促使企业的研发能力日益加强，激烈的市场竞争和消费者需求多样化迫使企业不断推出新产品，产品的生命周期也越来越短。如果在某品牌下不推出新产品，当该品牌的产品生命周期结束、该产品退出市场的时候，将导致品牌资产的消亡。从这个意义上来看，品牌延伸是品牌生存的需要。正是由于不断推出新的产品和将品牌在产品线甚至大类上进行延伸，才

---

*　本文原刊载于《北京工商大学学报（社会科学版）》2006年第4期。

使品牌赖以存活的基础得以确立。

2. 品牌延伸决策必须受到企业战略的约束，和企业战略相适应。品牌延伸决策是对某种产品是否应该采用品牌延伸的决策。品牌延伸决策是企业品牌战略中的重要组成部分，在进行品牌延伸决策时必须受到企业战略的约束和影响，使品牌延伸的决策与企业战略相适应。

品牌在企业的经营管理活动中起着至关重要的作用，但其并不是唯一的决定因素。企业产品的质量、产品的价格优势、营销能力、竞争能力、科研能力等内部因素以及目标市场的状况和竞争环境，都直接影响着某一品牌下的产品能否在延伸后在市场上获得成功。

品牌延伸必须和企业战略相适应，因此，我们在进行品牌延伸决策时必须考虑到企业的战略因素，从战略的高度来审视品牌延伸。有时候，有些新产品的延伸在市场上很成功，但却淡化了企业的核心品牌形象或使其受到损害，从而降低了整体品牌资产的价值，需要慎重权衡考虑。即使有时候预测某些品牌延伸很适合某些产品的延伸，并且新产品成功给企业带来的利益超过了老产品因此而受到的损失，从财务上来看是可行的，但如果新产品与企业的发展战略相悖，也不可以轻易作出延伸的决策。反之，对于有些从财务上看没有收益的延伸，如果不考虑企业的战略因素，将会作出不进行该项延伸的决断。但假如该企业是准备放弃老产品而进入新产品所在的行业，并且打算沿用原先的品牌，这时候应该作出实施延伸的决策。

品牌延伸作为企业的一种经营策略，在具体的决策过程中，既有战术性的品牌延伸决策，也有战略性的品牌延伸决策。我们在不同的高度思考问题，有时候会得出相反的结论。

3. 品牌延伸可以先于品牌创立进行规划。品牌延伸是在已经创立起来的有一定知名度的品牌上进行，品牌延伸过程从顺序上来说是后于品牌创立。但是，从战略的角度看，品牌延伸可以先于品牌创立来进行规划。

在企业开始创立品牌之前，对于品牌名称、标识、图案等品牌要素（Brand Factor）必须慎重选择，使该品牌容易传播和成长壮大。Keller 提出了选择品牌要素的五项标准为：可记忆性、有含义性、可转换性、可适应性、可保护性。其中的可转换性指品牌要素要有利于产品线和产品种类的延伸，可适应性要求品牌要素具有可塑性。

4. 品牌创立过程中注意创建品牌延伸的良好环境。既然品牌延伸可以从命名的时候就开始规划，那么在品牌创建的过程中，根据企业战略，为今后的品牌延伸创建良好环境很有必要。

5. 根据品牌延伸的需要对品牌核心价值或品牌形象作出调整或改变。在进行品牌延伸的过程中，品牌的核心价值或者品牌形象并不是必须保持一致、不可改变的。当品牌核心价值或品牌形象与企业长期战略目标发生冲突，或企业修改原先的战略目标时，就有改变的必要。

二、品牌延伸的影响因素及基本的评价模型

笔者通过借鉴国内外的研究成果,在品牌延伸机理的基础上,从核心品牌因素、延伸产品因素、内部环境因素和外部环境因素几方面来分析哪些因素影响品牌延伸,这些因素如何在品牌延伸过程中发挥影响,从而构建起影响品牌延伸的因素模型,搭建评价的指标体系。

表1是品牌延伸的评价指标体系及权重。笔者通过层次分析法计算各层因子的权重指标。然后,可以计算出底层因子直接对目标层品牌延伸成功率的权重指标。企业如果打算对某一产品进行品牌延伸,可以在对市场进行调查的基础上,对表1中26个影响因素进行评价。评价可以采用专家打分法,评分为10分制,每个因素得出一个分值,利用表1构造好的权重系数求出延伸的成功率,对企业的品牌延伸提供决策参考。

表1　　　　　　　　品牌延伸综合评价指标的权重

品牌延伸的可行性 W	品牌资产价值 P (0.319)	品牌可转移资产 P1 (0.642)	品牌知名度 P11 (0.566)
			品牌忠诚度 P12 (0.250)
			感知质量 P13 (0.184)
		品牌可延伸性 P2 (0.358)	定位适应度 P21 (0.588)
			品牌核心价值的包容性 P22 (0.412)
	核心品牌和延伸产品相关性 S (0.414)	产品相似度 S1 (0.529)	技术相似 S11 (0.367)
			类别相似 S12 (0.500)
			可替代性 S13 (0.133)
		品牌联想度 S2 (0.246)	联想的适应度 S21 (0.729)
			符号标识适应度 S22 (0.271)
		销售的相关性 S3 (0.225)	销售渠道相关性 S31 (0.605)
			目标市场相关性 S32 (0.395)
	内部环境因素 E (0.182)	企业自身实力 E1 (0.386)	企业营销能力 E11 (0.658)
			资金、技术能力 E12 (0.252)
			以前延伸的经验 E13 (0.090)
		企业形象 E2 (0.283)	企业形象和延伸产品的关联度 E21 (0.341)
			公司信誉 E22 (0.659)
		延伸产品 E3 (0.331)	质量优势 E31 (0.423)
			价格优势 E32 (0.474)
			延伸导入时机 E33 (0.103)

续表

品牌延伸的可行性 W	外部营销环境因素 M (0.085)	竞争环境 M1 (0.738)	同行品牌力量 M11 (0.409)
			同行竞争程度 M12 (0.439)
			同行推广程度 M13 (0.152)
		目标市场环境 M2 (0.262)	市场容量 M21 (0.248)
			市场饱和度 M22 (0.515)
			市场成长性 M23 (0.237)

本综合评估模型是一个事前评价模型，评价基础是基于对某一种产品进行延伸后，延伸产品导入市场是否能够成功作为评价标准，并没有考虑延伸后对原品牌所造成的影响，因此，本文的评估模型是一种战术性的评估模型。

三、不同约束条件下的品牌延伸决策

品牌延伸的决策受到不同约束条件的影响。该不该推广新产品，并不是品牌延伸决策最关心的问题，这在企业战略中应该归属于产品战略决策。在新产品上使用原来品牌名还是单独创立品牌，这才是品牌延伸决策需要思考的核心问题所在。总的来说，品牌延伸应该服从公司整体战略，并需要考虑到延伸产品能够在新的市场上存活壮大。

（一）不考虑品牌延伸对品牌形象和老产品销售的影响

1. 仅考虑新产品能否延伸成功。这是品牌延伸决策中最简单最基本的决策模型，是一种纯粹的战术性决策，但这也是在其他约束条件下进行延伸决策必须考虑到的最基本的问题，可以作为其他条件下决策的参考。这一类型的品牌延伸的评价模型其前提条件是只要新产品通过品牌延伸能够在市场上取得成功，就可以采取延伸策略。

通过对影响品牌延伸的因素包括品牌资产价值、核心品牌和延伸产品相关性、内部环境因素、外部营销环境因素几大类，对每一类进行细分，得出影响品牌延伸的26个指标。可以用 AHP、FUZZY - AHP 法或 BP 神经网络方法来计算品牌延伸的可行性评价 W，从而得出关于采用品牌延伸的综合评分。评分值高则可以采用品牌延伸，评分值低则不宜采用。

这种约束条件下的决策模式见图1。

2. 品牌延伸策略和创立新品牌策略之比较。当企业经过认真分析，决定生产某一类新产品时，进行品牌延伸决策面临的问题不是该不该将新产品推向市场，而是在将母品牌直接用于新产品还是对新产品采用独立品牌之间作出选择。

在这种情况下进行品牌延伸决策，对于品牌延伸的综合评分可以忽略内部环境因素和外部营销因素的绝大多数指标，专注于品牌资产价值、核心品牌和延伸产品相关性的评价，因为内部因素中的企业品牌和实力、企业形象、产品的质量价格优势、企

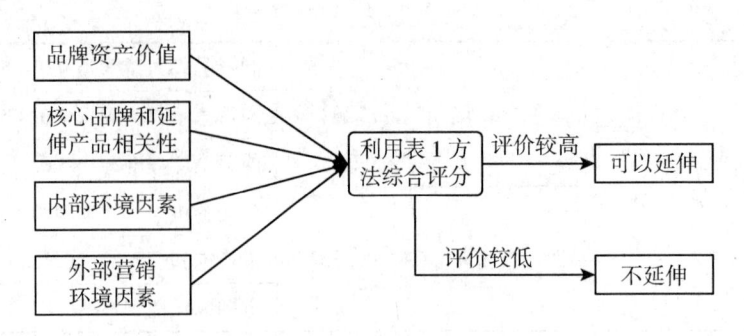

图1 约束条件下品牌延伸的决策模式（1）

业竞争环境、目标市场环境等，不管是采用新品牌策略还是品牌延伸策略都是一致的，不需要对此进行评估比较。需要比较的是使用老品牌比新品牌的好处、哪种方式更加适合新产品的推广、哪种方式更符合企业品牌战略的发展方向。

在不考虑延伸后对原品牌形象和原产品销量的情况下，只要母品牌不令消费者产生心理冲突，或是母品牌和原产品的联系太过密切以致该品牌成为某一类产品的代名词难以分开，一般来说采取品牌延伸策略要比采用新品牌策略效果好。当然，假如企业的战略是采用多品牌战略，希望创造品牌家族，则必须服从品牌战略。

这种约束条件下的决策模式见图2。

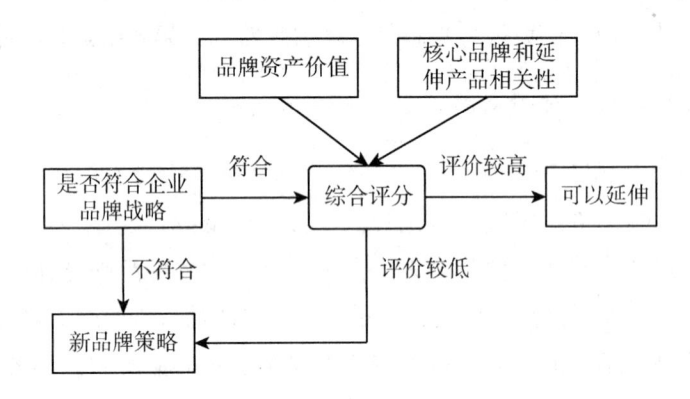

图2 约束条件下品牌延伸的决策模式（2）

（二）考虑到品牌延伸对原品牌的影响

在品牌延伸的决策过程中，考虑到延伸对原品牌的影响非常重要。品牌延伸中的大部分风险，如造成品牌的个性淡化、损害原品牌形象、跷跷板效应、株连效应等都是因为延伸对母品牌造成的负面影响所导致的。

Loken 和 John 的研究表明：（1）与原品牌属性相抵触的延伸，对公司而言确实存在风险。（2）风险的大小与延伸产品是否是原品牌下各种产品的典型成员、与原品牌信念的性质存在密切的关系。典型程度越低对原品牌伤害越小，原品牌在消费者心目中的某种信念越强，越不容易淡化。（3）在有可能因延伸而造成对原品牌损害的情况下，企业一方面可以通过突出延伸的"非典型性"，另一方面可以通过强化消费者对原品牌信念的真实性而降低伤害程度。

有些延伸，尽管从短期看市场表现不错，但是从长期看这种延伸削弱了原品牌在消费者心目中的独特形象，负面影响比较大，降低了原产品的销售量，这样的延伸得不偿失。品牌延伸对原品牌的影响需要一个较长的时间才能够得到体现，所以考虑到延伸对原品牌影响后的品牌延伸决策是一个中长期决策。这种决策必须考虑到更多的影响因素和更长的变化周期，比第一类决策要复杂得多。这种情况下的延伸决策也分两类，一种是战术性的，一种是战略性的。

1. **战术性决策**。企业采取战术性的品牌延伸是为了达到利用原品牌的声誉推出新产品，扩大品牌的影响力，增强品牌资产。因此有两个基本决策准则：第一，新产品能够在市场上延伸成功；第二，不会给原品牌带来大的负面影响。

这种约束条件下的决策模式见图3。

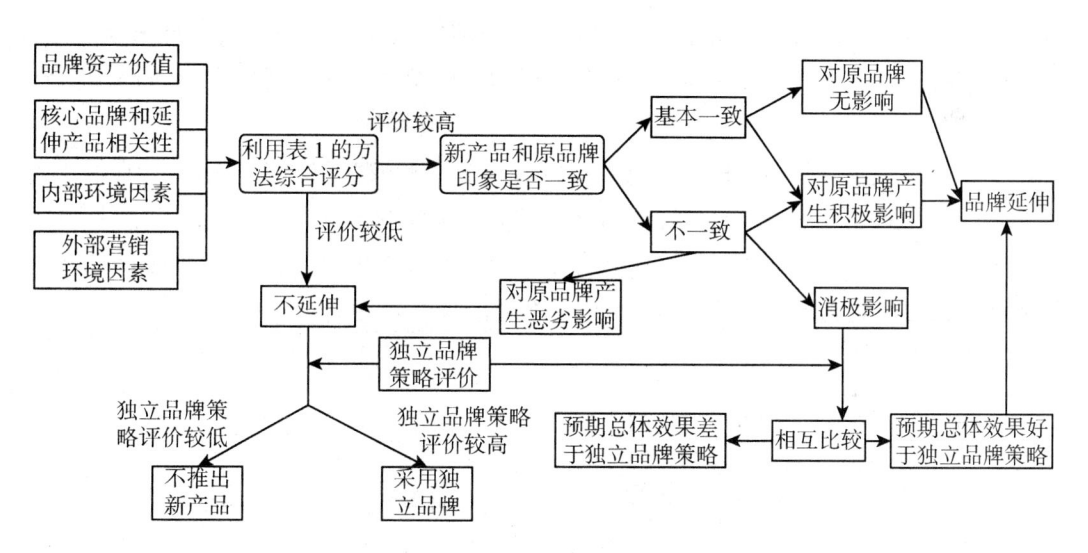

图3 约束条件下品牌延伸的决策模式（3）

（1）利用表1的评价指标对品牌延伸的可行性进行评价。评价分数低，则说明对新产品进行品牌延伸难以被市场接受，将其与独立品牌策略进行比较，看看是否采用独立品牌策略能够减少一些市场风险，提高新产品的成功率，若可行，则采取独立品牌策略；若不可行，则不推出新产品。

（2）若对品牌延伸的评价较高，也只是说明新产品可以被市场接受，但并不能够立刻作出可以延伸的决策，还必须考察新产品和原品牌印象是否一致。若基本一致，则说明对母品牌不产生影响或者产生积极影响，可以选择品牌延伸；若不一致，则可能会出现恶劣影响或消极影响两种情况：

①品牌延伸对原品牌产生消极影响。将延伸策略和独立品牌策略进行比较，考察延伸策略是否可接受。

A. 若延伸后的整体效果大于独立品牌策略的整体效果，即 $Q' + E > O + N$，则采取延伸的策略；

B. 若延伸后的整体效果小于独立品牌策略的整体效果，即 $Q'+E \leq O+N$，则采取独立品牌策略。

其中，Q' 为进行延伸后原品牌下，其他延伸产品的销售和利润情况；

E 为延伸后新产品的销售和利润情况；

O 为不进行延伸原品牌下，其他延伸产品的销售和利润情况；

N 为独立品牌策略下新产品的销售和利润情况。

Q'、E、O、N 都是对未来某一段时期的预期，可以根据不同的行业特点选择该时间段的长短。与对 E、O、N 的预测相比，对 Q' 的预测相对较难。

②品牌延伸对原品牌产生恶劣影响。作为战术性的品牌延伸绝对不能对原品牌产生恶劣影响。假如出现战术性品牌延伸对原品牌产生恶劣影响，则不适宜采用品牌延伸策略。但是此刻并不排除是否可以采用独立品牌策略来推出新产品。还可以考虑对独立品牌策略进行评估后，决定采取独立品牌策略推出新产品还是放弃推出新产品。如果对该新产品采取独立品牌策略的评价比较高，依然可以采用独立品牌策略来推出新产品。

2. 战略性决策。战略性的品牌延伸指为了配合企业战略的转移，有意识地在品牌延伸过程中改变原产品的形象。这种情况下对品牌延伸的评价原则有三：（1）品牌延伸必须服从企业的整体战略；（2）不过分重视短期财务上的收益；（3）不必过分顾忌原品牌形象的淡化或改变，品牌形象可顺应企业的战略有意识地改变。

这种约束条件下的决策模式见图 4。

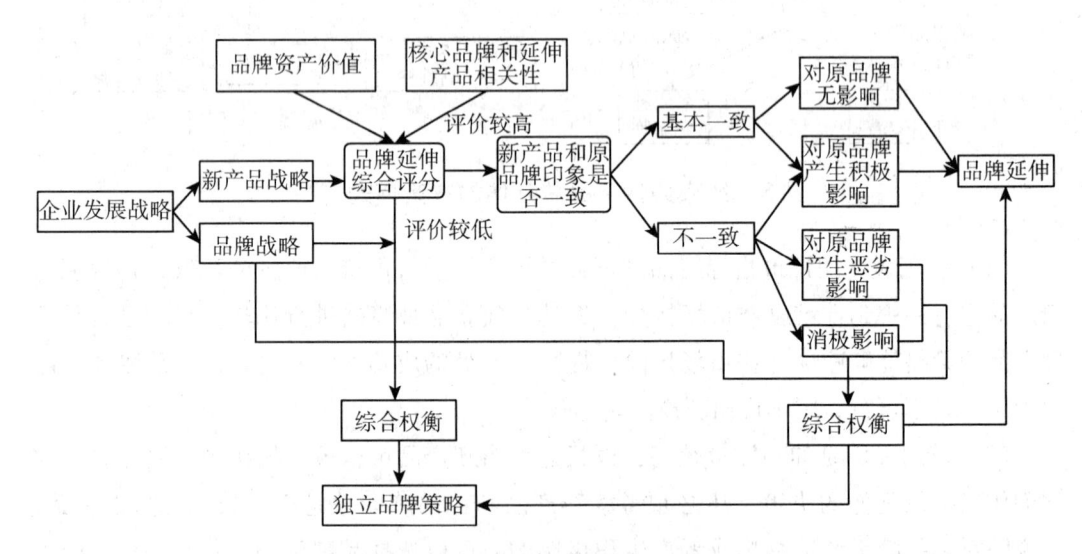

图 4　约束条件下品牌延伸的决策模式（4）

从战略的高度来看，品牌延伸必须符合企业整体发展战略下的新产品战略、品牌战略。图 4 中可看出，即使品牌延伸与原品牌形象不一致，从战术上看来是不可取的，但还不能够轻易得出放弃延伸的结论，而是应该综合考虑。有可能在企业战略的驱动下，依然采用延伸策略。有时候即使品牌延伸的综合评价低，为了服从企业战略需要，也可以采取品牌延伸的策略。

万宝路在服装上的延伸在很大程度是出于战略上的考虑。Marlboro Classics 服饰在设计时就被原封不动地赋予了万宝路香烟的"粗犷、豪迈、阳刚"的品牌个性和"自由进取的开拓者"的品牌形象。刚开始的时候，Marlboro Classics 服饰还只是菲利普·莫里斯麾下的亏损大户，但现在却成了美国第二大邮购商品品牌，并且在欧洲和亚洲开了一千多家专卖店。比利时和法国禁止烟草广告后，万宝路牌打火机和火柴的广告就开始替代了万宝路牌香烟的广告，这种品牌延伸的目的就是间接的香烟广告。有广告人士评论："人们并不愚蠢，他们很快就能通过打火机和火柴识别香烟品牌。"在挪威，有民意调查显示，50%的人看了万宝路服饰的广告后，都认为那是在为万宝路香烟做广告。

四、结　语

以上四种品牌延伸的决策模式分别是针对不同的约束条件而定。约束条件的不同导致决策流程的不同，可能得出不同的结论。从战略角度或从战术角度来考虑可能会得到不同的延伸结果。因此，我们需要根据企业的要求来选择决策模式，正确决策，从而使企业避免延伸失误的风险。

参考文献

［1］刘凤军. 品牌运营论［M］. 北京：经济科学出版社，2000.

［2］Kevin Lane Keller. 战略品牌管理［M］. 李乃和，等，译. 北京：中国人民大学出版社，2003.

［3］Loken, B. & John, D. Duluting brand beliefs: When do brand extensions have a negative impact? ［J］. Journal of Marketing, 1993, 57（7）: 71–84.

［4］符国群. 品牌延伸：回顾与展望［J］. 中国软科学，2003（1）.

A Study on Decision-making of Brand Extension

▲Liu Yong（*Business School, Beijing Technology and Business University, Beijing 100037, China*）

Abstract: With the wide use of brand extension strategy in practice, brand extension has gradually been a heated topic for research among the academia both internationally and domestically. From the perspective of corporate strategy, there are four decision-making models in brand extension: (i) paying attention to the success of new product in extension, with no consideration of the influence that the decision-making of brand extension may have on the original brand; (ii) making a comparison between brand extension strategy and strategy of creating a new brand, with no consideration of the influence that the decision-making of brand extension may have on the original brand; (iii) tactical decision-making of brand extension, with consideration of the influence that brand extension may have on the original brand; (iv) strategic decision-making of brand extension, with consideration of the influence that brand extension may have on the original brand. This essay probes into the constraint condition for each decision-making model. It puts forward a flow chart for decision-making and identification criteria for decision-making models.

Key Words: brand extension; brand strategy; decision-making model

第二部分
品牌经营与国际化

企业品牌内涵及其生成模式*

▲蒋璟萍（湖南女子大学，湖南长沙 410004）

> **摘 要**：品牌是蕴含着企业与消费者之间互动关系的综合性范畴，它由基础要素、传播要素、个性要素和外部关系要素构成，品牌建设应坚持以企业文化为导向，以品牌资产提升为原则，以顾客关系为核心，以产品功能为基础，以营销为纽带，形成各要素的相互融合和良性互动。
>
> **关键词**：品牌内涵；品牌要素；品牌构建

目前，国内外关于企业品牌的研究基本上是基于企业行为和基于消费者行为方面。基于企业行为的研究主要是从企业角度出发进行各项由企业职员主导的品牌策略研究，是以企业为主导、消费者被动接受的推动品牌发展的演进过程。基于消费者行为的研究是一切从消费者出发，围绕着消费者的需求进行品牌建立和品牌推广等的研究。这些研究大多从企业或消费者单一角度出发进行，而通过整合品牌构成要素、构建企业品牌生成模式的研究还比较缺乏。基于此，本文从企业品牌的内涵出发，试图探究企业品牌的构成要素，并构建企业品牌的生成模式。

一、品牌内涵的认知阶段

品牌是企业的无形资产，是企业价值的源泉。正如美国营销学家凯勒博士所说："愈来愈多的企业开始认识到，它们最有价值的财产之一是与它们的各种产品和服务相联系的品牌。"无论公司规模、所处行业以及市场的类型如何，创建与提升品牌已成为企业的首要任务。良好的品牌形象能带来顾客的忠诚和丰厚的利润，拥有一个强大品牌的好处是显而易见的。但是，品牌的本质和内涵是什么呢？沿着历史发展的轨迹，我们大致可以把对品牌内涵的认识归结为三个阶段。

第一阶段：品牌是标记

作为商品标记的品牌，在西方最早起源于西班牙的游牧部落，他们在自己拥有的牲畜身上打上独特的烙印，以便在交换时与他人的牲畜相区别，英文中"品牌"一词"brand"就是烙印的意思。应该说，品牌的产生是基于它的标志功能，正是在这种思

---

* 本文原刊载于《北京工商大学学报（社会科学版）》2009年第3期。基金项目：湖南省自然科学基金项目"企业品牌生成机制的理论与实证研究"（07JJ3131）。

路指引下，美国市场营销协会（AMA）在其1960年出版的《营销学词典》中把品牌定义为：用以识别一个或一群产品的名称、术语、象征、记号或设计及其组合，以和其他竞争者的产品、劳务相区别。这也可能是目前大多数人对品牌的认识和了解。营销学权威菲利普·科特勒在其巨著《营销管理》一书中，直至第2版仍是沿用这个定义："品牌是一种名称、术语、标记、符号或设计，或是它们的组合运用，其目的是借以辨认某个消费者或某群销售者的产品或者服务。"

这一定义的核心思想是：品牌是区分商品的标志，这种标志能提供货真价实的象征和持续一致的保证。从消费者角度看，品牌的主要功能是作为一种速记符号，与产品类别信息一同储存于消费者头脑中，而品牌也就成了他们搜寻记忆的线索，成了他们在产品类别中选择特定产品的指示牌。菲利普·科特勒认为："最好的品牌传达了质量的保证。"从本质上说，从一个品牌上能辨别出销售者或制造者。

第二阶段：品牌是象征

如果品牌仅仅是一种标记，那么我们就无法解释这样一个简单的事实：同样的产品贴上不同的商标就能卖不同的价格。对于品牌的理解，我们必须另辟蹊径。

大卫·奥格威（D. Ogily）第一次打破了传统的对品牌的认识，以其广告人的视角，提出了品牌形象理论。他敏锐地指出：品牌是一种错综复杂的象征。它是品牌的属性、名称、包装、价格、历史、声誉、广告风格的无形组合。品牌同时也因消费者对其使用印象及自身的经验而有所界定。在他看来，品牌是一种能够确立标准，体现价值，表达具有权属关系之符号的形象机制，是社会资本的商业化形态。

奥格威使企业关注的焦点第一次由产品本身转向了品牌形象和个性。奥格威认为，品牌并不仅仅是一种区分标识，除此之外，它还蕴含有更深层次的含义：（1）品牌创造差异。产品与产品之间的相似点越多，消费者选择的理智考虑就越少。（2）品牌必须具备个性。只有具备个性的品牌方能在市场上屹立不动。（3）品牌是自我的反映。消费者都有关于自己的认知，或者更重要的是一幅人们喜欢怎样看待自己的图像。他们消费的一个潜在目的就是帮助他们证实这种身份，拥有耐克鞋可以帮助消费者感到自己像运动员。（4）品牌是一种资产。在今天这个竞争激烈且复杂多变的市场，品牌是公司所能拥有的最持久的资产，品牌附加值及其应变性和稳定性，足以对公司长期利润产生深远的影响。

第三阶段：品牌是消费者的认知

沿着奥格威开拓的思路，学者们对品牌逐渐有了更深邃的理解。1978年Levy教授提出，品牌是存在于人们心智中的图像和概念的群集，是关于品牌知识和对品牌主要态度的总和。与产品自身相比，品牌更依赖于消费者心智中的解释。Levy教授的理论贡献在于，一方面，他明确地把品牌从产品概念中区分开来。传统营销理论认为，品牌仅仅是产品形式层中的一个因素，而Levy教授认为，一个品牌下面至少有一个产品，而一个产品不一定能成为一个品牌。工厂制造的是产品，而消费者购买的是品牌。另一方面，Levy教授对品牌的研究实现了由生产者主权向消费者主权的转移，强调品牌是一个以消费者为中心的概念，没有消费者就没有品牌。联合利华董事长 Michael Perry 认为："品牌是一个以消费者为中心的概念，没有消费者就没有品牌，品牌的价值体现在品牌与消费者的关系中。"

Alvin. A. Achenbaum 教授也指出，使一个品牌与无品牌的同种产品相区别并使该品牌具有净值的，是消费者对产品特征、功能、品牌名称以及名称所代表的意义和使用这一品牌的公司的总体感觉和知觉。这些思想说明，品牌是顾客对产品的知觉，是顾客对于产品的认知关系，这意味着品牌形成不仅仅取决于产品本身的特性，还取决于顾客对产品特性的理解和认知，而后者又与顾客的主观因素有关，如与顾客的爱好、个性有关。福尼尔将品牌关系分成四个层面的关联，即消费者与产品的关联、消费者与品牌的关联、消费者与消费者的关联以及消费者与公司的关联。

但是，Levy 教授等人依然没有把品牌的内涵系统地阐述清楚。譬如，品牌是消费者的认知，但厂家追求的并不是认知，而是期望经由认知建立的一种顾客关系，认知只是一种症状解，而不是问题的根本解。Keller 教授认为，品牌与消费者之间的关系，可以视为一种合同或者协定。消费者对品牌的信任或忠诚，暗示着他们对这种品牌会有一定的良好表现。

本文认为，品牌是一个蕴含着深刻意义的综合性范畴，它是一种符号结构、一种错综复杂的象征、一种消费者的认知，其本质是企业与消费者之间的信息互动和契约性关系。

二、企业品牌的构成要素

从企业品牌的内涵出发，我们可以从品牌基础要素、品牌传播要素、品牌个性要素和品牌外部关系要素等四方面对品牌的构成要素进行剖析（见图1）。其中，品牌的载体是产品，品牌的底蕴是文化，品牌的目标是关系，品牌的媒介是传播。

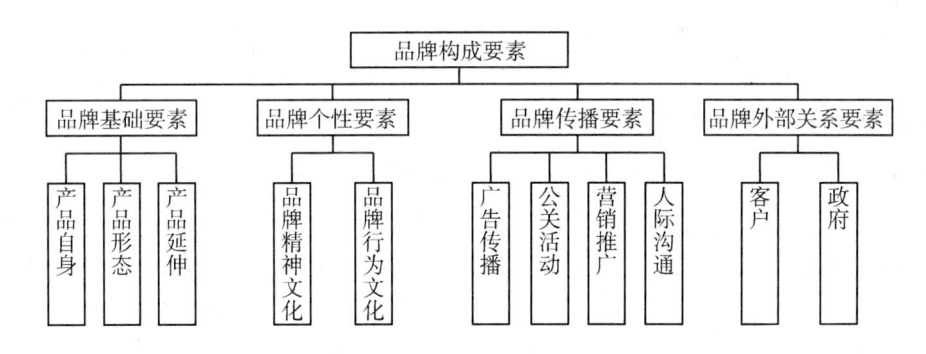

```
                        品牌构成要素
         ┌──────────┬──────────┬──────────┐
    品牌基础要素  品牌个性要素  品牌传播要素  品牌外部关系要素
    ┌──┬──┬──┐   ┌────┬────┐  ┌──┬──┬──┬──┐  ┌──┬──┐
   产品 产品 产品  品牌  品牌  广告 公关 营销 人际 客户 政府
   自身 形态 延伸  精神  行为  传播 活动 推广 沟通
                  文化  文化
```

图1　企业品牌的生成要素

1. 品牌基础要素的构成。品牌基础要素是企业品牌生成的基石，它承载着品牌生成中各个节点与各个阶段的所有压力与重量。品牌基础要素的内容表现为产品自身、产品外观与产品延伸三个方面。产品自身主要包括产品的技术与创新、产品的设计与工艺、产品的品质与品性等；产品外观表现为产品的形态与形状、产品的商标、文字与图案、产品的包装与色彩、产品的文字说明与执行标准等；产品延伸表现为产品的选择性与方便性、产品的美观性与实用性、产品的适应性与发展性等。产品是消费者需求的最根本对象，它是品牌所依附的实体，同时也是技术创新及其经济价值的载体。技术创新保证了产品差异化、个性化的实现，也保证了企业能适应消费者的行为逐渐多元化的变化趋势。而产品外观与产品延伸则为产品在消费者心目中建立起一种产品形象，进而为建立起品牌形象起到促进作用。因此，这三者的有效整合是品牌得以建立的基础。

2. 品牌个性要素的构成。品牌个性要素是一种品牌特质，主要体现在特定的企业文化上，它是品牌生成的隐性生态环境，包括品牌精神文化和品牌行为文化。品牌精神文化，指在消费者认知中，品牌所代表、蕴含的意义、象征、个性、情感、品位等综合理念因素的总和。在产品均质化、消费感性化的今天，卓越品牌的魅力，就在于它凝结进去的理念、情感、象征等文化内涵。可以认为，市场土壤每生长出一个影响深远的品牌，就无一例外地造就了一道独特的文化风景线。正如昆德所说："最理想和最成功的品牌定位应该是这样一种状况——消费者已经将品牌视为一种品牌精神。"品牌行为文化，就是结晶在品牌产品生产、销售、服务等价值链活动中的经营观、价值观等观念形态的总和。它不是质量，而是产品中体现出来的质量意识；它不是服务，而是凝结在服务中的服务理念和服务艺术；它不是营销策略，而是指导策略制定的营销理念和道德。总之，品牌精神文化与品牌行为文化是价值链活动中超越产品实体层的抽象观念形态，它是企业文化在品牌中的体现和反映，它构成了品牌的灵魂。如果说产品、服务、营销等品牌要素是品牌的肢体，那么它们的文化内核则构成了品牌的头脑。应该说，品牌生成中影响最大的要素当属品牌个性要素。因为它在更大程度上决定着品牌的风格，并影响到消费者对品牌的认知与接纳。

3. 品牌传播要素的构成。品牌传播要素是通过企业各项传播工作，以传递品牌信息，扩大品牌知名度和影响力的要素。其主要内容有广告传播计划、公共关系活动计划、营销推广计划和企业人际沟通计划等。广告传播计划通过各种大众传播媒介、网络传播广告和非大众传播媒介给予实施；公共关系活动计划需要进行创造性的思考和精心策划，并实施有效的管理；营销推广是希望在短期内见到市场效果的活动；企业人际沟通基于企业文化的建设和企业品牌运行制度的规定，通过品牌运行人员对内、对外的传播沟通活动、销售沟通活动和服务沟通活动等给予实施。通过品牌传播要素，可实现企业和消费者之间的互动，将有利于品牌信息充分、准确、及时地传递，使企业与消费者在对品牌认识上达到较高程度的一致性，降低和缩短消费者成为忠诚顾客的障碍与时间，从而有利于企业品牌的生成。

4. 品牌外部关系要素的构成。品牌外部关系要素主要是指以消费者为中心（包括企业外部的供应商、零售商、代理商）的客户群体以及政府有关部门与机构。这些客户是与企业品牌有着直接联系的群体，他们是企业品牌价值的认知者和接受者，他们是否会对输出的品牌价值给予赞同，是否会对品牌忠诚，对于企业的品牌的理解是否存在着差异将决定着品牌生成的效果。一旦他们认同并接受了企业品牌，则对企业品牌形象的树立起到强化作用，同时他们对于品牌的宣传也会提升品牌价值。此外，品牌的生成还有赖于各国政府、有关部门、机构和团体组织方面的支撑。它们所颁布和实施的对注册品牌进行保护的有关法律条文和有关规定影响着企业对建立和维护品牌时的资金投入，这也间接影响到了企业对品牌的宣传和管理。

三、企业品牌的生成模式

如果说品牌基础要素是品牌形成的基础，是品牌的外在表现形式，那么以品牌文化为核心的品牌个性要素则是品牌的内涵，是品牌的内核，而品牌传播要素则是这两层面的功能与外部环境的传导工具和纽带，缺少任一要素都将影响到企业品牌的生成。只有将内部系统要素和外部环境有机结合起来，整合内部系统要素去克服外部环境的威胁，发掘市场机会；利用外部机会去整合内部系统，提升品牌竞争力，才能促进品牌生成与发展呈螺旋式上升。由此，在企业品牌生成过程中，其生成要素应该是有机统一、相互协调的。

然而，传统品牌生成模式却将企业品牌生成要素人为地分离（见图2）。

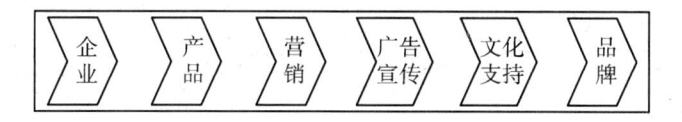

企业 ▷ 产品 ▷ 营销 ▷ 广告宣传 ▷ 文化支持 ▷ 品牌

图2 传统品牌生成模式

由此可见，传统品牌生成模式是一种线性品牌形成模式，它从企业产品出发，通过营销传播信息，再寻求文化支持，最终形成企业品牌。此种企业品牌生成模式明显地把企业品牌的构成要素—物质要素和精神文化要素人为剥离，且忽略了企业品牌生成中最重要的要素——以消费者为中心的客户群体。此种传统品牌生成模式只适合于传统经济时代。传统经济时代基本上是一种短缺经济时代，商品属于供不应求的状况；消费者收入水平低，就消费习惯而言，消费结构单一，消费者在选择购买时只讲究物美价廉；企业没有营销意识，营销理论知识缺乏，价格、渠道基本相同，无促销行动，唯有产品的质量好坏之分，所以在这个时期的营销理论知识主要集中在产品买卖；消费者获取信息渠道少，基本上只能通过广告宣传。因此，在传统经济环境下企业更关注于产品，因而传统品牌打造的出发点或指导思想都在于提供产品、争取每次交易的价值最大化。品牌与顾客之间的关系实质上是一种短期的交易关系。但随着企业经营环境的急剧变化，传统品牌管理越来越显得苍白无力，这与20世纪70年代产生的强调产品定位（USP）的营销理论有直接关系。在传统经济时代的大环境下，品牌管理只是被作为一种战术性的策略来看待，品牌被当成一个标识来推广，所以传统品牌的生成方式相对简单和直接。

20世纪90年代以来，特别是进入21世纪，企业品牌的生成环境发生了明显的变化：其一，现代经济时代已经是一种消费经济时代，商品供过于求；消费者收入水平有了大幅度提高，消费者的消费心理已日渐成熟，有着良好的文化素质，消费者在购物时更注重一种文化诉求。其二，强烈的竞争驱使各个企业在产品的功能诉求和质量方面日渐趋同，因而在营销方面的竞争愈益激烈，企业的营销意识和品牌意识在加强，各个企业在营销推广活动上进行着博弈。其三，信息交流的速度在加快，手段在创新，信息技术的发展使传统的市场概念在量的范围内发生了很大变化。既有时间维度上的扩张，又有空间维度上的拓展。

因此，本文认为，在现代经济时代，品牌建设应坚持以企业文化为导向，通过理念和形象来凝聚企业内部和外部的各种要素；同时，以注重品牌资产的积累和提升（品牌资产生成）为原则，以建立与客户长期稳定的关系（顾客忠诚度）为核心，以产品的功能利益为基础，以广告、营销等为纽带，注重品牌各要素的相互融合，最终建立起企业与消费者之间的良性互动关系，这种关系既有以"喜欢"为内容的情感关系，也有以某种"信念"为核心的忠诚关系（见图3）。

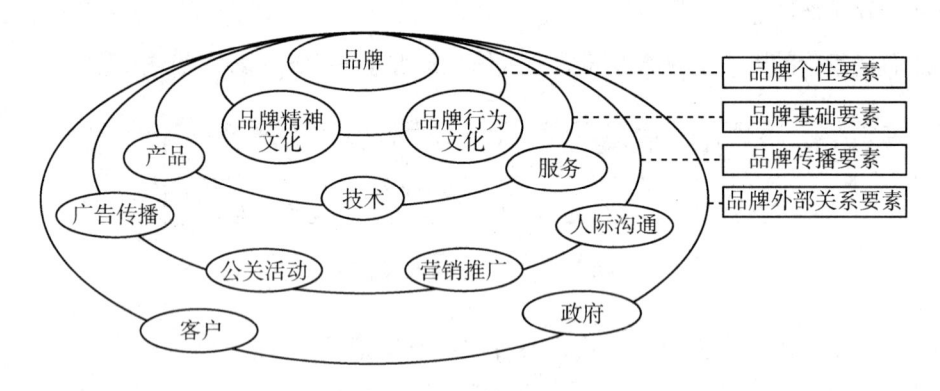

图3　现代品牌生成模式

由此，在构建品牌的实际操作中，应充分发挥企业文化的凝聚作用和辐射作用，对企业内部资源进行整合，并充分发挥员工和团队等企业发展内在动力要素的作用；同时，对企业外部的资源进行整合，将客户和渠道整合，以打通品牌和消费者之间的每一层面上的通道，形成品牌与消费者的关系良性互动的系统，从而促进品牌的不断形成与提升。

参 考 文 献

[1] 凯文·莱恩·凯勒. 战略品牌管理 [M]. 北京：中国人民大学出版社，2003.

[2] 菲利普·科特勒. 营销管理：分析、计划、执行和控制 [M]. 上海：上海人民出版社，1997.

[3] 王海涛，等. 品牌竞争时代——开放市场下政府与企业的品牌运营 [M]. 北京：中国言实

出版社,1999.

[4] 李雪梅,杨若平.关于培养消费者品牌忠诚度的思考[J].经济问题探索,2001(10).

[5] 王咏梅.品牌战略与企业成长[M].北京:经济科学出版社,2007.

[6] 王东民.品牌生命的复杂性和复杂的品牌生理生态学[J].商业研究,2004(6).

The Connotation and Pattern of the Enterprise Brand

▲Jiang Jing – ping (*Hunan Women's University*, *Changsha*, *Hunan 410004*, *China*)

Abstract: The brand is a comprehensive category which contains the interactive relationship between enterprise and consumers. It is composed of basic elements, dissemination elements, individual elements and the elements of extemal relations. Guided by the brand culture, the brand construction should adhere to the principle to promote the brand assets and center on the relations with consumers, based on the product function and with marketing as a ligament, to form the mutual integration and sound interaction of all elements.

Key Words: brand connation; brand elements; brand construction

论全球品牌及其营销策略*

▲阎　俊（武汉大学商学院，湖北武汉　430072）

> **摘　要：** 全球营销最为显著的特点是把整个世界当做单一市场，注重发掘各个国家市场的消费共性，并站在全球的高度制定统一的、整体的战略目标，即把个别国家的作用视为其更广泛的竞争战略的一部分，在全球范围内组合营销资源、执行和控制营销活动，通过挖掘、满足、引导全球消费者共同的需要实现企业的经营目标。作为全球竞争和全球营销观念的产物，全球品牌开始茁壮成长。
>
> **关键词：** 全球品牌；全球营销；全球竞争；单一市场

一、全球品牌及其营销指导思想

一个品牌包含了三个层面的内容。第一层是品牌的物质载体，即具体的产品和服务；第二层是品牌的外在表现，即商标、品名、符号、标记等；第三层是品牌的内涵层，是品牌所代表的概念、承诺和利益的集合。品牌不仅与具体的产品和服务相联系，而且意味着一种可以预期的承诺和利益，意味着与消费者在价值观上的契合和某种情感的交流。人们购买无品牌产品看重的是某种物质方面的满足，即对第一层面内容的需求；而购买有品牌的产品则是希望获得物质和心理双重的满足，有时更多的是心理方面的满足，如人们购买名牌产品更看重第三层面。

全球品牌也包含了这三个层面。从表面上看它是品牌在地域上的扩张，其实质内容是在全球范围提炼出消费者带共性的物质和心理需求的基础上，将品牌的三个层次都扩展到全球市场，从标准的产品设计、制造和营销中获得规模效益。所以，我们可以将全球品牌界定为在统一的全球营销战略指导下，以相同的市场定位和相似的营销组合在全球各个市场销售的单一品牌。与国际品牌相比，两者在诸多方面存在着差异。对比见表1。

---

* 本文原刊载于《北京工商大学学报（社会科学版）》2002年第6期。

表 1

	全球品牌	国际品牌
营销战略的出发点	全球市场的需求共性	国别市场的需求个性
细分市场的依据	人口、心理、利益	以地理位置为主
市场定位	全球一致	依国别调整
名称与标识	全球一致	可能不同
承诺和利益	全球一致	依国别调整
产品和服务	尽可能全球标准化，只在必须时加以调整	先适应各国文化，再适当标准化

需要指出的是，全球品牌并不是指在产品设计、分销渠道、广告和其他促销方式上要求绝对标准化，实际上这也是不可能的。因为各国的社会文化、经济、法律、技术、自然环境是客观存在差异的，企业面临的竞争格局会有所不同，消费者的偏好、使用习惯、对营销刺激的反应是不同的，同一种产品在各国所处的生命周期阶段也会是不同的，这些都要求全球品牌的营销组合针对目标市场的具体情形进行适当调整。从全球来看，更多的公司采取的是标准化与当地化相结合的策略，一些成功地建立和发展了全球品牌的公司把他们的营销指导思想总结为：思考全球化，行动当地化。即在战略决策上较多地采取标准化（如选择目标市场、品牌定位、确定广告目标和主题等）；在战术决策上更多地采取当地化（如广告表现形式、媒体选择、产品的某些特征、口味、使用方法）。这种折中的思想被学者提炼为"全球兼顾当地"，并造出一个新词"Glocal"（由 Global 与 Local 合并而成）。

举例来说，可口可乐是一个全球品牌的典范，以它特有的流线型瓶形和红色标签遍布全世界 200 多个国家和地区，品牌价值超过 400 亿美元，排名世界第一。尽管可口可乐的口味会依当地消费习惯做些许调整（如在中东地区提高了产品的甜度），价格也定得适应当地的收入水平和竞争环境，但是，可口可乐品牌在全世界表达的理念都是一样的：快乐、好时光、欣喜，它在全球所有国家的营销战略、市场定位、品牌特征都是一样的。

二、全球品牌产生的背景

如果说，过去的全球品牌如可口可乐、万宝路的成功与特定的历史条件分不开（可口可乐的国际扩张在很大程度上是第二次世界大战中美国军人开赴欧洲和亚洲促成的），那么，今天的全球品牌则完全是企业在经济全球化程度日益加深的背景下的战略选择。

（一）*经济全球化是全球品牌的最大背景*

经济全球化是世界各国在全球范围内的经济融合，表现为资本、技术、人才、劳务、商品、信息、知识等生产要素在全球范围内流动或整合,各个地区、各个国家的经济越来越结合成一个整体。近20多年以来,特别是进入20世纪90年代,市场经济体制为大多数国家接受,越来越多的国家采取对外开放政策,市场开放程度日益加大,更促进了经济全球化的进程。其结果是国内市场国际化和国际市场国内化的趋势并存,商业竞争向更高层次、更大范围发展,品牌竞争日益成为国际竞争的焦点之一,全球商战正在演变成品牌战。可以说,品牌全球化是经济全球化必然的产物。

(二)跨文化需求趋同带来巨大商机,催长全球品牌

经济全球化带来一个"无边界的世界",世界市场的共性越来越多。正如哈佛大学的西奥多·李维特(Theodore Levitt)教授在其名篇《全球化的市场》一文中所论述的:"世界正在成为一个共通的市场,不管人们居住在何方,他们都要在这里寻求相同的产品和生活方式"。不可否认,现代通讯、运输和信息传播技术已经创造了一个更加趋同的世界市场,世界各地的人们需要的基本东西几乎是相同的——那些能使人们(不管他们是哪国人、哪个民族)生活得更加轻松愉快,能增加人们自由支配的时间和购买力的产品或服务。全球化市场的形成,使对标准化消费品的需求规模超乎过去的想象。采取全球标准化战略的企业,可以从研发、生产、分销、营销和管理的规模经济上获益,从而降低成本和产品价格,提高产品在全球市场的竞争力。这一转化过程与全球品牌又是标准化产品不断开拓新市场的利器。

(三)科学技术的发展,使世界正在变得标准化,新市场的不断产生使全球品牌大有作为

科技的不断进步,使技术越来越标准化,技术产品的地方特色越来越少,因而超越了地方性文化对全球品牌的阻挡。特别是近二十年来信息和通讯技术、新材料新能源技术、生物医学技术等高新技术的突飞猛进,不断地在创造一个又一个新市场、新产业、新产品。在这些由新技术所培育出的新市场里,没有代代相传的价值观念,也没有既定的偏好,一切都有待于形成。我们不难发现,全世界的消费者正在以几乎完全一致的方式在消费着个人计算机和产品标准,人们消费的起点是相同的,一致的品牌形象因而畅通无阻。

(四)社会和文化环境方面的变化为全球品牌的发展提供了舞台

全球社会和文化环境在发生新的变化。一方面随着国际经济、文化交流程度的不断加深,出现了交叉文化;另一方面在各国市场走向开放的同时,伴随着外国商品的进入,人们的思想也在走向开放,接受着异域文化的冲击,文化在不断的碰撞中融合。年轻人喝可口可乐、吃麦当劳,消费的主要是美国饮食文化,而不是带甜味、有气泡的液体和夹网馅的面包片。

此外,网络技术的快速发展、通讯技术的突飞猛进、全球媒体的无孔不入和国际

旅行的日渐频繁也对全球品牌起着推波助澜的作用。现代网络技术的成熟和广泛运用，极大地消除了人们之间的地域、时空距离，各种民族文化在网络空间交汇、流动，新的生活方式、消费文化裹挟在巨大的信息流中席卷全球各个角落，加速了消费者市场的同化。互联网和电视的普及，缩短了时空距离，使品牌信息可以传达到世界的每个角落。一些全球性的呈件或节目，如奥运会、足球世界杯赛等，更是将全球媒体与全球品牌结合在一起的好机会。旅游业的发展也直接要求企业采取全球品牌，以满足身处异国他乡的游子们对已经熟悉的品牌（包括商品和服务）的需求，而人们的跨国流动又在不知不觉中扩散着品牌的知晓度和认同度。

三、全球品牌的竞争优势

20世纪80年代以后，相当多的跨国公司或者将自有品牌推广为全球品牌，或采取品牌联盟甚至干脆收购品牌而达到拥有全球品牌的目的，这说明全球品牌能给公司带来的利益是长期的、巨大的。实施全球品牌可以使企业获得以下一些竞争优势。

（一）获得生产和营销的规模经济

在经济全球化的今天，对许多行业来说，在世界范围开展经济活动所带来的规模经济效益，已经成为获得竞争优势的重要来源。生产和销售全球标准化产品，不仅可以大大降低总生产成本和单位产品应分摊的研发成本、管理成本，还可以使公司减少很多重复性的工作，在广告、促销、包装、分销上大大降低营销成本。例如，在过去20年里，麦卡恩—埃里克森广告公司为可口可乐制作全球统一格式的广告片，为可口可乐公司共节约了9000万美元的广告制作费用。又如高露洁公司在向40多个国家推广其新产品"除牙垢牙膏"时，只准备了两个版本的广告片。他们认为，在宣传单一品牌时采用标准化全球广告模式，只依国别调整语言和音乐，在每个国家可以节省100万－200万美元的制作费用。全球品牌战略越是标准化，节约的成本就越多。

（二）使企业和产品在全世界拥有统一的形象，提高知名度

实行全球品牌战略有利于保持产品形象和公司形象的统一性，这在一些顾客流动性大和媒体比较发达的国家或地区特别重要，它有助于消费者对企业产品的识别。服务行业就很需要一个统一的企业形象和产品形象，使顾客无论身在何处，都能购买到他熟悉的产品或服务。如肯德基以其标准化产品肯德基炸鸡遍及全球，相同的产品、相同的标识、相同的服务质量体现着统一的品牌形象和企业形象，受到各国消费者的青睐。

统一的产品形象和企业形象还有利于导入新产品和增强广告的有效性，在引进新产品时能节约成本、降低风险。

(三) 有助于引发有益的联想,增加销售

全球品牌向消费者传达着一个信号:品牌行销各国说明企业必定具有与产品相关的专长,产品受到各国市场的广泛认同说明其质量可信。曾经有一家跨国公司的经理说:"你不会因为买了 IBM 的计算机而被公司解雇"。可见,全球品牌意味着较小的购买风险。这种形象对于价值高的工业产品和耐用消费品体现得更为明显,如计算机、轿车等。因为这些产品所涉及的购买风险相对要大一些,顾客要担心产品质量是否可靠、技术上会不会落后、使用和维护是否方便等问题,所以在作出购买决策时,全球品牌的力量更大一些。

全球品牌还往往引起人们对原产国和创始人的联想,特别是当原产国和创始人受到高度尊敬时,这种联想本身就是其品牌资产构成的一部分。比如 Levi 是美国牛仔装,让人体味到美国文化中的自由开拓精神,奔驰则让人联想到德国式的严谨。而"皮尔·卡丹"服装和"夏奈尔"香水则因为让人们体味到创始人的法国式个性而备受全球白领阶层欢迎。

(四) 提高营销执行的效率

为全球品牌制定标准化的全球营销计划可以简化协调工作,从而更有效地控制在各个国家的品牌营销工作。例如,高露洁公司一直是成功的全球公司,因为它十分注重营销战略的制定和营销执行过程。由总部制定的高露洁品牌工作手册十分详细,包括产品的品质、配方、市场调研、定价、广告、公共关系、销售辅助材料等,每一项都有详尽的说明和工作标准。有了这个手册,任何一个高露洁的地区经理可以在 206 个国家中的任何一国,分毫不差地执行同样的营销计划。

(五) 削弱当地零售商的控制力

在零售商力量越来越强大的今天,国内品牌,包括一些国内强势品牌都或多或少地受控于当地零售商。而全球品牌能够进入全球零售商的采购目录,从全球零售商的专业化服务中获取更大利益,并增强了在目标市场(包括国内市场)对当地零售商讨价还价的能力。

四、全球品牌的营销策略

(一) 市场细分策略

全球品牌是从识别和满足各国消费者的共性需求着手的,但它并不能漠视消费者需求之间的差异,这种差异不仅存在,在有些场合下还起着决定作用。并且,如果一家企业试图把全球 200 多个国家和地区的男女老少都当做自己的目标市场,这几乎是个不可能实现的梦想,至少也是个不经济的计划。因此,建立和发展全球品牌仍然需

要细分市场。

与国际品牌往往将国界作为一个特别重要的细分变量不同，全球品牌将更多地利用人口统计、心理、行为作为细分变量。当然，这种细分仍要遵循有效细分的一般性原则，即细分市场的可衡量性、足量性（达到足够获利的规模）、可进入性。

1. 人口统计细分。由于各国具有相同年龄、性别、收入、家庭人口、种族等人口统计指标的人群往往具有相似的消费特征，所以这种细分法易于突破地域、社会文化差异的限制，反映各国市场的共性。研究发现，人口变量对于一些价值低的产品如香烟、软饮料、圆珠笔等更能说明问题。年龄也是一个有力的变量，如全世界 12-19 岁的青少年表现出令人惊异的一致性：喜爱流行音乐、追求标新立异的生活方式、崇尚名牌。这个人群的规模在 3 亿人左右，有几十亿美元的购买力，对家庭购买决策有较大的影响力。所以，可口可乐、贝纳通、索尼、斯沃琪（Swatch）都把目光聚焦在这个市场上。

2. 心理细分。心理细分按照人们的社会阶层、生活态度、价值观念来细分市场，常与人口统计方法结合使用。不同国家中有可能存在处于相似社会阶层或具有共同价值观念和生活方式的人群，分解出这些人群有利于企业研究其购买特征和对品牌的认知。BSB 广告公司曾经对北美、日本和欧洲 18 个国家的成年人作过一项名为"全球扫描"的调研，调研的结果是将目标人群分为五个细分片：奋斗者（26%）、成功者（22%）、受压者（13%）、知足者（18%）、守旧者（16%）。他们的特征如下：

奋斗者。30 岁上下，紧张忙碌，渴望成功。追求物质享乐，时间和金钱总是不够用。

成功者。年龄比上一组大，成功而且富有，社会地位趋于向上。注重产品质量，要求产品体现社会地位。

受压者。主要是妇女，跨各个年龄层。面对持续的经济和家庭压力，生活问题是压倒一切的。

知足者。由老年人组成，满足于现有生活状况，设法维持原有的价值观，但对新事物也态度开明。

守旧者。一些沉湎于过去、坚守世袭财产和民族文化、不接受或缓慢接受新事物的人。

3. 行为细分。行为细分是按照消费者使用的时机和频率、要求的利益、对产品的看法和品牌忠诚度来区分消费者。消费者追求的利益可能有舒适、方便、健康、经济、安全、豪华等，品牌策略可以针对同样的利益需求点来设计，如高露洁推出"防蛀牙"牙膏，瞄准全球青少年市场追求的共同利益——"没有蛀牙！"

（二）目标市场选择策略

全球品牌并不是毫无针对性地开进全球各个角落，它所贯彻和体现的基本战略思想是思考全球化，也就是从全球出发考虑资源配置的最佳组合方案，实现公司的全球发展战略目标。在具体经营上，对目标市场仍有一定的选择性。一般来说，选择一个新市场所需要考虑的影响因素有：该市场的吸引力；在该市场上自己可能具有的竞争优势；为该市场服务而进行生产和营销的成本及费用；该市场的风险大小等等。对相关的宏观环境如经济、文化、人口、政治、法律环境进行评估也是很有必要的。如图1所示。

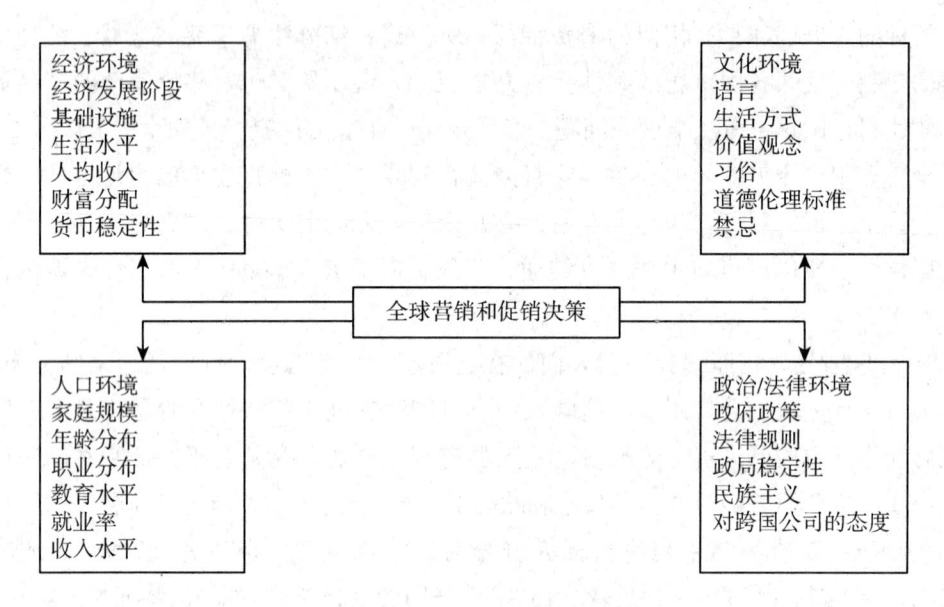

```
┌─────────────┐                                    ┌─────────────┐
│ 经济环境     │                                    │ 文化环境     │
│ 经济发展阶段 │                                    │ 语言         │
│ 基础设施     │                                    │ 生活方式     │
│ 生活水平     │                                    │ 价值观念     │
│ 人均收入     │                                    │ 习俗         │
│ 财富分配     │                                    │ 道德伦理标准 │
│ 货币稳定性   │                                    │ 禁忌         │
└─────────────┘                                    └─────────────┘
       │              ┌──────────────────┐               │
       └─────────────▶│ 全球营销和促销决策 │◀──────────────┘
       ┌─────────────▶│                  │◀──────────────┐
       │              └──────────────────┘               │
┌─────────────┐                                    ┌─────────────┐
│ 人口环境     │                                    │ 政治/法律环境│
│ 家庭规模     │                                    │ 政府政策     │
│ 年龄分布     │                                    │ 法律规则     │
│ 职业分布     │                                    │ 政局稳定性   │
│ 教育水平     │                                    │ 民族主义     │
│ 就业率       │                                    │ 对跨国公司的态度│
│ 收入水平     │                                    │              │
└─────────────┘                                    └─────────────┘
```

图1　全球市场选择要素

市场选择是一个复杂的过程，需结合上述要素对很多国家进行详细分析，总的目标是要保证品牌在全体市场中赢得高度的市场占有率。如：若以欧洲为总市场，则应先进入德国、法国、意大利、英国和西班牙，若以全球为总市场，则应先进入美国、欧洲和东亚。

以外，公司还必须考察自身是否有足够的营销能力进入目标市场，主要评估顾客需求的大小、对产品的知觉、公司投入的资源能否显示出竞争优势等。

当然，除了市场占有率目标外，实施品牌全球化战略的公司还会有其他的一些经营目标，如转移竞争者的注意力、减少固定成本的影响、获得全球声誉等。这样，全球品牌战略不仅要了解在新市场上顾客希望从品牌中获得什么利益，而且要搞清楚进入这些特定市场时公司希望取得的成绩。

（三）市场进入策略

实施品牌全球化时，进入新市场可供选择的品牌策略有四种：（1）公司现有品牌实施地域扩张；（2）收购拟进入的市场中已存在的品牌，将之改头换面；（3）建立品牌联盟（如合资、结成伙伴关系、许可证协议等）；（4）创立新品牌。

这四种策略各有千秋，可以用速度、控制力、投资额这三条准则来评价它们。如图2显示，这三者之间的关系是互相制约、互相依存的。

策略	评估的标准		
	速度	控制	投资额
地理上的扩张	慢	高	中
收购品牌	快	中	大
品牌联盟	中	低	小
创立新品牌	慢	高	大

图 2　品牌市场进入策略的比较

地域扩张的主要问题是速度。因为大多数公司缺乏足够的资金和营销经验将产品同时投入到很多国家，所以常见的全球品牌扩张是从一个市场到另一个市场的缓慢进程。例如万宝路征服世界用了 35 年，而麦当劳用了 22 年。

收购品牌当然是简便快捷的一种方式，但耗资多，风险大，常常比预想的更难控制。例如，从 1984 年开始，在 10 年左右的时间里，雀巢花费了 180 亿美元用于收购品牌。尽管雀巢现在拥有近 800 种品牌，但在一个以上国家注册的只有 150 种，在 10 个以上国家注册的只有 80 来种，真正称得上是全球品牌的只有凤毛麟角的几个。

建立品牌联盟是一种快速、方便的办法，不需要投资或只需少量投资。由于联盟通常在产权上的纽带较弱，因此对品牌资产经营与发展的控制力也较弱，但它仍不失为一种突破政策和贸易壁垒，迅速进入市场的办法。例如，在日本市场上，富士—佳能是一个极为成功的品牌联盟，销售业绩甚至超过了佳能的美国母公司。联盟策略在日本十分流行，这与日本错综复杂的分销体系紧密相关，也与政府鼓励本国公司与外国公司建立伙伴合作关系有关。建立品牌联盟还有利于培育品牌的全球性声誉，塑造企业形象，特别是两个强势品牌的强强联合，起到共荣互利的作用，如 Intel 公司 IBM 公司的品牌联盟。

创立新的全球品牌是一项浩大的工程，企业必须有足够的资金作后盾，还必须具有充分的全球市场营销经验和较为通畅的全球分销渠道。新品牌是以原产国为首发市场，还是以多个国家为首发市场，需要结合产品的性质、市场竞争环境和企业实力做出权衡。但是，一条普遍适用的原则是尽可能快地向尽可能多的国家同步推出新品牌，以免给竞争对手留下"克隆"的时间和实施反击战略的时间。

在这些不同的市场进入策略中如何作出选择，要视公司拥有的资源和经营目标而定，每一种策略都要进行成本收益分析。

参考文献

[1] Warren J. Keegan. Global Marketing Management, Fifth Edition [M]. New Jersey: Prentice-Hall Inc, 1995.

[2] David A. Aaker. 品牌经营法则 [M]. 沈云骢，汤宗勋，译. 呼和浩特: 内蒙古人民出版社，1988.

[3] 让·诺尔·卡普菲勒. 战略性品牌管理 [M]. 王建平，曾华，译. 北京: 商务出版社国际

有限公司，2000.

［4］甘碧群. 国际市场营销学［M］. 北京：高等教育出版社，2001.

［5］埃里克·乔基姆塞勒等. 品牌管理［M］. 北京：中国人民大学出版社，哈佛商学院出版社，2001.

［6］保罗 A. 赫比格. 跨文化市场营销［M］. 芮建伟，等，译. 北京：机械工业出版社，2000.

［7］Peter Farquhar. Managing Brand Equity［J］. Marketing Research，1989（9）：24－33.

［8］David Aaker. Managing Brand Equity［M］. New York：The Free Press，1987.

［9］Kevin Lane Keller. Strategic Brand Management［M］. New Jersey：Prentice-Hall Inc，1998.

［10］Theodore Levitt. The Globalization of Market［J］. Harvard Business Review，1983（5）.

On Global Brands and Their Marketing Strategies

▲Yan Jun （*Business School*，*Wuhan University*，*Wuhan*，*Hubei*，*430072*，*China*）

Abstract：The most conspicuous characteristic of the global marketing is that the enterprise treats the whole world as a single market, attaches importance to finding the shared consumption features in different countries, establishes uniformed and integrative strategic aim from a global perspective, regards the roles of individual countries as one part of its more extensive competition strategies, combines the global marketing resources, conducts and controls marketing activities, and realizes enterprises' business objectives through seeking, meeting and guiding the shared demands of the consumers around the world. As a product of global competition and global marketing concept, global brands start to thrive.

Key Words：global brands；global marketing；global competition；single market

努力将贴牌大国打造成自主品牌强国的思考*

▲柳思维[1,2]　（1. 湖南商学院经济与贸易研究院，湖南长沙　410205；2. 中南大学商学院，湖南长沙　410083）

摘　要：品牌强国是经济强国的重要基础，打造品牌强国是提高一个国家竞争力的重要途径。中国经济总量已经排名世界第二，制造业产值也超过美国，跃居世界第一，中国已经成为名副其实的制造大国和经济大国。但是，众多的事实表明，中国还不是品牌强国，驰名世界的品牌还比较少，品牌的国际影响力还不够大，品牌的竞争力还不够强。因此，中国必须站在经济强国的战略高度，走品牌强国之路。应注重中国品牌的产品质量、科技创新、市场营销、文化培育和企业素质的提高，努力打造具有竞争力的自主品牌，实现从"贴牌大国"向"自主品牌强国"的转变。

关键词：经济强国；品牌强国；自主品牌

一、问题的提出

改革开放30多年来，中国经济发展全球瞩目，特别是加入世界贸易组织后，中国经济发展进入了快车道。中国经济总量先后超过了英、法、德、日，2010年仅次于美国，排名世界第二，成为世界经济大国。目前，中国已有200多个产品产销量居世界第一位，如电用电器、高精密机床、工程机械、重型矿山等行业的出口产品当中有很多位列世界第一。与此同时也崛起了一大批国产品牌，中国已成为名副其实的"世界工厂"和"制造大国"。但应当看到，虽然中国制造加工的产品数量多，品牌也多，中国却仍是品牌弱国。

1994年笔者就开始关注品牌问题，策划召开了湖南省首届名牌战略研讨会，并主

---

* 本文原刊载于《北京工商大学学报（社会科学版）》2012年第4期。基金项目：湖南省软科学研究计划重点项目"大力实施名牌战略，加快我省新型工业化进程研究"（2009ZK2014）。

持了湖南省社会科学基金项目"世纪之交国内外市场接轨的大趋势及提高中国出口商品质量竞争力的对策"。在项目成果之一《面向 21 世纪实施"名牌强省"战略》的基础上,撰写了《实施名牌战略促进中国对外贸易的新发展》,并获得了中国国际贸易学优秀论文奖。《光明日报》1996 年 10 月 10 日以《名牌:中国对外贸易的新生长点》一文发表了其主要内容,文中强调"面临世纪之交世界范围内科技革命和经济发展的新变化,名牌在一个国家和一个地区经济发展中的战略地位越来越突出。名牌已不单纯是划分商品档次高低的一个概念,而成了世界流行的经济语言,成了判断一个国家和一个地区经济实力、科技水平、经济增长质量的一个极重要的指标。因此,我们必须以全面性的战略眼光来重新审视市场竞争与经济发展中的名牌"。现在看来,该文提出的观点与战略至今仍有现实意义。面对世界市场品牌竞争的新格局,要培育和造就一大批能在国际市场中竞争制胜的中国品牌,必须进一步坚定不移地实施品牌强国战略,打造拥有自主知识产权的产品和驰名世界的国际大品牌,实现从"贴牌大国"向"品牌强国"的转变。

二、自主品牌强国与经济强国

自主品牌是一个国家经济实力和软实力的象征,也是提高一个国家竞争力的重要途径,品牌强国更是经济强国的重要基础。

(一)自主品牌已成为当代经济强国抢占市场竞争制高点的重要武器

一个国家驰名世界的自主品牌商品的多少,往往是其国家经济竞争实力的最好反映。据有关数据显示,一些经济大国国民生产总值的一半以上来自于品牌产业创造的价值。以经济强国美国为例,美国很多大企业就是依靠经营品牌创造出价值的,美国 60% 的国民生产总值是靠品牌产业创造的。通过品牌的国际化经营管理,一方面,品牌产品可以打开国际市场,抢占国际市场份额,提高国际市场占有率和影响力,延伸市场半径;另一方面,一个国家的品牌商品,通过品牌的传播,不仅可以稳住本土市场,而且其形成的强有力的消费者忠诚度还可以有效阻止国外同类产品对本国市场的挤占。可以说,攻守兼备的自主品牌商品可以抢占同类产品市场竞争的制高点,也是一个经济强国打造可持续竞争力的必备手段之一。

(二)自主品牌是促进一国经济增长方式转变和经济发展的新的生长点

一直以来,经济学界对于一个国家经济总量和经济增长的研究颇丰。大体来说,一国经济增长方式可以分为集约经营与粗放经营,而走集约型经济增长之路是各国发展战略的重要选择。英国古典经济学家大卫·李嘉图在研究地租理论时最早提出和运用了粗放经营与集约经营的概念。马克思在《资本论》第三卷研究级差地租时对此展开了深入研究,并深刻分析和揭示了扩大再生产的重要途径:一种是通过以增加生产要素投入为主的外延型扩大再生产；另一种是通过以技术进步和科学管理为主的内涵型扩大再生产。而作为集科学技术、文化、管理于一体的自主品牌商品，其价值增值已成为集约型经济增长方式的重要选择，在做大做强品牌的同时，也是国家依靠科技创新能力、管理能力以及企业软实力提高来转变经济增长方式的重要过程。另外，对于一个国家来说，拥有的品牌产品越多，其价值增值的空间越大，在自主品牌成长的同时，必然推动国家经济发展，并形成新的生长点。因此，一些国家开始站在经济高速发展主要生长点的视角审视自主品牌对于国家经济的重要性。

除此之外，自主品牌在促进经济增长方式转变的同时，产生的效应不仅仅局限于品牌企业本身，而且还有着强有力的产业带动和新市场开拓的作用，在一定程度上推动地区和国家经济增长不断迈上新的台阶。以湖南省为例，湖南省在先进装备制造业方面形成了坚实的产业基础，拥有三一重工、中联重科、山河智能、远大空调、南车时代这样的先进龙头企业，使先进制造业成为湖南省新型工业化的亮点。

（三）自主品牌是现代市场经济下经济强国资本增值的有力杠杆

品牌产品、品牌商标是企业的无形资产。同样品质的产品，品牌厂商生产的产品售价就要高很多，这就是自主品牌的价值所在。自主品牌产品的价值不仅高于普通产品，而且还可以随着企业资本的增加而不断放大，对企业资本本身来说也具有更大的增值效力，从而形成一笔巨大的无形资产。而对于一个国家来说，品牌资产的应用水平越高则自我保值增值的能力也就越强，品牌发挥的效应就越大，如将品牌的可辨认资产转移给新的产品，给新的产品带去活力和价值，这个放大效应将是非常大的。如著名的青岛啤酒在 2000 年掀起了啤酒业的"狂购"风潮，先后控股了上海的嘉士伯啤酒，收购了北京的三环啤酒厂和五星啤酒厂，近十年来又成功收购了几十家啤酒厂，使青岛啤酒的市场占有率大为提高，以此实现了品牌的增值。而且作为青岛的大型企业，青岛啤酒品牌价值早就突破了百亿元，为地方经济的发展注入了活力。青岛在"十一五"时期取得了飞跃的发展，2011 年进入了全国前十强的城市行列。作为山东省的一个地级市，能够取得如此好的成绩，离不开当地一批拥有巨大资产价值的企业品牌，除青岛啤酒外，海尔电器、海信电器、双星鞋业、奥克玛等著名品牌也支撑了青岛经济。因此，新的经济发展形势下，重新审视品牌对形成经济强国的资本增值功能具有重要意义。

（四）自主品牌强国是经济强国的基础

纵观国际风云和世界潮流，经济的竞争在市场上体现的是品牌的竞争。要成为一个经济强国，首先要成为一个品牌强国。如发达国家拥有了全球 90% 以上的名牌；驰名世界的品牌产品产量不到同类产品的 3%，销售额却占到 50% 左右。这无疑给这些国家创造了巨大的经济效益，带动了其发展和繁荣。另外，缺乏品牌就会缺乏经济强国应有的内涵，如外贸加工中的利润差距就鲜明地反映了这一点。有数据显示，中国贴牌制造一台影碟机能带给外国 18 美元的收益，自己只能获得其中 1 美元的劳务费。巨大的利润差距反映的价值空间大部分就是品牌带来的。

同时，品牌作为一个经济强国的形象，是一个国家经济软实力的象征，是一个民族整体素质和整体能力的体现。经济大国可以依靠经济总量实现，而经济强国必须依靠一批驰名世界的品牌来支撑。中国已经成为世界第二大经济体和最大的制造大国，却缺少一批驰名世界的品牌企业和产品，这使得中国这个经济大国难以成长为经济强国。面对 21 世纪经济全球化浪潮的冲击，中国企业要实现从"中国制造"向"中国创造"的转变，只有通过自主创新，形成自己的强势品牌，才能在激烈的市场竞争中占得一席之地，才能把中国建设成为真正的经济强国，才能对外形成更加强大的大国形象。

（五）自主品牌是提高经济强国文化软实力的重要要素

党的十七届六中全会提出了大力发展文化产业，提升国家文化软实力的战略部署，而自主品牌则是产业与文化相融合的结晶。品牌对提高经济强国文化软实力的功能主要体现在三个方面。第一，品牌促进了国家消费文化的凝聚力。一国的自主品牌产品能够给这个国家带来民族自尊、自信心的增强，消费者在购买产品的过程中为能够买到本土驰名世界的品牌产品而感到自豪，久而久之，就会促进消费者心理上产生强大的爱国感、幸福感。第二，自主品牌促进了国家质量文化和意识的提高。品牌产品意味着高制备水平、高质量以及较高的可靠性，是质量文化的高度凝聚。一个国家拥有的自主品牌越多，同类产品品牌的竞争就越剧烈，各厂商也会更加积极地改善自身的产品品质，牢固树立质量观念和竞争意识，以点带面，逐步扩大领域，从而大大促进国家文化素质的提高。第三，自主品牌的扩散也有利于增强人们的法律文化意识。随着经济增长和人民消费水平的提高，如今消费者注重品质、品牌的观念日益强烈，消费者购买品牌产品的频率增大，对于自身消费的保护意识必然增强。因此，应从加强社会主义文化软实力的战略角度充分认识品牌的文化功能。

纵观品牌强国与经济强国的关系，可以发现，自主品牌不仅仅是企业自身发展的需要，也是推动整个社会经济和国家发展的需要，因此，要从经济强国的战略视角去审视自主品牌给一个经济大国带来的关键性作用，努力致力于打造自主品牌强国。

三、经贸大国与自主品牌弱国的尴尬

（一）中国驰名世界的自主品牌仍然稀缺

中国在国际产业链、价值链、供应链分工中仍处于低端。"2011 年全球最佳品牌"于 2012 年 1 月 16 日在美国发布，这份由著名品牌咨询公司 Interbrand 发布的品牌价值排行榜评选了 100 个全球最佳品牌，作为以品牌价值为主要衡量标准的排名，吸引了世人的眼球。然而，作为经济大国和制造大国的中国却无一家大陆品牌登榜，中国台湾地区企业 HTC 第一次上榜,也是排第 98 位。可以很明显地看出,中国还不是品牌强国。

(二) 中国出口贸易产品仍以贴牌为主

中国的货物出口额已稳居世界第一,但所出口的商品中 90% 的是贴牌产品,拥有自主品牌的不足 10%。由于自主品牌缺失,中国在国际产业链、价值链、供应链分工中仍处于低端。为追求出口贸易高速度,过分依赖三资企业及加工贸易、代工发展模式,而忽视了自主品牌的培育,缺乏自主创新的制造。中国出口企业拼的是汗水,赚的是劳务费,而且在一定程度上消耗了本土的大量资源和市场,迫使企业在全球产业链的价值低端长期徘徊,使得整个国内企业围绕微薄的代工费用而努力,没有抢占到有利的利润价值空间。

(三) 中国自主品牌的国际影响力低

据有关统计数据显示,2011 年中国有 61 家企业进入了全球财富 500 强,且其中部分企业的规模和年销售额都排在世界前列,却很难从中找到具有全球影响力的品牌。中国品牌在国外消费者或者客户中的影响力比较低,中国制造往往被认为就是中国生产而已,并没有上升到国际大品牌的概念,因而造成在国际化市场推广过程中竞争力的不足。英国 WPP 集团旗下品牌咨询机构华通明略(Millward Brown)客户群总监王幸称,80% 的海外消费者甚至都说不出一个中国品牌。更甚的是,不少国外消费者或者客户往往视"MADE IN CHINA"为缺少技术含量的廉价产品。

从整体上看,中国品牌的影响力还远远不够,这不仅不利于中国品牌开拓国际市场,而且还很容易被国际品牌挤压市场成长空间。要从根本上扭转这一局面,让中国品牌在世界知名品牌中占有一席之地,必须打造具有国际竞争力的世界一流品牌。

(四) 中国自主品牌的国际竞争力低

从品牌价值竞争力来看,中国品牌价值与国外一流品牌价值相差甚远。2011 年 5 月华通明略发布的全球品牌百强榜单上,苹果品牌价值位居榜首,为 1530 亿美元,而作为中国品牌价值排名第一的中国移动,其品牌价值为 536 亿美元,仅为苹果品牌价值的 1/3。

从品牌的市场竞争力来看,在全球化竞争时代,中国企业不缺乏产量优势,也不缺乏品质优势,中国能为众多世界级品牌做 OEM 就是例证,但中国企业唯独缺乏的是品牌竞争力优势。在产品日益同质化的今天,品牌竞争力显得尤其重要,它是形成并实现企业可持续增长的动力源泉,是企业核心竞争力的外在表现。尽管十年前中国对外投资还不到 30 亿美元,入世十年中国企业对外投资总量为 3124 亿美元,而现在每年的对外投资就达到了 600 亿美元,但从对外的扩张竞争来看,中国品牌的海外竞争力还不够。作为在国内竞争力比较强的企业,走上国际化扩张道路后,对外扩张的竞争力一直在考验着中国跨国公司规避风险的能力和产品的品牌。然而，真正的全球大品牌企业在海外扩张过程中，竞争力都是一步步得到加强的，业绩也是逐步提升的，如沃尔玛、家乐福等连锁企业。因此，在品牌竞争力方面，我国企业与西方跨国公司之间存在着较大差距。除此之外，在进行品牌培育的过程中，中国企业还没有充分考虑投入带来的产出效益，没有意识到品牌带来的长期效应，短期意识左右了品牌培育的投入，这样就不利于一批拥有自主知识产权的品牌的形成。

（五）中国自主品牌的成长环境亟待优化

一方面，市场竞争不规范，如国产品牌在广告招标、促销等方面的恶性竞争，使一批著名国产保健品饮料品牌，包括乐百氏、太阳神、红桃K、三株口服液等，在20世纪90年代迅速衰落。另一方面，因体制制度滞后，国产产品自残、内耗的情况时有发生。如中国第一商业品牌"国美电器"的窝里斗，第一国产饮料品牌"王老吉"的官司诉讼，乳业品牌"太子奶"的厄运等。此外，假冒伪劣产品冲击著名品牌，品牌资本的知识产权维护也亟待改善。

我国现阶段形成经贸大国与品牌弱国并存的窘境不是偶然的。究其原因，一是传统的数量型增长与粗放型发展方式主要依靠资源高消耗、资金大投入、廉价劳动多投入，而忽视了技术创新与品牌创新。从整体上看，中国企业还没有完全摆脱高投入的外延式增长模式，缺少具有自主知识产权的关键技术和知名品牌。二是在出口贸易中过分倚重三资企业及加工贸易的战略，过多地依靠引进国外技术形成自己的出口数量竞争优势，代工多，贴牌生产多，却压抑了自主品牌创新。三是各级政府追求GDP快速扩张的冲动，以及权力之手对市场的非正常干预与替代，扭曲了国产自主品牌正常发育的市场环境，相当多的国产品牌的生命周期都很短。

四、走向自主品牌强国的路径

（一）努力增加自主品牌，实现从"贴牌大国"向自主品牌大国的转变

要成为品牌强国首先必须从根本上改变中国为别国贴牌生产的格局，实现从"贴牌大国"向自主品牌大国的转变，顺利完成从"中国制造"向"中国创造"的过渡。通过不断做大做强国内自主品牌，形成强有力的市场影响力和消费者忠诚度，大力促进国内知名品牌成长为世界知名品牌；通过品牌的力量展现中国的国家形象；通过品牌扩大产品销售业绩，促进经济的可持续增长。例如，近年来湖南省就借力国家培育自主品牌政策，大力推进自主品牌建设。目前，自主品牌建设已成为助推湖南省新型工业化、提升国际竞争力，实现新一轮快速增长的有效途径。湖南省在自主品牌建设上取得了可喜的成就，仅2009年就申请专利15948件，其中发明专利授权1754件，同比增长46.49%，居中西部地区第一位。目前，湖南省经国家工商总局认定的驰名商标有165件，拥有量居中西部地区第一位；核准注册的地理标志证明商标52件，拥有量

居全国第八位。湖南省工商部门认定的湖南省著名商标1612件；远大空调等29个产品获中国名牌称号，531个产品获湖南名牌称号；湖南广播电视台、中联重科跻身2011世界品牌价值实验室评选的中国品牌100强；"三一重工""隆平高科"分别获得世界知识产权组织和国家工商总局联合评选的中国商标创意、商标运用国际金奖。

当然，在加大制造业自主品牌建设的同时，尤其应注意强化服务业的自主品牌建设。要在金融、证券、保险、交通运输、物流、商贸、旅游、文化服务、管理咨询、法律服务、教育培训等服务业领域培育和造就一大批强势品牌，以此带动服务贸易的崛起，实现我国货物贸易和服务贸易的长期均衡协调发展，形成与我国贸易强国相适应的贸易结构。

（二）高度重视产品质量，构建中国自主品牌的高质量平台

质量是品牌的生命，品牌需要产品质量支撑，产品质量是产品打开市场的试金石，任何品牌要想在市场安身立命，都必须依靠质量这一通行证。品牌产品的质量只有经过市场的长期检验，才能取得消费者的信任与偏爱。质量上不去，品牌最终会被市场淘汰。品牌强国首先应是产品质量强国。目前，各行各业的企业都在努力提升品牌影响力，其关键是要使产品自身质量过硬。所有品牌产品都要千方百计提升产品的性能，保证产品的质量，完善产品的售后服务，降低产品成本。要严格按照国际质量标准体系，加强全面质量管理、全过程的质量管理、全员质量管理，在产品质量上要精益求精，杜绝不合格的劣质产品进入市场流通环节。在建设两型社会和发展低碳经济、绿色经济的新形势下，所有企业都要在产品提升和质量控制方面做更多的努力，进一步提高产品的综合竞争力，努力在产品质量方面达到和超越国外同类产品。要长期坚持打击制假贩假，打击仿冒国内外名牌商品和以次充好、以劣充优、以假乱真的违法行为，尽可能将假冒伪劣产品从生产流通和消费领域清理出去，改变中国制造与假冒伪劣混同的印象，用一流质量重塑中国制造、中国品牌的形象。

（三）加大产品科技创新力度，提升中国自主品牌的核心竞争力

提升品牌竞争力的核心是紧紧抓住自主技术创新这一关键，让品牌产品的核心技术能"顶天"。最具价值全球品牌排行榜（2011）中前十强企业显示，科技型企业占了半数以上，显示出科技创新所具有的魅力，如排名第一的苹果公司的品牌价值同比2010年增幅就高达84%。从世界经济史看，正是依靠科技创新和工业革命，才使英国成为跨越18世纪、19世纪的世界经济发展领头羊；美国正是抓住了第二次、第三次科技革命的机遇，重视科技发明和发挥个人创造性，才出现了从爱迪生到乔布斯等一大批科技创新精英，成为连续一百多年雄居世界第一的经济强国。科技是第一生产力，创新创造第一生产力。可以说，经济强国都是创新强国。创新是品牌的基础，创牌就要创新。要努力将贴牌大国打造成品牌强国，依托科技创新打造自主品牌是重要选择。

企业是科技创新的主体，全球化时代企业的竞争主要是核心技术的竞争和知识产

权的竞争,具有自主知识产权的核心技术产品品牌,不仅可以使企业形成自己的技术壁垒,而且还可以避免陷入产品市场的恶性竞争。因此,企业应进一步依托科技投入、知识产权来打造品牌竞争优势。一方面,企业应大力加强科研队伍建设,大力引进优秀科研骨干,形成科研团队和梯队。要进一步改善科研人员的工作条件及福利和薪酬待遇,激励科研人员全身心投入到科研创新,促进高效的成果产出。另一方面,企业应保障科技投入资金来源,每年安排销售收入或者利润额的一定比例投入科技研发当中,并加大对科技研发成果的保护和奖励力度,对于获得专利的项目给予奖励,加速知识产权形成生产力,促进品牌的成长。同时,企业应在知识产权不断推陈出新的基础上,做大做强企业规模,利用各种途径做强和做优产品品牌,在条件成熟的情况下,加快推进品牌企业上市,利用资本市场的杠杆效应,来扩大品牌在产业聚集与集群方面的特殊功能,为企业和品牌的可持续发展与成长注入活力和动力。

(四)拓展品牌营销网络,努力提升中国自主品牌的市场份额

市场份额与市场占有率是品牌发展的基础,要成为强势品牌,既要在科技创新上"顶天",又必须在市场营销上"立地"。要打造强势品牌不仅需要国内市场,也需要国际市场,对此,作为品牌生产企业,应该努力拓展品牌营销网络。首先,做好国内市场开拓。要以市场需求及企业发展战略规划为中心设置营销网络,拓展产品国内市场。还可以利用出展机会,改进国内交易会的参展工作,提高参展效率。引导企业设法进入国内大批发商、连锁商的销售网络,减少中转环节,增加产品效益。还应利用电子商务加大网上营销、网上交易,开展多种形式的商品网上交易,推介企业产品,寻找潜在客户,发现贸易信息,努力创造和开拓消费需求。其次,做好国外市场开拓。了解国际市场和国际经营普遍运作规则,研究国际市场基本走势和各个区域市场具体特点,是企业有针对性地调整出口产品结构和拓展国际市场营销网络的重要依据。必须重视国际市场调研,及时了解国际市场变化信息。在具体营销网络拓展方面,可以在国外开设销售分公司,并通过这些"窗口"向周边地区辐射。这为企业获取海外市场信息,直接参与市场销售提供了优势和便利。还可以通过在境外注册商标,加强宣传,提高商品知名度,促进国产商品销售,提高其在国际市场的占有率。要尽可能地使中国品牌进入境外的大型超级市场与中高档商品购物中心,提升中国品牌商品的价值形象及市场影响力,特别要重视组建一批跨国经营的大型流通连锁企业,在海外市场抢滩设点,扩大中国品牌产品的销售。

总之,应鼓励企业因地制宜、因时制宜、因企制宜、因产品制宜,采用各种各样的分销渠道方式拓展国内外市场,形成展销网、直销网、互联网、专业市场网、海外企业网、分拨点网等纵横交错的发达营销网络体系,提高产品的影响力。

(五)做好品牌建设与培育,强化中国自主品牌的文化软实力

品牌的建设和培育既需要企业自身夯实基础,也需要社会各界及政府的大力支持。

政府和社会各界应提高有效保护商标知识产权的力度，花大力气挖掘本土品牌商标注册，致力于打造驰名商标。另外，还需要努力致力于品牌产品的国际化推广，打开国外市场。除此之外，还应通过品牌战略的深入实施，加大对品牌示范企业和品牌城市的支持力度，为更好地建设各地区品牌提供坚强的保障。

各地区应为产品品牌的推广提供一些便利，如可以利用当地舆论优势，为本土的企业做好宣传工作；同时，挖掘当地的文化，融入到企业当中，形成稳定的品牌。湖南省在这方面做得很出色。如进入2000年以来，湖南省工商行政管理局围绕省委、省政府品牌战略推进构想，充分发挥职能作用，采取召开新闻发布会等形式，在3·15消费者权益日和4·26世界知识产权日开展集中宣传活动，免费印发宣传资料和开展培训，组织媒体进行专题宣传等，加强商标法律法规和商标知识宣传教育；举办驰名、著名商标电视展播，开展商标示范活动，组织驰名、著名商标企业参加商标节、博览会等，加大驰名、著名商标培育力度，有力促进了湖南省企业品牌的发展壮大和湖南省经济社会的快速发展。

除此之外，在推广品牌的时候，还要注意挖掘老品牌的价值，比如杨裕兴、同仁堂等，特别是国家保留了几百年的品牌。

（六）提高企业素质，提升中国自主品牌的可持续发展能力

要成为世界一流企业，不仅要拥有大的企业规模和很高的销售业绩，而且更重要的是要拥有驰名世界的品牌。因此，需要夯实企业的素质和能力基础，做大企业规模，做强市场基础，提高产品品质和技术含量，努力致力于品牌价值提升，以保持品牌的可持续竞争能力和生命力。如近年来湖南省就有一批企业重视自身素质提高，不断夯实企业基础，从而成为了强有力的行业领导品牌。以"三一重工"为例，自1993年企业改名开始，就以"创建一流企业，造就一流人才，做出一流贡献"这"三个一"为宗旨，坚守"品质改变世界"的使命，坚持"一切为了客户，一切源于创新"的经营理念，将销售收入的5%~7%用于研发，致力于提高企业素质，将产品升级换代至世界一流水平，正以坚实的步伐迈入国际品牌的行列。此外，中联重科、山河智能、南车集团、远大空调等一大批湖南省知名品牌企业也都正以企业整体高素质走上世界经济舞台。

参考文献

[1] 荆林波. 中国商业发展报告（2010—2011）[M]. 北京：社会科学文献出版社，2011.

[2] 柳思维. 湖南实施"名牌强省"战略的探讨[J]. 湖南经济，1997（2）：13-15.

[3] 马克思. 资本论：第三卷[M]. 郭大力，王亚南，译. 上海：上海三联书店，2009.

[4] 易可君. 湖南省战略性新兴产业的定位、模式及支撑体系[J]. 湖湘论坛，2011（4）：86-89.

[5] 戴贤远. 民族品牌文化底蕴的移情化延伸[J]. 经济管理，2003（21）：50-51.

[6] 李光斗. 品牌竞争力 [M]. 北京：中国人民大学出版社，2004.

[7] 李文鹣，李春成. 自主品牌发展：技术、市场和知识产权的互动 [J]. 科学学研究，2008 (1)：119 – 123.

[8] 徐从才，丁咛. 分工深化、贸易理论发展与贸易战略选择 [J]. 财贸经济，2010 (6)：66 – 72.

A Thought on Transforming China from an OEM Giant to a Brand Power

▲Liu Si-wei[1,2] (*1. Academy of Economy and Trade，Hunan Business College，Changsha，Hunan 410205，China；2. Business College，Central South University，Changsha，Hunan 410083，China*)

Abstract：Brand power forms a significant basis for economic power. Brand power building is an important way to improve the competitiveness of a nation. With the economic aggregate ranking No. 2 and the manufacturing output ranking No. 1 in the world, China has become a leading manufacturing power and economic power worldwide. However, many facts indicate that China is not yet a brand power：with relatively low number in world-famous brands originated in China, the brands low in international influence and not strong in competitiveness. Therefore, China should pursue the road to a brand power above its strategy of economic power. China should strive to build its self-owned brands with competitive capability and achieve the transformation from an OEM giant to a brand power by improving the quality of products, innovating science and technology, marketing, cultivating corporate culture and improving the quality of enterprises.

Key Words：economic power；brand power；self-owned brand

真实性偏好如何影响全球品牌中国元素产品的购买可能性？

▲黄海洋　何佳讯（华东师范大学经济与管理学部，上海　200241）

> **摘　要**：在中国市场上，全球品牌本土化的现象越来越频繁。但在理论上，还少有研究分析中国消费者如何评价融入中国元素的全球品牌。为此，文章以认知—情感人格系统理论为框架，构建了包含真实性偏好、品牌本土象征价值、尊重品牌遗产和购买可能性的概念模型，试图探索其中的因果关系。实证研究表明，品牌本土象征价值认知—情感单元和尊重品牌遗产认知—情感单元均能提高购买可能性。真实性偏好高的消费者更容易通达品牌本土象征价值认知—情感单元和尊重品牌遗产认知—情感单元。尊重品牌遗产认知—情感单元有助于增强品牌本土象征价值认知—情感单元。文章不仅在理论上丰富了全球品牌相关研究，同时对实践也有战略指引。
>
> **关键词**：全球品牌；中国元素；真实性偏好；品牌本土象征价值；尊重品牌遗产

一、引　言

全球品牌进入中国市场，一方面其本身所特有的文化资本对消费者有很大的吸引力，另一方面考虑到文化价值观和经济发展水平等方面，中国元素在全球品牌上的应用越来越广泛。在理论上，全球品牌相关研究已取得了丰硕的成果。按照何佳讯（2013）对全球品牌化研究进展的回顾，这些研究主要集中在对全球品牌认识演进、全球品牌定位与全球品牌资产三个方面的探讨上。其中，全球品牌标准化产品受到大多研究的关注，而少有学者专门对全球本土化的产品展开实证分析，尤其是融入中国元素的产品。与标准化产品不同，全球本土化产品不仅具有浓郁的中国风情，同时也带有与生俱来的品牌遗产。因此，这里存在一个很现实的问题，全球品牌为迎合中国消费者实行本土化，其中蕴含的不同文化成分对中国消费者的购买可能性有何影

---

* 本文原刊载于《北京工商大学学报（社会科学版）》2016年第5期。基金项目：国家自然科学基金项目"品牌价值观的结构与融合：中国跨国公司品牌价值增值机制及全球化定位战略研究"（71372177）；国家自然科学基金项目"国家认同、国家品牌资产与'中国制造'态度评价：重大活动的影响机制"（71072152）；上海市浦江人才计划项目"国家文化认同、国家形象与中国企业品牌国际化：影响机制与实现路径"（13PJC029）。

响？从另一方面看，人性和社会是驱使个体追求真实性的根本原因，消费者希望在消费过程中体验真实性。那么，对于追求文化真实性的消费者而言，他们如何看待这类融入不同文化成分的全球品牌？其中的驱动因素是什么？驱动因素间存在何种关系？

　　基于以上考虑，本文结合真实性和全球品牌等研究，构建了包含真实性偏好、品牌本土象征价值、尊重品牌遗产及购买可能性的概念模型，试图对上述问题进行剖析。特别地，本文的理论框架主要基于认知—情感人格系统理论。该理论认为个体在类似的情景下会引发特定的认知—情感单元，进而导致稳定的、可预测的行为。认知—情感单元是一系列的心理表征，包括对自我、他人、目标、期望信念、情感状态、记忆中的人和事等的表征。通达性是认知—情感人格系统理论中的一个关键因素。因为在特定情景中，个体容易通达的认知—情感单元往往会产生可预测的行为。已有学者开始在全球品牌领域，尝试使用人格理论来解释消费者的行为意向。例如，Alden & Soutar（2013）引入了全球公司仇恨认知—情感单元和感知全球品牌价值认知—情感单元，以分析消费者在面对全球公司时，其所激发的不同认知—情感单元对全球品牌态度的差异化影响。同时，他们的研究表明，消费者群体中，民族中心主义和地方主义高的个体更容易通达全球公司仇恨认知—情感单元，而物质主义和世界主义高的个体更容易通达感知全球品牌价值认知—情感单元。在此基础上，本文认为当中国消费者接触到包含中国元素的全球品牌产品时，会激发品牌本土象征价值认知—情感单元和尊重品牌遗产认知—情感单元。同时，消费者在通达这两个认知—情感单元时，受到消费者个人特征——真实性偏好的影响。总体上，本文为理解中国消费者如何评价融入中国元素的全球品牌提供了一个完整的理论框架。

二、文献回顾及理论假设

（一）全球品牌本土化的相关研究

　　1. 国外全球品牌本土化的相关研究。Özsomer & Altaras（2008）结合消费者认知和营销标准化两个角度，把全球品牌定义为：全球品牌是那些消费者认为具有全球知名度、可得性、接受度和渴望度的品牌，并且这些品牌在不同市场上具有抽象意义上的产品一致性。在探讨全球品牌如何进行跨国销售和管理时，一个不可回避的问题是如何在保持标准化的同时，又要兼顾不同国家的消费文化。为此，学界主要沿着宏观的企业跨国管理和微观的产品定位两条主线展开研究。

　　从企业跨国管理角度看，研究者的重点集中在跨区域能力构建和充分授权上。例如，Aaker & Joachimsthaler（1999）指出企业跨区域塑造全球品牌的重点不在于打造全球统一的品牌，而是在于强化每个区域的品牌领导能力以创建强势品牌。与此类似，Matanda & Ewing（2010）通过对Kimberly-Clark公司的全球管理实践分析，指出塑造全球品牌的关键在于通过变革型领导、充分对区域授权、鼓励和激励区域管理者、与区域管理者建立良好的关系及互信等措施构建区域能力。因此，全球统一的战略将不再适合当今市场环境，随着跨国公司进入新兴市场，应重新思考以往的整合战略。为此，Douglas & Craig（2011）专门把全球市场分为 5 个区域（发达国家、全球和区域细分市场、以国家为中心的市场、贫穷乡村和城市市场、国家群），并强调每个区域的差异性和自主性。考虑到互联网等新兴因素的影响，Özsomer et al.（2012）指出全球品牌管理要考虑互联网、社交媒体等因素，并且建议学界要更多采用公司视角而非一味从消费者视角对全球品牌管理进行剖析。

从产品定位角度看，学界研究的重点在于如何在产品定位上兼顾每个区域的消费者文化，有针对地反映当地市场特色。Kates & Gob（2003）指出品牌的意义是广告、管理者和消费者共同交互的结果，他们基于全球一致性和本土相关性，提出了三种与混合定位相关的战略：定制一致性、改变品牌定位和创造新的意义。与 Kates & Goh（2003）的研究相比，Cayla & Eckhardt（2008）的研究更具针对性，他们在分析如何创建泛亚品牌时，建议实践界从时间（突出与时俱进、向前看、展现亚洲自信）、空间（去地域化，模糊原产地，与香港、东京等城市建立联系）和文化（充分挖掘亚洲、西方、特定区域、过去和传统文化）三个角度考虑品牌定位。与前者不同，Özsomer（2012）和 Talay et al.（2015）的研究则从国家对比角度分析全球品牌定位。Özsomer（2012）建议品牌在定位上应有所侧重。对于发达国家消费者，应突出本土象征性，弱化感知全球性。对于发展中国家消费者，应同时强调本土象征性和感知全球性。与此类似，Talay et al.（2015）实证验证了在权力距离高和男性化高的国家中，全球品牌架构定位越高，市场绩效越好。总体上，这些研究表明全球品牌定位要同时考虑全球一致性和本土相关性。

2. 国内全球品牌本土化的相关研究。何佳讯等（2014）在回顾了广告界、学术界和政府机构对中国元素的定义时，从营销学的角度对中国元素重新定义：来源于中国文化传统，或在中国现代社会发展中产生的与中国文化紧密联系的符号、精神内涵或实物，它们为大多数中国人认同，消费者能够借之联想到中国文化而非其他国家文化。同时，他们的研究从刻板印象的角度证实了在全球品牌上应用中国元素的有效性。此外，国内也有少数学者对全球品牌本土化展开研究，如吴晓云等（2005）以案例研究的形式，辨析全球标准化和本土化的运作模式。孟繁怡、傅慧芳（2016）从品牌外国文化象征性的角度，证实了在全球品牌上适当运用中国元素可以有效地吸引和适应法国本土消费者的需求。

可以看出，以上国内外相关研究为理解全球品牌本土化提供了很好的研究思路。但通过对现有文献分析，不难看出其主要存在两方面的缺陷。第一，大多研究从企业跨国管理和产品定位的角度展开分析，内容主要涉及如何更有效地利用管理和产品定位兼顾全球化和本土化，而很少分析某种特定的文化元素如何对全球品牌本土化产生影响。第二，与中国元素相关的本土化研究较少，特别是实证分析。目前为止，仅有少量学者，如何佳讯等（2014）开始探索在全球品牌上运用中国元素的有效性。但该文独立地考虑本土象征性，未同时考虑全球性等因素。实际上，这类特殊的全球品牌一方面具有浓厚的中国文化色彩，另一方面又承载着原来的全球品牌文化。那么，对于追求文化真实性的消费者而言，他们如何看待这些不同的文化特征？这些不同文化的特征又如何影响他们的购买行为？本文将依据认知—情感人格系统理论逐步展开分析。

（二）理论框架与假设推演

本文的概念框架主要依据认知—情感人格系统理论，以进一步深入解释真实性偏好不同的消费者如何评价融入中国元素的全球品牌及其所产生的可预测性行为（见图1）。后文结合认知—情感人格系统理论、真实性和全球品牌等相关研究提出本文的假设。

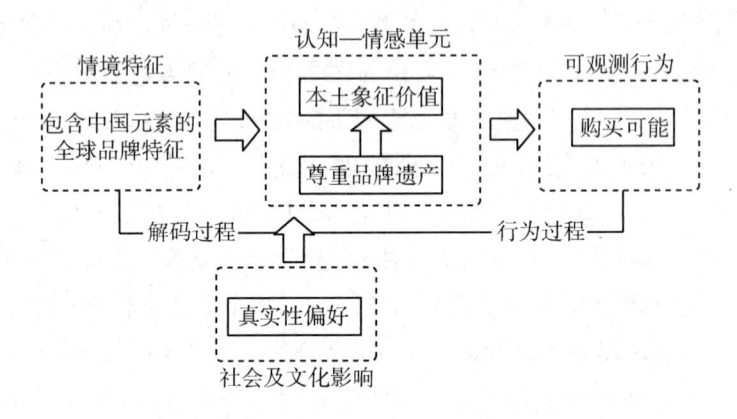

图1 基于认知—情感人格系统理论的研究框架

1. 认知—情感人格系统理论。在人格心理学领域，心理学家一直在追求两个目标：人格结构和人格过程。这两个目标体现在人格心理学的两个主要研究任务中：其一，确定人格结构组织，以说明每个个体的独特性；其二，所确定的人格结构必须一方面能解释个体行为的稳定性和一致性，另一方面又能对变异性进行解释。其中，Mischel & Shoda（1995）指出，从社会认知建构的角度提出了认知—情感人格系统理论，该理论把情境、事件和背景的特征纳入人格的研究中，以认知—情感单元为研究起点，假定个体稳定的人格系统结构是由认知—情感单元以某种稳定的组织关系构成，反映了个体人格的独特性。Mischel & Shoda（1995）指出，认知—情感单元是一系列的心理表征，主要由编码（对自我、他人、事件和内外情境进行分类或建构）、预期和信念（有关社会、特定情境中的行为结果、自我效能的预期和信念）、情感（涉及感受、情绪和情感反应）、目标和价值（符合心愿的结果和情感状态，厌恶的结果和情感状态，目标、价值和人生计划等）、能力和自我调节计划（个体潜在的行为和能力，以及用于组织行为、影响个人行为和内部状态的计划和策略）等五种类型组成。当个体处于某种情境时，情境特征便会激活某些相互联系的认知—情感单元，它们之间又产生特定的交互作用，进而导致情境特异化的认识、情感和行为。个人所感知到的特征不仅可由外部环境引起，如社会或人际关系所产生的情境特征，同时也可基于个人的内部状态，如思想、规划、幻想和想象力等。认知—情感人格系统理论有两大主要假设：第一，个体在特定的认知—情感单元的长期可通达性上存在差异，即特定的认知—情感单元被激活或"想起来"的难易程度不同；第二，单元之间独特的相互关系结构，以及单元与情境特征的交互影响存在稳定差异。某些单元之间可能存在相互增强或抑制的关系。这些差异反映了个人总体经验（即社会认知经历）的不同，同时也体现在生物遗传差别上。下文以认知—情感人格系统理论为框架，逐步提出假设。

2. 假设推演。

（1）认知—情感单元与可预测性行为。认知—情感人格系统理论将情境的作用结合到人格系统中，认为情境特征影响内部认知—情感单元的激活。把该理论延伸至包含中国元素的全球品牌，可推测当消费者接触到这类特殊的全球品牌时，会激发两种认知—情感单元：其一为品牌本土象征价值认知—情感单元，反映了中国消费者对全球品牌上的中国元素的情感、态度和想法；其二为尊重品牌遗产认知—情感单元，反映了消费者对全球品牌保持原来文化遗产，与原来文化保持一致性的情感、态度和想法。

已有研究表明，全球化和当地化总是交织在一起，消费者往往会在全球认同和本土认同之间找寻平衡。这意味着本土消费文化在消费者自我概念中，依然发挥着重要的自我验证功能。与全球性品牌相比，具有本土文化特色的品牌会在消费者心中留下更加真实，可靠的形象，它们具有独特性和原创性，能反映文化本源，激发消费者情感，甚至增强消费者的本土自豪感。这表明作为本土文化载体的中国元素，可以为全球品牌提供更强的本土相关性。但这并不意味着在全球品牌上加入中国元素就能让消费者产生正面回应。依据认知—情感人格系统理论，情境特征所激发的认知—情感单元建立在个体对这些特征过去的体验上。实际上，中国文化源远流长，博大精深，能够反映和代表本土的文化元素纷繁复杂，对于不同的文化元素，本土消费者拥有特有的观念和认知结构，包括外形、内涵、使用情境等。因此，只有融入的中国元素具有较高的本土文化象征性，才能引发消费者对于全球品牌本土象征价值的正面认知—情感单元。同时，依据认知—情感人格系统理论，个体在意识或自动性多个水平上对信息进行认知和情感解码，并把这些认知和情感转换为稳定的、可预测的个体行为。基于以上分析，可推测全球品牌所激发的品牌本土象征价值认知—情感单元越强，购买可能性就越高，本文提出以下假设。

H1：品牌本土象征价值认知—情感单元正向影响可预测性行为——购买可能性。

另一方面，全球品牌起源于特定的时点，其生产方式、设计和风格反映了特定的全球文化联想。因此，在本土化的过程中，全球品牌也保留着自身的文化遗产。依照 Spiggle & Caravella（2012）的观点，尊重品牌遗产并不是广告等媒体宣传的外部真实性，而是产品从原来的形式延伸至另外一种形式，这种新的形式保留原来品牌内部真实性的多少，是否与原来的形式保持文化上的一致性。已有研究表明，全球品牌之所以吸引消费者，一个很重要的原因是全球品牌承载着令消费者向往的全球消费者文化。Steenkamp et al.（2003）指出越来越多的跨国公司倾向于全球定位，因为消费者对具有全球形象的品牌有更高的偏好，即使在客观上全球品牌的质量和价值并没有比本土品牌优越。类似地，Holt et al.（2004）在探寻全球品牌资产维度时，发现全球品牌所蕴含的全球文化资本可以部分解释消费者对这类品牌的偏爱。可见，在接触到全球品牌的情境下，会激发消费者关于全球消费文化的联想，且对消费者有很大的吸引力。那么对于融入中国元素的全球品牌而言，更是如此。因为全球品牌在建立本土身份时，某些与全球品牌相关的激动人心、快乐和刺激等情境特征有可能丢失。这意味着本土化的全球品牌只有保持原本的文化特征，尊重原来的全球消费文化才能激发和增强消费者尊重品牌遗产认知—情感单元，并产生稳定的、可预测的行为。基于以上分析，本文提出以下假设。

H2：尊重品牌遗产认知—情感单元正向影响可预测性行为——购买可能性。

（2）认知—情感人格系统理论假设一：通达性认知—情感人格系统理论认为个体在认知—情感单元的通达性上和单元之间结构上存在稳定差异。这涉及前文所提到的两大主要假设：第一，个体在认知—情感单元的长期可通达性上存在差异；第二，单元之间独特的相互关系结构，以及单元与情境特征的交互影响存在稳定差异。把这两个理论假设延伸至本文中，就会引发两个基本问题：其一，不同的消费个体是否在通达品牌本土象征价值和尊重品牌遗产这两个认知—情感单元上存在"难易"。本文以真实性偏好作为消费者个体差异的衡量。其二，涉及认知—情感单元之间的关系，即品牌本土象征价值和尊重品牌遗产这两个认知—情感单元存在什么样的关系。下文首先论证第一个基本问题。

Nijssen & Douglas（2011）把真实性偏好定义为消费者渴望代表某一文化的真正的产品、品牌或是思想，他们希望从一系列与真实性消费相关的消费品或消费活动中，实现自我价值延伸，创造与自我相关的价值意义。在研究中，作者发现真实性偏好强化了消费者世界心境对外国消费者文化定位广告的正面态度，且弱化了其对本土消费者文化定位广告的负面态度。因为在真实性偏好高的消费者看来，不同文化定位的广告并不存在国界之分，而是他们希望在不同的文化中体验文化的真实性和多样性。实际上，真实性偏好在内涵上与 Riefler & Siguaw（2012）开发的世界主义量表中的开放心态这一维度类似，后者代表消费者对不同国家和文化的非偏见倾向，体现了消费者体验它们真实性的兴趣。作者研究发现持有开放心态的消费者，其国际经验更丰富，经常直接接触不同国家的文化和消费风格，对不同国家的品牌和服务有积极的行为倾向。那么，把这些有关真实性偏好的研究延伸至本文，可预测真实性偏好高的消费者更容易通达品牌本土象征价值认知—情感单元和尊重品牌遗产认知—情感单元。因为，相较于真实性偏好低的消费者，高真实性偏好的消费者更希望从这些不同的文化特征中找寻真实性，实现自我价值延伸。基于以上分析，本文提出以下假设。

H3：真实性偏好正向激发品牌本土象征价值认知—情感单元。

H4：真实性偏好正向激发尊重品牌遗产认知—情感单元。

（3）认知—情感人格系统理论假设二：单元之间的关系

Özsomer（2012）研究本土品牌如何在与全球品牌的竞争中获得优势时，发现本土品牌的感知全球性和本土象征性在新兴市场上存在正相关，而在发达市场两者存在负相关。因为发达市场消费者的消费者动机是追求独特性和与众不同，他们希望他们的本土品牌是独特的和原创的。因此，感知全球性反而会降低了本土品牌的独特性和原创性。而新兴市场消费者的消费动机不是追求与发达国家消费者不同，而是希望得到他们的认同和肯定（包括新兴市场的本土品牌）。当新兴市场的消费者认识到他们的本土品牌在国际市场上表现优异，那么会产生自豪感和成就感，并且尊重这些本土品牌。因此，本土品牌的感知全球性会提高本土象征性。可见，感知全球性和本土象征性的关系差异在于不同市场中的消费动机差异。把这一研究结论延伸至本文，可推断全球品牌进入新兴市场，在尊重原来品牌文化的基础上接纳和融入本土文化，实际上是对本土消费者及其文化的认同及肯定。因此，如果中国市场的消费者感知到本土文化被全球品牌原来文化所接纳，那么就会对被肯定的本土文化产生自豪感，进而对负载本土文化的全球品牌有更高的本土象征价值感知。基于以上分析，本文提出以下假设。

H5：尊重品牌遗产认知—情感单元有助于增强品牌本土象征价值认知—情感单元。

最后，本文假设真实性偏好有可能直接对购买可能性产生影响。真实性偏好代表了消费者对不同文化、不同国家真正的产品的渴望。一般而言，真实性偏好高的消费者往往较为开放，容易接受新事物，如全球品牌。实际上，Riefler & Siguaw（2012）发现追求文化真实性和多样性的消费者往往倾向于购买新的和不同的产品和品牌，而不是保持原先的消费选择和消费方式。同时，他们的国际经验也较为丰富，并不拘泥于规范性影响。基于以上分析，本文提出以下假设。

H6：真实性偏好正向影响可预测性行为——购买可能性。

图 2 为本文的假设概念模型。

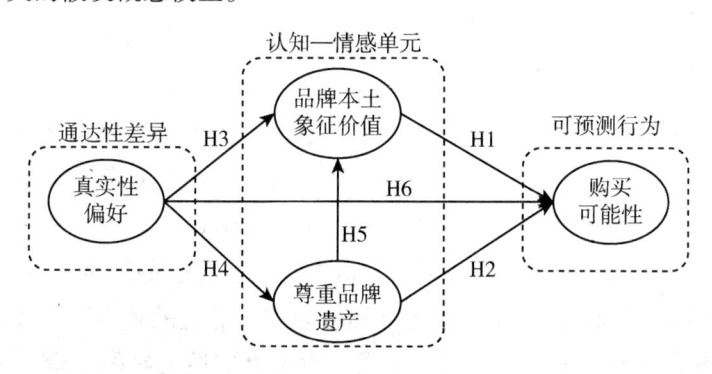

图 2　真实性偏好影响全球品牌中国元素产品购买可能性的概念模型

三、数据收集及测量

(一) 测试产品

测试产品主要来源于何佳讯等（2014）的研究，该研究筛选了六大具有中国元素的全球品牌产品，它们分别为：属快速消费品的哈根达斯月饼和肯德基皮蛋瘦肉粥；属耐用消费品的 HP mini VT 牡丹上网本和戴尔 Inspironl 320 鱼漾纹饰上网本；属奢侈品的 Gucci 赤龙纹包和 Tiffany Charm 红包挂坠。值得注意的是，这六大产品通过多个严格前测，保证了所选产品符合以下三大标准：第一，近十五年来该全球品牌曾在本土市场上推出过运用中国元素的产品，且这些产品受到一定关注或欢迎；第二，品牌的目标消费群体在人口统计学变量上存在多样性；第三，为了保证结论的外部效度，按照快速消费品、耐用消费品和奢侈品三种产品类型，确定品牌的范围。由于该研究已证实了测试产品的有效性，为减少被试负荷，邀请了三位具有管理学背景的博士针对这六大产品进行甄选。最终，确定属快速消费品的肯德基皮蛋瘦肉粥；属耐用消费品的 HP mini VT 牡丹上网本；属奢侈品的 Tiffany Charm 红包挂坠。

(二) 抽样方法和样本情况

采用在线的方式进行调查，被调查者主要来自于线上调查公司提供的信息，通过网络发送和回收问卷。完成问卷的被调查者通过广告曝光和参加问卷调查而获取一定的奖励。同时，采取线上调查的方式还可以记录每份问卷填写所花费的时间，设置测项之间的某些关系，以提高调查的有效性。通过在线调查，共收取 786 份问卷，其中 HP mini VT 牡丹上网本 270 份，肯德基皮蛋瘦肉粥 260 份，Tiffany Charm 红包挂坠 256 份。在此基础上，进一步剔除了答题不认真的问卷，确定有效问卷为 582 份，有效率为 74.0%。最终 HP mini VT 牡丹上网本、肯德基皮蛋瘦肉粥和 Tiffany Charm 红包挂坠的有效问卷数分别为 196、191 和 195，三个品类问卷数量大体相当。总样本中，男性占 27.5%，女性占 72.5%；未婚占 90.7%，已婚占 9.3%；万元以下收入居多，占 76.6%。

(三) 测量方法

针对三大不同品类，设计了 3 个版本的问卷。为保证量表的信度和效度，本研究所采用的量表均借鉴国外成熟量表，并根据研究目的和研究对象进行了适当微调。具体地，对于尊重品牌遗产的测量，参考 Spiggle & Caravella（2012）开发的测项，对其中所涉及的反向测项改为正向测项。对于品牌本土象征价值的测量，参考 Steenkamp et al.（2003）开发的测项，为保证该构念的测量方式与尊重品牌遗产一致，将原有的语义差别量表转化成 7 点 Likert 量表进行测量。对于真实性偏好的测量，参考 Nijssen & Douglas（2011）研究中使用的测项。以上每个测量语句均采用 Likert 七级量表进行衡量,其中,1表示"完全不同意",7表示"完全同意"。对于购买可能性,参考Steenkamp et al.(2003)研究中所采用的测项,采用 -3 -3 分的等级评分方式。为控制其他外生变量影响,所考虑的控制变量包括品牌熟悉度、产品涉入度、被访者的性别、婚姻状况及收入水平等背景信息。品牌熟悉度和产品涉入度分别源于 Steenkamp et al.(2003)和 Jain & Srinivasan(1990)的研究,参考 Swoboda et al.(2012)的做法,采用单测项进行测量。性别(男=1,女=0)、婚姻(未婚/单身=1,已婚=0)设定为哑变量处理;收入水平以被试家庭的每月总收入进行衡量,从低到高共分12个档次(最低档次赋值为1,依次类推)。

四、结果分析

(一)信度和效度分析

在内容效度方面,本项研究运用的问卷源自过去研究所开发的成熟量表,已被相关研究普遍使用。而对于构念的收敛效度和区别效度,主要使用 Amos 17.0 进行验证性因子分析来检验,结果如表1所示。总体上,测量模型具有良好的拟合度,各构念测项的标准化因子荷载值均大于0.5,并达到显著性水平(T值均大于1.96)。这表明本研究的各个构念具有良好的收敛效度。Cronbach's α 均大于0.7,表明各构念具有较高的内部一致性。同时,组合效度均大于0.7,平均方差提取量均超过了0.5的标准,表明潜变量方差高于测量误差对总方差的贡献。此外,各构念的相关系数在0.18 - 0.55 之间,见表2。每个潜变量平均方差提取量的平方根值均大于该构念与其他构念之间的相关系数,表明各构念之间存在良好的区别效度。

表1　　　　　　　　主要构念的验证性因子分析结果

构念及测项	β	T 值	AVE	CR	Cronbach's α
品牌本土象征价值					
对我来说,这个产品是一个与中国相关的非常好的象征	0.842	23.927			
我将这个产品与中国的东西相联系	0.852	24.318	0.707	0.879	0.878
对我来说,这个产品代表了和中国相关的一切	0.829	23.387			
尊重品牌遗产					
我把这个产品和我所熟知的(品牌名)联系起来	0.848	24.213			
这个产品和我所熟知的(品牌名)传统有联系	0.875	25.377	0.700	0.875	0.873
(品牌名)在这次产品中保留了自己的品牌根源	0.785	21.678			

续表

构念及测项	β	T值	AVE	CR	Cronbach's α
购买可能性					
一定会购买/一定不会购买	0.969	27.717	0.863	0.926	0.924
一点也不可能购买/非常可能购买	0.887	24.576			
真实性偏好					
我喜欢把源于其他文化的正宗产品带回家里，如放到室内	0.708	16.494			
当一个产品代表一种特定文化特征时，我愿意多花钱买真实的产品而不是复制品	0.712	16.580	0.503	0.752	0.751
我对真正的、具有特定国家特征的外国产品有一种直率的偏好	0.707	16.468			

拟合指数：$\chi^2_{(38)} = 73.453$，$\chi^2/df = 1.933$，$GFI = 0.979$，$CFI = 0.990$，$IFI = 0.990$；$NFI = 0.979$，$TLI = 0.985$，$RMSEA = 0.040$

注：对采取 $-3 - 3$ 分等级评分测量的构念，将相应数值转换成 $1 - 7$ 分后再进行信度计算。β 表示标准化路径系数；CR 表示组合信度；Cronbach's α 表示 Cronbach's α 系数。

表2 各构念的平均值、标准差、相关系数及 AVE 平方根

	1	2	3	4
1. 品牌本土象征价值	0.840			
2. 尊重品牌遗产	0.546**	0.837		
3. 购买可能性	0.404**	0.515**	0.929	
4. 真实性偏好	0.294**	0.287**	0.176**	0.709
平均值	4.261	3.507	3.907	4.99
标准差	1.510	1.426	1.696	1.225

注：** 表示 $p < 0.01$。本表是由两部分构成，表中的上半部分为相关系数表，其中对角线上是各构念的 AVE 平方根值，非对角线部分为各构念的相关系数；表中的下半部分为各构念的描述性统计情况。

（二）假设检验

本文采用结构方程模型检验真实性偏好、品牌本土象征价值、尊重品牌遗产及购买可能性的因果假设，表3为具体分析结果。

总体上，该模型具有良好的拟合效度。各主要影响路径基本符合假设预期。具体地，品牌本土象征价值（$β = 0.203$，$p < 0.001$）和尊重品牌遗产（$β = 0.411$，$p <$

0.001）均显著正向影响购买可能性。因此，本文所提出的假设 H1 和 H2 均得到证实，即品牌本土象征价值和尊重品牌遗产两个认知—情感单元均可显著提高购买可能性。同时，真实性偏好对品牌本土象征价值和尊重品牌遗产的影响系数分别为 0.178（$p<0.001$）和 0.388（$p<0.001$），表明真实性偏好高的消费者更容易通达这两个认知—情感单元。因此，本文所提的假设 H3 和 H4 均得到证实。进一步看，尊重品牌遗产正向影响品牌本土象征价值，其影响系数为 0.547（$p<0.001$）。因此，本文所提的假设 H5 也得到证实。

表3　　　　　　　　　　模型检验

主要变量影响路径	标准化系数	非标准化系数	T 值	p
真实性偏好→品牌本土象征价值（H3）	0.178	0.222	3.691	0.000
真实性偏好→尊重品牌遗产（H4）	0.388	0.486	7.335	0.000
真实性偏好→购买可能性（H6）	-0.015	-0.022	-0.294	0.769
尊重品牌遗产→品牌本土象征价值（H5）	0.547	0.545	11.391	0.000
品牌本土象征价值→购买可能性（H1）	0.203	0.243	3.807	0.000
尊重品牌遗产→购买可能性（H2）	0.411	0.490	7.594	0.000
控制变量影响路径				
性别→购买可能性	0.003	0.012	0.088	0.930
婚姻→购买可能性	-0.078	-0.443	-2.009	0.045
收入→购买可能性	-0.059	-0.041	-1.584	0.113
产品涉入度→购买可能性	-0.135	-0.135	-3.715	0.000
品牌熟悉度→购买可能	0.078	0.083	1.973	0.048

模型拟合指数：$\chi^2_{(83)} = 195.834$，$\chi^2/df = 2.359$，$GFI = 0.961$，$CFI = 0.970$，$IFI = 0.970$，$NFI = 0.950$，$TLI = 0.957$，$RMSEA = 0.048$，$PNFI = 0.657$，$PCFI = 0.671$

此外，本文假设真实性偏好直接正向影响购买可能性，即假设 H6。但意外的是，数据结果显示，真实性偏好并不能直接对购买可能性产生影响（$\beta = -0.015$，$p > 0.1$）。这有可能是真实性偏好作为消费者个体通达性差异的表征，如要对可预测性行为产生影响，必须要通过激活特定的认知—情感单元才能发挥作用。那么这个结果究竟是偶然的，还是具有普适性？本文接下来基于不同品类，进一步检验模型的稳健性。

（三）模型稳健性检验

1. 测量恒等性。由于涉及不同品类（耐用品、快消品和奢侈品），在进行多群组检验前，需要考虑测量的构念在不同组别中是否存在不变性。本文参考 Steenkamp & Baumgartner（1998）建议的检验步骤，比较无限制测量模型和限制对应因子相等的测量模型的差异。首先，计算两个不同模型的卡方差异分，发现两个测量模型的卡方差异并不显著。具体而言，无限制模型拟合指数为：$\chi^2_{(114)}$ = 182.184，χ^2/df = 1.598，GFI = 0.951，CFI = 0.981，IFI = 0.981，NFI = 0.951，TLI = 0.972，RMSEA = 0.032。限制模型拟合指数为：$\chi^2_{(128)}$ = 190.921，χ^2/df = 1.492，GFI = 0.948，CFI = 0.982，IFI = 0.982，NFI = 0.948，TLI = 0.977，RMSEA = 0.029。并且，不同品类的标准化因子载荷均高于0.5。其次，按照Cheung & Rensvold（2002）提供的标准，发现CFI在两个模型中的差异低于0.01，这再次证实了测量构念在不同组别中，具有完全测量恒等性。

2. 多群组检验。在此基础上，把总样本按耐用品、快消品和奢侈品分为三大品类，采用多群组检验，让模型系数自由估计，分析结果如图3所示。

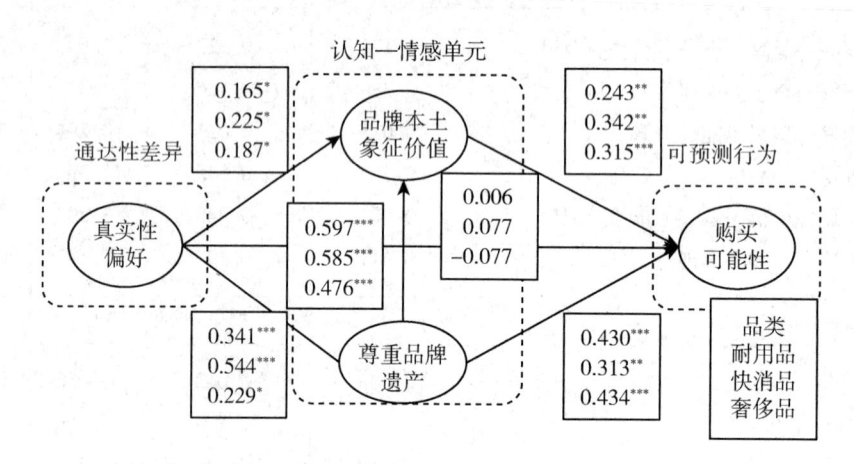

图3 多群组实证检验结果

注：方框内为标准化系数；* 表示 $p < 0.05$，** 表示 $p < 0.01$，*** 表示 $p < 0.001$。

总体上，模型拟合指数良好（$\chi^2_{(249)}$ = 388.360，χ^2/df = 1.560，GFI = 0.927，CFI = 0.963，IFI = 0.964；NFI = 0.907，TLI = 0.947，RMSEA = 0.031）。同时，各路径系数不管在影响方向上，还是在显著性上，基本与总体样本保持一致。而真实性偏好对购买可能性的直接影响在三个品类上均不显著。这表明本研究所提出的概念模型具有非常高的稳定性和外部效度。

五、进一步讨论

总体上，本文所提出的假设除H6外，均得到验证。实证研究表明，品牌本土象征价值认知—情感单元和尊重品牌遗产认知—情感单元均能提高购买可能性。真实性偏好正向激发品牌本土象征价值认知—情感单元和尊重品牌遗产认知—情感单元。

（一）理论意义

首先，现有关于全球品牌的研究大多集中在全球标准化的产品上，很少涉及全球本土化的产品，尤其是融入中国元素的全球本土化产品。目前，仅发现何佳讯等（2014）开创性地从刻板印象的角度探究中国元素的有效性。这项研究为我们理解中国元素如何发挥作用提供了很好的视角。但值得指出的是，作者明确提出该研究独立地考虑全球本土化产品的本土象征性，未同时考虑全球性等因素。因此，何佳讯等（2014）倡导以后的研究要结合两者，以更完整地理解全球本土化战略的影响因素，为实际决策带来更具体的指导。为此，本研究结合全球品牌及真实性等已有研究，从品牌本土象征价值和尊重品牌遗产两个角度对这类特殊的全球品牌进行实证分析，进一步拓展了以往的研究。

其次，本研究从人格心理学领域的研究中引入了认知—情感人格系统理论作为研究框架。具体地，结合全球本土化产品的文化特征，把品牌本土象征价值和尊重品牌遗产作为认知—情感单元。在此基础上，基于认知—情感人格系统理论的主要观点和两大假设，逐步推演本研究的假设，为理解中国消费者如何评价融入中国元素的全球品牌提供了一个完整的理论框架。因此，本研究进一步拓展了人格心理学研究在全球品牌研究领域中的应用，丰富了全球品牌相关理论。

最后，本研究从真实性的角度引入了真实性偏好这个新变量，作为消费者个体通达性差异的测量表征。虽然越来越多的学者开始关注真实性的研究，但却少有学者把真实性的研究和全球品牌的研究结合起来。全球品牌本土化的一个很现实的基本问题是在本土化的过程中，思考如何平衡和保持自身文化和本土文化的真实性。同时，还要考虑消费者在追求不同文化真实性上的差异。为理解上述问题，本研究把真实性的相关研究延伸至全球品牌本土化研究领域，进一步拓展了研究思路。

（二）实践意义

首先，营销人员可把真实性偏好作为一个细分变量。因为对于真实性偏好不同的消费者而言，他们在通达品牌本土象征价值认知—情感单元和尊重品牌遗产认知—情感单元上存在差异。相较于真实性偏好低的消费者，真实性偏好高的消费者更容易激活这两个认知—情感单元。因此，营销人员要有针对性地制定营销策略，以更好地吸引真实性偏好不同的消费者。例如，营销人员可以在整合营销传播过程中，展示不同文化的真实性以更有效率地吸引真实性偏好较高的消费者。

其次，营销人员应认识到品牌本土象征价值认知—情感单元和尊重品牌遗产认知—情感单元均能提高购买可能性。这意味着全球品牌在本土化的过程中要综合这两种考虑不同的文化特征，以激发消费者不同的认知—情感单元。一方面，全球品牌在进入新兴市场时，通过挖掘本土文化元素、理解本土文化精髓是提高消费者购买可能性的有效路径；另一方面，与全球品牌相关的全球文化对当地消费者也具有很大的吸引力，可以让消费者体验到全球文化的多样性，感受到平等、自由博爱等普世价值观，为本土消费者提供了一个参与全球消费者文化的机会。因此，在全球品牌本土化过程中，营销人员可从这两个角度提升品牌资产。

最后，营销人员应认识到新兴市场消费者的消费动机是希望得到认同和肯定。全球品牌在本土化的过程中，需要通过适当的方式，在尊重原来品牌文化的基础上接纳和包容本土文化，这样做有助于增强新兴市场消费者对本土文化的认同。需要注意的是，品牌本土象征价值和尊重品牌遗产均强调保持各自文化的真实性。因此，通过品牌故事或者其他手段为品牌提高附加价值，需要挖掘不同文化的真实性，不能随意地杜撰概念或虚拟故事。

参考文献

［1］ Holt D B, Quelch J A, Taylor E L, et al. How global brands compete［J］. Harvard Business Review, 2004, 82（9）: 68－75.

［2］ 何佳讯, 吴漪, 谢润琦. 中国元素是否有效: 全球品牌全球本土化战略的消费者态度研究——基于刻板印象一致性视角［J］. 华东师范大学学报（哲学社会科学版）, 2014（5）: 131－146.

［3］ Steenkamp J B, Batra R, Alden D L. How perceived brand globalness creates brand value［J］. Journal of International Business Studies, 2003, 34（1）: 53－65.

［4］ Alden D L, Steenkamp J B, Batra R. Consumer attitudes toward marketplace globalization: structure, antecedents and consequences［J］. International Journal of Research in Marketing, 2006, 23（3）: 227－239.

［5］ Özsomer A. The interplay between global and local brands: a closer look at perceived brand globalness and local iconness［J］. Journal of International Marketing, 2012, 20（2）: 72－95.

［6］ 何佳讯. 全球品牌化研究回顾: 构念、脉络与进展［J］. 营销科学学报, 2013（4）: 1－19.

［7］ Spiggle S, Caravella M. More than fit: brand extension authenticity［J］. Journal of Marketing Research, 2012, 49（6）: 967－983.

［8］ Aaker D A. Measuring brand equity across products and markets［J］. California Management Review, 1996, 38（3）: 102－120.

［9］ Reverland M B, Farrelly F J. The quest for authenticity in consumption: consumers'purposive choice of authentic cues to shape experienced outcomes［J］. Journal of Consumer Research, 2010, 36（5）: 838－850.

［10］ Nijssen E J, Douglas S P. Consumer world-mindedness and attitudes toward product positioning in advertising: an examination of global versus foreign versus local positioning［J］. Journal of International Marketing, 2011, 19（3）: 113－133.

［11］ Mischel W, Shoda Y. A cognitive-affective system theory of personality: reconceptualizing situations, dispositions, dynamics, and invariance in personality structure［J］. Psychological Review, 1995, 102（2）: 246－68.

［12］ Alden D L, Soutar G N. The effect of global company animosity on global brand attitudes in emerging and developed markets: does perceived value matter［J］. Journal of International Marketing, 2013, 21（2）: 17－38.

［13］ Özsomer A, Altaras S. Global brand purchase likelihood: a critical synthesis and an integrated conceptual framework [J]. Journal of International Marketing, 2008, 16 (4): 1-28.

[14] Aaker D A, Joachimsthaler E. The lure of global branding [J]. Harvard Business Review, 1999, 77 (6): 137-144.

[15] Matanda T, Ewing M T. The process of global brand strategy development and regional implementation [J]. International Journal of Research in Marketing, 2010, 29 (1): 5-12.

[16] Douglas S P, Craig C S. Convergence and divergence: developing a semiglobal marketing strategy [J]. Journal of International Marketing, 2011, 19 (1): 82-101.

[17] Özsomer A, Chattopadhyay A, Batra R, et al. Arglobal brand management roadmap [J]. International Journal of Research in Marketing, 2012, 29 (1): 1-4.

[18] Kates S M, Goh C. Brand morphing-implications for advertising theory and practice [J]. Journal of Advertising, 2003, 32 (1): 59-68.

[19] Cayla J, Eckhardt G M. Asian brands and the shaping of a transnational imagined community [J]. Journal of Consumer Research, 2008, 35 (2): 216-230.

[20] Talay M B, Townsend J D, Yeniyurt S. Global brand architecture position and market-based performance: the moderating role of culture [J]. Journal of International Marketing, 2015, 23 (2): 55-72.

[21] 吴晓云, 卓国雄, 邓竹箐. 跨国经营: 全球品牌战略与本土化管理——以摩托罗拉手机全球品牌和60家相关公司的实证资料为案例 [J]. 管理世界, 2005 (10): 139-146.

[22] 孟繁怡, 傅慧芬. 中国品牌利用文化元素改善外国消费者品牌态度的路径研究 [J]. 外国经济与管理, 2016 (4): 49-62.

[23] Zayas V, Shoda Y, Ayduk O N. Personality in context: an interpersonal systems pespective [J]. Journal of Personality, 2002, 70 (6): 852-900.

[24] 杨慧芳, 郭永玉. 人际关系看人格——认知—情感系统理论的视角 [J]. 心理学探新, 2006 (1): 13-17.

[25] Zhang Y, Khare A. The impact of accessible edentities on the evaluation of global versus local products [J]. Journal of Consumer Research, 2009, 36 (10): 524-537.

[26] Schuiling I, Kapferer J. Real differences between local and international brands: strategic implications for international marketers [J]. Journal of International Marketing, 2004, 12 (4): 97-112.

[27] Riefler P, Siguaw J A. Cosmopolitan consumers as a target group for segmentation [J]. Journal of International Business Studies, 2012, 43 (3): 285-305.

[28] Jain K, Srinivasan N. An empirical assessment of multiple operationalizations of in volvement [J]. Advances in Consumer Research, 1990, 17 (1): 594-602.

[29] Swoboda B, Pennemann K, Taube M. The effects of perceived brand globalness and perceived brand localness in china: empirical evidence on Western, Asian, and domestic retailers [J]. Journal of International Marketing, 2012, 20 (4): 72-95.

[30] Steenkamp J B, Baumgartner H. Assessing measurement invariance in cross-national consumer research [J]. Journal of Consumer Research, 1998, 25 (1): 78-107.

[31] Cheung G W, Rensvold R B. Evaluating goodnessof-fit indexes for testing measurement invariance [J]. Structural Equation Modeling: A Multidisciplinary Journal, 2002, 9 (2): 233-255.

How Does Preference for Authenticity Influence Likelihood to Purchase Global Brands with Chinese Elements

▲Huang Hai-yang & He Jia-xun (*Faculty of Economics and Management, East China Normal University, Shanghai 200241, China*)

Abstract: On China's Market, there are more and more phenomena of global brand localization. However, in theory, there is little research on how Chinese consumers evaluate global brands with Chinese elements. For this reason, this paper takes the cognitive-affective personality system theory as a framework to construct the conceptual model containing preference for authenticity, brand local icon value, honoring brand heritage and purchasing likelihood, trying to explore their cause-effect relationship. The empirical results show that, the cognitive-affective units of both brand local icon value and honoring brand heritage can increase the purchasing likelihood. Consumers with higher preference for authenticity are more likely to be accessibile to cognitiveaffective units of brand local icon value and honoring brand heritage. The cognitive-affective unit of honoring brand heritage can strengthen the cognitive-affective unit of brand local icon value. This paper not only enriches the research on global brand theoretically but also has strategic guidance to practices.

Key Words: global brands; Chinese element; preference for authenticity; brand local icon value; honoring brand heritage

中国品牌合理化战略对国外消费者支持的内化机制研究[*]

▲刘洪深[1]　何　昊[1]　周　玲[2]（1. 长沙理工大学经济与管理学院，湖南长沙 410014；2. 湖南大学工商管理学院，湖南长沙　410082）

> **摘　要**：目前，国外消费者开始慢慢对中国品牌有所认知，然而中国品牌国际化的关键是获得国外消费者的支持。为此，文章基于制度理论视角构建了品牌合理化战略、品牌合理性和国外消费者支持之间关系的概念模型，并收集了218份美国消费者问卷，通过AMOS分析表明，中国品牌国际化中的顺从战略、凸显战略均正向影响品牌实用合理性和社会合理性；操控战略正向影响实用合理性，但对社会合理性的影响不存在显著关系；而无论是实用合理性还是社会合理性都正向影响着国外消费者支持。研究结论还进一步表明，品牌合理性是中国品牌获取国外消费者支持的内化机制。因此，中国品牌的国际化要取得国外消费者支持，不仅需要重视产品、技术、人才等，更需要重视品牌合理性问题。
>
> **关键词**：顺从战略；凸显战略；操控战略；实用合理性；社会合理性；消费者支持

一、引　言

据统计，当今中国制造了全球超过1/3的家电产品，其中70%的空调、50%的手机以及几乎100%的微波炉。而欧睿国际发布的一份数据显示：中国虽然制造了全球高达40.5%的产量，但中国品牌的海外占比却仅有2.9%。

而随着市场的全球化和中国经济的飞速发展，中国品牌开始加快跨国经营的步伐。在一项针对国外消费者的调查——"你能否说出至少一个中国品牌？"中发现，2012年能说出至少一个中国品牌的国外消费者仅有3%；2015年这一比例达到23%。另外，

---

[*] 本文原刊载于《北京工商大学学报（社会科学版）》2016年第5期。基金项目：国家社会科学基金项目"中国品牌跨国并购后的国际化嵌入及其作用机制研究"（14BGL067）；国家自然科学基金项目"新产品沟通中的情境框架构建与消费者支持：制度理论视角"（71402010）；教育部哲学社会科学研究重大课题攻关项目"战略性新兴产业国际化发展战略研究"（14JZD017）。

根据中国外文局发布的《2014年中国国家形象全球调查》报告，联想、华为、海尔、阿里巴巴等逐渐成为国外消费者最为熟悉的中国品牌。这表明中国品牌国际化初现成效，进入了品牌认知阶段。然而中国品牌要真正走向世界，更需要获得国外消费者的支持，如购买意愿、推荐意愿等。

那么，中国品牌如何获取国外消费者支持呢？何家才（2011）认为，要获取国外消费者支持，关键在于核心知识产权和成熟的销售网络；唐塞丽（2006）认为关键资源是产品、技术、管理、人才等，而分销网络更为重要；杨光玉、王海忠（2014）则强调了以消费者为导向的品牌管理机制的重要作用。针对以往学者的研究，李欣、王兴元（2009）却提出不同的观点，他们强调如何适应国外的政治、法律、风俗文化、思维习惯等才是影响国外消费者支持中国品牌的重要因素。事实上，中国企业的实践也证明，制度的差异是中国品牌跨国经营中所面临最本质的难题。

因此，本文将中国品牌获取国外消费者支持的研究角度从企业内部资源基础理论转向企业外部制度环境理论，深入探讨国外消费者支持中国品牌的内化机制。本文试图回答以下两个问题：（1）中国品牌合理化战略是否能够影响国外消费者对品牌合理性感知？（2）品牌合理性感知是否对国外消费者支持有着积极的正向影响？这对深化中国品牌国际化研究以及成功指导中国品牌跨国经营具有重要的理论价值和实践意义。

二、文献回顾及研究假设

（一）制度理论及其合理性

在制度理论看来，组织理所当然镶嵌于经济环境，但更为关注组织所镶嵌于的制度环境。制度环境是指文化内涵、理念和一个给定社会或社区公认的社会规范，这些规范常常作为暗示的或灵活的准则。为了保持与关键公众如消费者、行业、公众舆论、监管者在道德方面的一致性，组织必须遵循这些规范。当企业实现了社会文化一致性，就被认为是制度化或者是合理性。因此，合理性就成为组织必须从制度环境中提取的一种关键资源。就合理性的本质而言，它本身并不是组织的一种特有属性，而是由各种受众所授予的。只有环境中的受众感知到组织遵循和支持制度，组织才能获取合理性。

品牌跨国经营被视为对环境变化的一系列增量调整，而众多品牌的成功基于一种关键制度资源的获取：合理性。采用 Handelman & Arnold（1999）对合理性的分类，本文将品牌合理性分为品牌实用合理性和品牌社会合理性。品牌实用合理性是指品牌满足各种利益攸关者利益的程度；品牌社会合理性则是基于忠诚于既定社会道德准则的逻辑对品牌及其行为的规范性评估，更多关注品牌行为是否符合社区和社会福利。

(二) 品牌合理化战略

事实上，制度的力量往往影响着企业战略抉择，中国品牌跨国经营也需要根据不同国际市场的制度环境选择合适的战略，品牌合理化战略便是其中之一。合理化（legitimation）是指在一个由社会构建的价值、规范、信念或定义的体系中，一个实体的行为被认为是可取的、恰当的一般性的感知和假定。品牌合理化战略正是品牌用来影响受众感知品牌合理性的各种机制。

本质上，合理化是合理性的获取过程。在合理化的过程中涉及品牌和环境双方，在该过程中品牌试图通过观察、学习和解释来理解制度环境的合理性要求，甚至试图影响这些要求。为此，本研究进一步借鉴 Dowling & Pfeffer（1975）的观点，将品牌合理化战略分为三大构面：顺从、凸显和操控。顺从战略是指品牌经营与东道国主流标准一致；凸显战略是指通过沟通宣传凸显品牌在合理性属性（如制度、标志、价值观）上的表现；操控战略则是指品牌可以试图改变东道国对于合理性的认识使其与品牌当前行为保持一致。总之，合理性是一种可以经营的资源，品牌通过有计划的战略行为影响外部受众的感知，便可从环境中获取合理性。而培育能够被社会所接受的内涵正是品牌合理化的本质。

1. 顺从战略与品牌合理性。制度环境为品牌合理性提供了标准而非障碍。顺从正是将品牌置于东道国现有的制度体制之内，归附于其文化秩序而不是对既定的制度逻辑进行挑战。在品牌的顺从战略中，涉及响应各种利益攸关者的品位，从而满足其实用的功能性需要，最终获得实用合理性。社会规则、规范以及价值都对品牌施加压力以采取类似的实践和结构，顺从这样的规制和规范目的正是为了获得社会合理性。据此，本文提出以下假设。

H1：品牌的顺从合理化战略对其实用合理性有着显著的正向影响；

H2：品牌的顺从合理化战略对其社会合理性有着显著的正向影响。

2. 凸显战略与品牌合理性。Deeds et al.（2004）指出，品牌跨国经营必须服从规范和标准，但也需要采取行动加强其合理性。也就是说，面对不同的制度环境，品牌需要通过沟通宣传凸显自身在合理性属性（如行业标准、环境标准和社会责任）上的表现。例如，2010 年之前华为在北美，尤其是美国的发展频频受阻，其主要原因是北美公众对华为这一并不直接面向消费者的通信设备制造商的了解非常有限。而很多情况下，公众对企业的看法对消费者和相关监管机构的偏好或决定具有影响。为此，2010 年 5 月，华为发布首份针对美国的年度企业社会责任报告，主动加强与当地社区的沟通，力图改变自己刻板的公众形象。Brown & Dacin（1997）的研究也表明，品牌越是凸显其社会责任，越是能够获得消费者的社会性好评，这种好评转而会提升消费者对品牌实用性的好感。据此，本文提出以下假设。

H3：品牌的凸显合理化战略对其实用合理性有着显著的正向影响；

H4：品牌的凸显合理化战略对其社会合理性有着显著的正向影响。

3. 操控合理化战略与品牌合理性。顺从和凸显可帮助品牌在国际市场获取合理性，但是某些情况下，仅依靠这两类战略是不够的。品牌也可以脱离先前的实践，为了满足各种利益攸关者量身定制的实质性需要，品牌必须先发制人地介入东道国文化环境，操控市场对品牌合理性的认知。操控战略主要是引领东道国消费者的消费潮流，改变他们对中国品牌的刻板印象，这有助于品牌获取实用合理性。另外，操控战略也追求文化方面的契合，实现品牌的特色化，取得东道国消费者的理解或达到理所当然性，从而获得品牌的社会合理性。据此，本文提出以下假设。

H5：品牌的操控合理化战略对其实用合理性有着显著的正向影响；

H6：品牌的操控合理化战略对其社会合理性有着显著的正向影响。

（三）消费者支持

在国内外文献中，消费者支持具有不同的内涵。广义上讲，消费者支持泛指组织因其活动得到消费者积极的反馈。本文中国外消费者支持是指外消费者因中国品牌合理化战略而对中国品牌做出的购买意愿、推荐意愿和品牌忠诚等方面的现实反应。

Meyer & Scott（1992）认为，当组织获取了合理性，就能够为其存在提供充足的理由，而受众也愿意为这样的组织提供支持。同样，Starr & MacMillan（1990）认为，一个品牌在获得消费者支持之前必须营造一种具有生存能力并且具有合理性的印象。品牌实用合理性能够让消费者觉得该品牌值得信赖，从而产生购买意愿。而品牌社会合理性也会引起消费者对品牌的认同，从而推荐和购买该品牌。据此，本文提出以下假设。

H7：品牌实用合理性对消费者支持有着显著的正向影响；

H8：品牌社会合理性对消费者支持有着显著的正向影响。

综合以上假设，提出本文的概念模型，如图1所示。

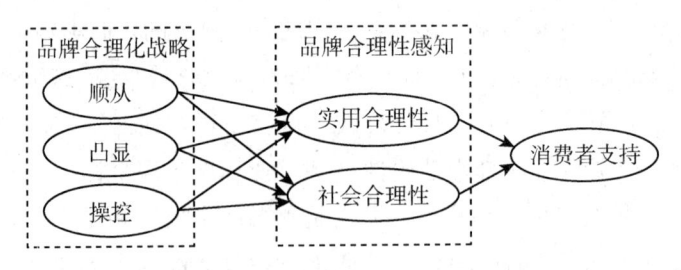

图1 品牌合理性与消费者支持的概念模型

三、研究方法

（一）数据收集和样本特征

对国内学者而言，品牌国际化研究较为棘手的问题是数据收集。由于作者之一正在美国访学，所以委托其在美国采用便利抽样问卷调研的形式（在甜品店、餐厅、咖啡厅等休闲场所随机发放问卷）收集数据。为排除民族情感、国籍混淆等给调研造成的负面影响，调查时会先询问并确认被调查者的国籍及其他身份信息，以排除美籍华人、非美国国籍消费者。在调研时，问卷中并没有提及具体的中国品牌，而是就美国消费者自己所熟知的某一中国品牌对问卷展开填写，因此本文中的"品牌合理化战略"是来自消费者主观感知的数据，而不是对品牌所在企业进行调查所得的数据。

在正式调查之前，调查者首先询问被调查者是否购买或者比较了解某一中国品牌。如果被调查者对中国品牌很陌生，则放弃调查。调查结果表明，美国消费者比较了解的中国品牌主要集中在海尔、联想、青岛啤酒、华为、中国移动等。问卷调查历时4个月左右，共发放问卷283份，收回256份。经过一致性检验删除了38份问卷，最终218份有效问卷进入数据分析，样本有效率为85.2%。样本的人口统计学特征如下：男女比例分别占31.2%和68.8%；年龄位于18-30岁这一区间的为58.2%，31-40岁之间的为26.3%，41岁以上的为15.5%。

（二）变量测量

为了保证量表的信度和效度，本文借鉴国内外成熟的量表，而且根据研究目的和研究对象对量表进行了适当的修改与完善。品牌合理化战略的测评参照郭锐等（2010）的研究，其中顺从战略、凸显战略和操控战略分别使用了4个语句、4个语句和2个语句；关于品牌合理性中的实用合理性和社会合理性参照 Elsbach（1994）的研究，分别使用了3个语句和4个语句；消费者支持的测量参照 Handelman & Arnold（1999）的研究，使用了3个语句。每个测量语句均采用利克特五级量表进行衡量，其中，1表示"完全不同意"；5表示"完全同意"。

（三）数据分析方法

根据研究目的以及假设检验需要，本文采用 SPSS 16.0 和 AMOS 7.0 软件分析调查数据。数据分析主要是从两个方面展开：一方面是量表的信度检验和效度检验，主要方法包括 Cronbach's α 系数检验法和验证性因子分析法等；另一方面是研究假设的验证，主要方法是结构方程模型。

四、实证分析

（一）变量测量的信度和效度检验

本文采用了 Cronbach's α 系数检验法检验各个变量的信度，如表1所示。各变量 Cronbach's α 系数值均大于0.80，这表明各个变量的信度水平较高，具有较好的内部一致信度。

表 1　　　　　　　　　　　　变量测量的信度检验结果

变量	项目数	项目来源	Cronbach's α 值
顺从战略	4	郭锐等（2010）	0.890
凸显战略	4	郭锐等（2010）	0.892
操控战略	2	郭锐等（2010）	0.866
实用合理性	3	Elsbach（1994）	0.938
社会合理性	4	Elsbach（1994）	0.920
消费者支持	3	Handelman & Arnold（1999）	0.846

为了检验各个变量的效度，本文主要是从内容效度、收敛效度和区别效度三个方面着手进行检验。由于采用的是国内外成熟量表，因此各个变量的内容效度可以得到保证。而对变量的收敛效度和区别效度，则基于探索性因子分析，采用验证性因子分析进行检验。验证性因子分析模型的拟合度指标为：$\chi^2/df = 1.470$，$GFI = 0.903$，$RMSEA = 0.047$，$CFI = 0.977$，$NFI = 0.933$，可见，各个指标均达到理想水平，保证了本文对各个潜在变量效度的测评。如表 2 所示，各个观测变量在其相应的潜在变量上的标准化载荷系数均大于 0.70，且全部通过了 T 值（T 值 ≥ 10.680）检验，这说明各个变量具有充分的收敛效度。另外，各潜在变量的平均方差抽取量（AVE）均大于 0.6，而构建信度（CR）则均大于 0.8，这表明验证性因子分析模型的内在质量较好。如表 3 所示，各潜在变量之间的相关系数，而主对角线上的数字则是平均方差抽取量的平方根，并且大于其所在行和列的相关系数，表明各个变量具有很好的区别效度。

表 2　　　　　　　　　　　　关键变量的验证性因子分析结果

变量	项　目	因子载荷
顺从战略 CR = 0.892，AVE = 0.675 M = 3.256，SD = 0.952	1. 该品牌在美国积极寻求政治与经济的结合 2. 该品牌积极加强与美国当地政府部门之间的沟通 3. 该品牌遵守美国的法律法规 4. 该品牌积极争取美国政府的支持	0.877 0.883 0.729 0.786
凸显战略 CR = 0.893，AVE = 0.678 M = 3.356，SD = 0.885	1. 媒体上常常会看到有关该品牌的报道 2. 该品牌常常宣传其在美国所承担的社会责任 3. 该品牌以美国人能够接受的方式进行企业形象宣传 4. 该品牌积极加强与美国公众之间的沟通	0.804 0.934 0.788 0.757
操控战略 CR = 0.867，AVE = 0.766 M = 3.172，SD = 0.819	1. 该品牌引领潮流 2. 该品牌具有特色化	0.880 0.870

续表

变量	项目	因子载荷
实用合理性 CR = 0.940，AVE = 0.839 M = 3.286，SD = 1.017	1. 该品牌产品能够满足我的需求 2. 该品牌所提供的产品让我觉得物有所值 3. 我觉得需要付出很多努力才能购买到该品牌（R）	0.935 0.902 0.910
社会合理性 CR = 0.921，AVE = 0.746 M = 3.778，SD = 0.809	1. 该品牌为其他外国品牌在美国如何开展经营活动树立了范例 2. 该品牌所作所为符合美国公众的期望 3. 该品牌真诚地倾听公众对它所报的期望 4. 该品牌为所有品牌树立了行为典范	0.908 0.765 0.868 0.905
消费者支持 CR = 0.848，AVE = 0.650 M = 3.512，SD = 1.235	1. 我愿意购买该品牌产品 2. 我不会向朋友推荐该品牌产品（R） 3. 我支持该品牌进入美国市场	0.801 0.774 0.842

注：R 表示反向语句，在数据分析时需要进行正向处理；M 为均值，SD 为标准差。

（二）共同方法偏差检验

由于本文从同一来源收集数据，因此可能存在共同方法偏差，严重时会影响到模型的检验。为此，采用两种方法对共同方法偏差进行检验。一种方法是单因子检验法，结果发现未旋转前的第一个因子方差解释率为 43.876%，小于 50%，说明共同方法偏差尚可接受。另一种方法是考察构念之间的相关系数，如表 3 所示，构念之间的相关系数处于 0.253 – 0.628，小于 0.9，说明数据的共同方法偏差不明显。综合以上两种方法的检验结果可以断定，本文不存在共同方法偏差。

表 3　　　　　　　　潜在变量的描述性统计及相关系数

变量	1	2	3	4	5	6
1. 顺从战略	0.821					
2. 凸显战略	0.344**	0.823				
3. 操控战略	0.402**	0.417**	0.875			
4. 实用合理性	0.522**	0.506**	0.462**	0.916		
5. 社会合理性	0.448**	0.430**	0.370**	0.628**	0.865	
6. 消费者支持	0.393**	0.313**	0.253**	0.484**	0.566**	0.809

注：** 表示 $p < 0.01$；主对角线上的数字是对应变量 AVE 的平方根。

（三）模型评价与假设检验

为了对各个假设进行检验，本文采用了结构方程模型的方法。结构方程模型的拟合度如表 4 所示，这表明其拟合优度在可接受的范围之内，比较理想，可用于检验假设。

表 4　　　　　　　　　　概念模型的拟合度结果

指标	绝对拟合度			简约拟合度			增值拟合度	
	χ^2/df	GFI	RMSEA	PNFI	PGFI	NFI	NNFI	CFI
评价标准	<2	>0.9	<0.06	>0.5	>0.5	>0.9	>0.9	>0.9
模型结果	1.676	0.890	0.056	0.771	0.674	0.922	0.960	0.967
拟合情况	理想	较理想	理想	理想	理想	理想	理想	理想

概念模型中各个变量之间的路径系数估计值及其对应的 T 值如表 5 所示。可见，本研究所提出的 8 个假设中，除了 H6 这一条路径系数估计值（T 值 = 1.930，p = 0.054）在统计上不显著，无法通过统计检验之外，其他假设均通过了统计检验。

表 5　　　　　　　　　　假设检验结果

路径	关系	非标准化系数	标准化系数	T 值	结果
H1：顺从战略→实用合理性	正	0.406	0.383	5.743**	支持
H2：顺从战略→社会合理性	正	0.346	0.349	4.754**	支持
H3：凸显战略→实用合理性	正	0.412	0.319	4.682**	支持
H4：凸显战略→社会合理性	正	0.343	0.285	3.852**	支持
H5：操控战略→实用合理性	正	0.222	0.199	2.813**	支持
H6：操控战略→社会合理性	正	0.156	0.150	1.930	不支持
H7：实用合理性→消费者支持	正	0.208	0.219	2.563*	支持
H8：社会合理性→消费者支持	正	0.524	0.514	5.728**	支持

注：* 表示 p<0.05，** 表示 p<0.01。

针对假设 H6 没有通过统计检验，本文认为有两个方面的原因：一是从本文操控战略的量表来看，该量表的语句主要是测量品牌引领东道国消费者的消费潮流，较容易让消费者感知品牌的利益即实用合理性，而社会合理性更多是以社会道德规范为原则判断品牌的行为是否合适，因此，引领消费者潮流难以引起社会道德规范的判断；二是从现实情况来看，操控战略更多是介入东道国文化环境，主要目的是取得东道国消费者的理解从而改变消费者对中国品牌的刻板印象，这种操作在现实中具有相当的难度。

（四）竞争模型分析

本文所采用的概念模型是一个完全中介模型，即品牌合理化战略对消费者支持的总体效应完全是通过品牌合理性间接影响的，并未考虑到这种效应的直接影响。为此，本文在原有概念模型（如图1）的基础上增加了三条新的路径，即顺从战略、凸显战略和操控战略直接影响消费者支持，这样就构建了一个部分中介模型作为竞争模型与概念模型作为比较。本文从总体拟合优度、模型参数统计显著的百分比、简约性以及内生变量的被解释力（SMC）四个标准对概念模型与竞争模型进行比较。上述模型的比较结果如表6和表7所示，在以上的四个标准中，概念模型优于竞争模型。这说明，竞争模型并没有明显改善原有模型的拟合度，原有模型更能代表实证数据。另外，竞争模型中三条新的路径系数估计值在统计上也均不显著（T值分别为1.694、−0.108、−0.843；p值分别为0.090、0.914、0.399）。基于此，本文认为顺从战略、凸显战略和操控战略三类品牌合理化战略不存在对消费者支持的直接影响，而主要是通过实用合理性和社会合理性间接影响消费者支持。

表6 概念模型与竞争模型的比较分析

	总体拟合指标					参数显著的百分比（$p<0.05$）	简约性	
	CFI	χ^2/df	RMSEA	RMR	NNFI		估计参数	PNFI
概念模型	0.967	1.676	0.056	0.056	0.960	87.5%	8	0.771
竞争模型	0.967	1.688	0.056	0.054	0.959	63.6%	11	0.780

表7 概念模型与竞争模型内生变量的被解释力分析

	实用合理性	社会合理性	消费者支持
概念模型	0.513	0.392	0.413
竞争模型	0.512	0.390	0.430

实证研究的结果表明，顺从战略正向影响实用合理性（$\beta=0.383$，$p<0.01$）和社会合理性（$\beta=0.349$，$p<0.01$）；凸显战略正向影响实用合理性（$\beta=0.319$，$\beta<0.01$）和社会合理性（$\beta=0.285$，$p<0.01$）；操控战略正向影响实用合理性（$\beta=0.199$，$p<0.01$）；而实用合理性（$\beta=0.215$，$p<0.05$）和社会合理性（$\beta=0.514$，$p<0.01$）均正向影响消费者支持。这一结果基本上解答了本文所试图回答的两个问题，即中国品牌合理化战略正向影响国外消费者对品牌合理性感知；品牌合理性感知对国外消费者支持有着积极的正向影响。最终表明：中国品牌合理化战略对国外消费者支持的内化机制正是合理性问题。

五、研究结论、管理意义和研究局限

基于制度理论，本文通过实证检验证明了品牌在国际市场上的合理性是直接影响国外消费者支持的重要因素，而品牌合理化战略则是通过品牌合理性间接作用于消费者支持,即合理性是中国品牌获取国外消费者支持内化机制中的关键所在。归纳起来,本文有以下两点理论贡献。

第一,将中国品牌国际化研究的视角从品牌内部资源转向品牌外部制度环境。以往有关品牌跨国经营中人才、产品、技术、管理方面的研究,主要是从品牌内部资源视角探讨中国品牌如何"走出去";而本文有关品牌合理化战略研究,则是从品牌外部制度环境视角探讨中国品牌如何"走进去",如何获取国外消费者支持。

第二,揭示了中国品牌获取国外消费者支持的内化机制。一个新生组织要被社会所接收并不取决于它的背景或产业优势而是合理性,同样,跨国经营的中国品牌对于国外消费者而言也是一个新生事物,因此中国品牌跨国经营的成功也必将取决于其合理化战略及其合理性。中国品牌合理化战略对国外消费者支持的内化机制是合理性,这也正是本文的创新之处。

本文的结论对中国品牌跨国经营具有一定的指导意义。首先,让国际品牌管理者深入地理解品牌跨国经营中最本质的矛盾,即中国品牌跨国经营仅仅关注人才、产品、技术、管理等是远远不够的,更需要关注的是东道国的政治、法律、风俗文化、思维习惯等制度环境,获取合理性才是获得国外消费者支持的根本。其次,让国际品牌管理者更好地掌握顺从、凸显、操控等品牌合理化战略,从而帮助他们清晰地把握品牌合理性转化的内涵和过程,最终为中国品牌获取合理性提供实际指导,促进更多的中国品牌成功走向国际市场。

本文的局限主要体现在三个方面。(1)对品牌合理化战略的测量,目前都是基于已有研究的成熟量表发展而来。但是以顺从战略为例,从消费者角度来看未必能准确获取或关注到某外国企业与当地政府之间的互动。这些消费者感知与事实中企业或品牌的战略行为会存在部分差异。(2)外部效度问题。由于资源限制,本研究只是在美国市场进行了问卷调查,基于数据分析所得的研究结论是否适用于欧洲等发达国家市场有待进一步证明。(3)如果说关注人才、渠道、技术、管理是营销的经济导向战略,那么关注东道国政治、法律、风俗文化、思维习惯等是营销的制度导向战略。本研究只探讨了品牌跨国经营中制度导向战略对消费者支持的影响,而经济导向战略又是如何与制度导向战略一起共同影响国外消费者支持,则是未来一个重要的研究方向。

参考文献

[1] 李燕京. 进军海外 让中国品牌走出去 [N]. 中国消费者报, 2014 – 09 – 17 (7).

[2] 潘旭涛. 中国品牌"走出去","风口"在哪里?[N]. 人民日报: 海外版, 2015 – 07 – 17 (14).

[3] 何家才. 提升中国自主轿车品牌竞争力的跨国并购路径 [D]. 大连: 东北财经大学, 2011.

[4] 唐塞丽. 我国企业跨国并购中品牌国际化的障碍与对策 [J]. 山东经济, 2006 (4): 28 – 32.

[5] 杨光玉, 王海忠. 中国企业品牌国际化升级路径研究 [J]. 科技进步与对策, 2014 (3):

33 – 36.

[6] 李欣,王兴元. 我国高科技企业跨国并购品牌管理研究 [J]. 山东社会科学,2009 (11):98 – 101.

[7] Suchman M C. Managing legitimacy: strategic and institutional approaches [J]. Academy of Management Review, 1995, 20 (6): 571 – 610.

[8] Reihlen M, Smets M, Veit A. Management consultancies as institutional agents: strategies for creating and sustaining institutional capital [J]. Schmalenbach Business Review, 2010, 62 (7): 317 – 339.

[9] Dacin M, Oliver C, Roy J. The legitimacy of strategic alliances: an institutional perspective [J]. Strategic Management Journal, 2007, 28 (2): 169 – 187.

[10] Kozinets R. Utopian enterprise: articulating the meanings of star trek's culture of consumption [J]. Journal of Consumer Research, 2001, 28 (6): 67 – 88.

[11] Handelman J M, Arnold S. The role of marketing actions with a social dimension: appeals to the institutional environment [J]. Journal of Marketing, 1999, 63 (7): 33 – 48.

[12] Hitt M A, Ahlstrom D, Dacin M T, et al. The institutional effects on strategic alliance partner selection intransition economies: China vs Russia [J]. Organization Science, 2004, 15 (2): 173 – 185.

[13] Kumar R, Das K. Interpartner legitimacy in the alliance development process [J]. Journal of Management Studies, 2007, 44 (8): 1425 – 1453.

[14] Weick K E. Sensemaking in organizations: small structures with large consequences [R]. New Jersey: Social psychology in organizations: Advances in theory and research, 1993.

[15] Dowling J, Pfeffer J. Organizational legitimacy: social values and organizational behavior [J]. Pacific Sociological Review, 1975, 18 (1), 122 – 136.

[16] Meyer J W, Rowan B. Institutionalized organizations: formal structure as myth and ceremony [M]. Chicago: University of Chicago Press, 1991.

[17] Meyer J W, Rowan B. Institutionalized organizations: formal structure as myth and ceremony [J]. American Journal of Sociology, 1977, 83 (4): 340 – 363.

[18] Deeds D L, Wang P, Frandsen M. The influence of firms' and industries' legitimacy on the flow of capital into high-technology ventures [J]. Strategic Organization, 2004, 2 (1): 9 – 34.

[19] Brown T J, Dacin P A. The company and the product: corporate association and consumer product responses [J]. Journal of Marketing, 1997, 61 (1): 68 – 84.

[20] 刘洪深,王宁,徐岚. 产品评价的来源国分解效应: 基于欠发达国家视角 [J]. 商业经济与管理, 2012 (4): 56 – 63.

[21] Meyer J W, Scott W R. Organizational environments: ritual and rationality [M]. Los Angeles: Sage Publications, 1992.

[22] Starr J, MacMillan I. Resource cooptation via social contracting: resource acquisition strategies for new ventures [J]. Strategy Management, 1990, 11 (5): 79 – 92.

[23] 郭锐,汪涛,周南. 国外品牌在中国的转化研究: 基于制度理论 [J]. 财贸经济, 2010 (10): 77 – 83.

[24] Elsbach K D. Managing organizational legitimacy in the California cattle industry: the construction and effectiveness of verbal accounts [J]. Administrative Science Quarterly, 1994, 39 (3): 57 – 88.

Research on Internalization Mechanism of Chinese Brand Legitimation Strategy for Foreign Consumer Support

▲Liu Hong-shen[1], He Hao[1] & Zhou Ling[2]

(1. School of Economics and Management, Changsha University of Technology, Changsha, Hunan 410014, China; 2. School of Business Administration, Hunan University, Changsha, Hunan 410082, China)

Abstract: At present, foreign consumers have come to know Chinese brands, but the key to the internationalization of Chinese brands is to get the foreign consumer support. Therefore, based on the perspective of institutional theory, this study constructs a conceptual model of the relationship among brand legitimation strategy, brand legitimacy and foreign consumer support. With 218 questionnaires collected from U.S. consumers, the results of AMOS analysis show that during the internationalization of Chinese brands, compliance strategy and highlighting strategy separately have a positive effect on pragmatic legitimacy and social legitimacy of brand. Manipulation strategy has a positive effect on pragmatic legitimacy, but does not have a significant effect on social legitimacy. Both pragmatic legitimacy and social legitimacy have a positive effect on foreign consumer support. The results also further prove that the brand legitimacy is the internalization mechanism for Chinese brands to obtain foreign consumer support. Therefore, to obtain foreign consumer support during the internationalization, Chinese brands need to pay attention to not only products, technology, talent, etc. but also the issue of brand legitimacy.

Key Words: compliance strategy; highlighting strategy; manipulation strategy; pragmatic legitimacy; social legitimacy; consumer support

中国企业国际化经营中的品牌战略变迁路径*

▲刘文纲[1] 赵占明[2] （1. 北京工商大学商学院，北京 100037；2. 石家庄金刚集团，河北石家庄 050031）

> **摘 要**：培育国际知名品牌是我国"走出去"战略的重要微观目标。但对于目前的大多数中国企业来说，自创国际知名品牌的做法并不现实。中国企业应根据自身资源状况和国际化的进程，灵活选择品牌战略，并适时对品牌战略做出调整。文章在对目前中国企业国际化经营中实行的品牌战略模式进行综述的基础上，提出了中国企业国际品牌战略变迁的三种路径，并对其中必须解决好的两方面问题进行了讨论，即如何处理所收购的本土品牌和如何选择品牌收购模式。
>
> **关键词**：品牌战略；战略变迁；品牌收购

世纪之交，我国提出了"走出去"战略，鼓励国内企业走出国门，开拓国际市场，利用国际资源，培育我国自己的跨国公司。近年来不断增长的出口额表明，凭借价格优势，中国产品在海外市场的渗透程度已经达到一个较高的水平；但客观地讲，中国企业对海外市场的控制程度仍较低。这主要表现为我们拥有的世界知名品牌还非常少，结果导致中国企业为了利润微薄、条件苛刻的海外订单争得你死我活，进而还为一些国家对中国产品反倾销提供了"机会"。在品牌竞争的时代，缺乏国际品牌已经成为制约中国企业国际化经营步伐的主要障碍。这促使着像海尔、春兰、青啤、中集集团等一批中国企业不惜投入大量资源，自创国际名牌，提升企业的国际市场影响力。但对于大多数中国企业来说，这样的做法是不现实的。中国企业应根据自身资源状况和国际化的进程，灵活、动态地选择品牌战略，一方面降低国际化经营风险，另一方面，通过发挥自身比较优势，加快企业国际化经营进程，并最终树立起国际知名品牌。

一、目前中国企业国际化经营中实行的品牌战略

（一）自创名牌战略：以发达国家市场为"战场"，逐步树立国际市场形象

尽管出口额和出口产品的技术含量一年一年地增加，但我国要成为世界工业强国，我国企业要想在国际市场竞争中占有一席之地，必须创立可以自主的国际知名品牌；

---

* 本文原刊载于《北京工商大学学报（社会科学版）》2004年第5期。

否则，我们就只能给别人"打工"，做别人的加工厂，赚取较少的利润。正是基于这样的长远考虑，海尔、春兰、青岛啤酒、中集集团等一批企业，很早就树立了培育国际知名品牌的战略目标，并选择西方发达国家作为开拓国际市场的突破口，在经过十年左右的与著名跨国公司的正面交锋，品牌的国际知名度逐步建立起来。例如，海尔在进入国际市场时，为自己选择的第一个登陆点是有"冰箱鼻祖"之称的德国；海尔第一个综合性的海外工业园建在了美国南卡罗莱纳州。2004 年 1 月揭晓的由世界品牌实验室编制的《世界最有影响力的 100 个品牌》中，海尔成为唯一入选的中国本土品牌（排在第 95 位）。

但是，海尔等企业的经验表明，自创国际知名品牌的道路是非常艰辛和漫长的，也是需要具备一定条件的。首先，企业要有雄厚的资金实力，能够开展大力度的国际营销活动，如新产品开发、渠道建设、国际广告等，以克服发展中国家产品进入发达国家市场时遇到的原产地效应，尽快获得发达国家消费者的认同。其次，企业要有卓越的研发能力和先进的生产制造技术，能够开发和提供世界主流市场需要的产品或服务。因为，中国企业的品牌能否成为世界知名品牌，关键就看你的产品能否能够获得发达国家消费者的认同和接受。换句话说，要走自创名牌的道路，就必须选择发达国家市场为国际营销的目标市场。但是，从目前情况看，具有充足资金和卓越研发能力及营销能力的中国企业并不多，因此，自创国际名牌并不是中国企业可以普遍选择的国际品牌战略模式。

（二）贴牌战略：将自身的成本优势与外国企业的品牌优势相结合

贴牌战略的基本思路是发挥企业的比较优势，尤其是成本优势，通过承接委托加工业务（OEM），与外国企业的品牌优势相结合，推动本企业产品走向国际市场。例如，广东格兰仕正是靠贴牌生产，在短短七八年时间里从一个不知名的乡镇企业，发展成为当今世界最大的微波炉生产企业。目前，格兰仕公司生产的微波炉在国内市场占有率高达 75%，在国际市场占有率也已达到 35%。目前与格兰仕有贴牌关系的国外知名品牌达 80 多个。这种战略主要适用于那些拥有成本优势，而缺乏国际品牌优势和国际营销网络的中小企业。

格兰仕等中国企业之所以选择贴牌战略，主要基于以下两个方面的考虑：一是有利于发挥企业的低成本优势。丰富而廉价的劳动力是中国企业得天独厚的资源优势，这就决定了中国企业在生产制造方面具有巨大的发展空间。所以，围绕成本下功夫，走规模化道路，在自己所熟悉的领域做大、做强，正是格兰仕等企业在正确认识自身比较优势的基础上作出的现实的战略选择。二是企业资源条件和现实能力的客观要求。企业在进行战略决策时，必须考虑自身的资源和能力状况。培育国际知名品牌是每一个企业的最高追求，格兰仕也想在国际上使用自己的品牌，但以格兰仕目前的内部资源和能力状况，根本无法建立自己的国际营销网络和国际品牌。所以，以自己的成本优势与国外拥有品牌优势的企业合作，融入全球微波炉产业链的分工之中，是产品走向国际市场的现实选择。

（三）本土化品牌战略：收购当地品牌，充分利用当地品牌背后的各种战略资源

海尔等企业的经验告诉我们，实施自创名牌战略的难度非常大，它不仅需要巨大的投入，而且也需要经历一个相当长的过程，因此能否成功还存在巨大的不确定性，尤其是当企业资金链条中断时，可能会出现难以收拾的局面。

一些相对较有实力的中国企业可以选择另外一条途径，即收购海外品牌。通过收购当地品牌，进而获取品牌背后的各种战略资源，包括销售网络、顾客忠诚和市场知识等，进而加快开拓海外市场的步伐。收购当地品牌是本土化品牌战略的一种典型做法。TCL、万向集团、海尔和万利达等企业已经作出了这样的尝试。2003年6月，万利达集团与美国Peters公司各出资50%联合收购了"宝丽莱"商标在全球家电产品领域的唯一使用权，收购价格是每年1000万美元外加产品销售2%的利润提成，使用期限为20年。万利达收购宝丽莱，既获得了国际知名品牌，又得到了国际分销渠道，所以是一次非常重要的战略投资。也是在2003年，TCL相继收购了美国的播放器设计商Govideo和法国的汤姆逊，TCL计划利用这两个品牌的市场影响力及销售网络开拓欧洲和美国市场。

除了以上三种典型的品牌战略外，有些企业还采取了复合型品牌战略。例如，青岛双星为了将自己的产品打入欧美等发达国家市场，选择了贴牌模式，而同时，在东南亚、拉美、非洲等市场则采取自主品牌模式。TCL在东南亚市场选择自主品牌战略，而在欧美发达国家市场选择了收购本土品牌战略。其实，不管起步时企业选择的是贴牌战略还是收购当地品牌的战略，企业国际化经营的战略远景或最高理想都是要树立起自己拥有的国际知名品牌。但因起点不同和国际化进程不同，这个过程可能会有不同的路径，企业最终的品牌格局也会有所差异。中国企业应根据自身资源的培育和国际化的进程，动态地调整其国际品牌战略。

二、中国企业国际品牌战略变迁路径

（一）变迁路径之一

贴牌→贴牌与自主品牌并存或收购合作品牌→统一使用自主名牌（或多品牌共存）（如图1）。这是中小企业可以选择的国际品牌战略的变迁路径。

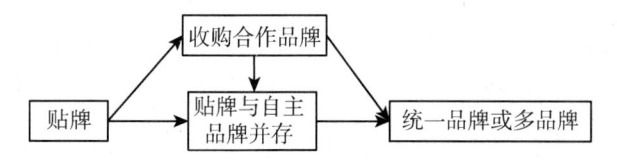

图1 国际品牌战略变迁路径之一

通过贴牌，不仅企业生产的产品源源不断进入了国际市场，而且企业资金实力和国际市场知识不断积累，企业获取国际市场信息和开发国际产品的能力不断增强。所以，当企业实力提升到一定水平时，就有条件对国际品牌战略作出调整了。

调整的方向有两种。一是当海外中间商和消费者对本企业有了相当认识后，逐步推出自己在国内市场使用的自主品牌。当然，一开始可以是贴牌与自主品牌共存；最后，当海外市场完全在自己控制之下时，放弃贴牌，统一使用自己的品牌。例如，近几年以来，在格兰仕的出口产品总量中，自主品牌与 OEM 之比不断上升，从 1∶9 到 3∶7，再到现在的 4∶6，格兰仕国际知名度逐年上升。照着这样的发展速度，再过几年，格兰仕完全可以摆脱对外商品牌的依赖，统一使用自己的品牌了。

另一种选择是，当自己有了相当的资金实力时，把曾与企业有贴牌合作的品牌收购过来，成为自己旗下的拥有自主控制权的品牌。例如，万向集团收购美国舍勒公司、欧洲 AS 公司都是这样的做法。这两家公司曾经都是万向集团的海外经销商。当然，企业在收购了合作品牌后，可以选择继续使用这些品牌，也可以选择放弃它们，转而使用自己的品牌。

（二）变迁路径之二

收购当地品牌→收购品牌与自主品牌并存→统一使用自主名牌（如图 2）。这是实力雄厚但国际营销经验少的大企业可以选择的国际品牌战略变迁路径。

收购当地品牌 → 收购品牌与自主品牌并存 → 统一品牌或多品牌

图 2　国际品牌战略变迁途径之二

当企业对某个海外市场不熟悉时，收购当地品牌是许多企业首选的品牌战略。但收购当地品牌，并不意味着企业永远使用该品牌。企业收购当地品牌的目的，是为了利用该品牌背后的销售渠道、顾客忠诚和市场知识等战略资源，在加快市场进入步伐的同时，降低市场进入成本。因此，当企业对这些资源具有了相当的控制力或培育了类似的新资源后，企业就可以对品牌战略作出调整。调整的方向是：自主品牌逐步渗透进来，一定时期内收购品牌与自主品牌可能并存；然后，逐步放弃收购品牌，最终统一使用自主品牌。

TCL 收购汤姆逊、施耐德和 Govideo 等品牌，对于企业迅速打开欧盟和北美发达国家市场有重要意义。根据 TCL 的品牌全球化战略目标，TCL 品牌将逐步向这些市场渗透进来并最终取代以上那些海外品牌。至于 TCL 何时放弃汤姆逊、施耐德和 Govideo 等品牌，将取决于 TCL 企业及其品牌在国内和国际市场影响力的扩大。

（三）变迁路径之三

贴牌＋创牌→逐步放弃贴牌→统一使用自主名牌（如图 3）。这是国际营销经验少的大中型企业可以选择的国际品牌策略变迁路径。

```
┌─────────┐    ┌──────────────┐    ┌─────────┐
│ 贴牌    │───▶│ 逐步放弃贴牌 │───▶│ 统一品牌│
│ +创牌   │    │ 或           │    │         │
│         │    │ 收购合作品牌 │    │         │
└─────────┘    └──────────────┘    └─────────┘
```

图3　国际品牌战略变迁途径之三

以青岛双星、康佳为代表的一批企业，在国内市场上已有相当的影响力，但其所掌握的国际市场知识还非常少，国际营销能力薄弱。这些企业在进入国际市场时选择了"贴牌+创牌"的"中间"模式，即进入发达国家市场的产品一般采用贴牌的做法，而进入非洲、独联体和东南亚国家市场的产品，则使用企业自主品牌。前一种做法有助于企业尽快积累国际市场知识，收回现金，并且风险小；后一种做法则有利于扩大企业自身知名度，为将来创全球知名品牌奠定基础。

这些企业国际化经营的最终目标是树立起自己的国际名牌，所以贴牌的做法主要是为了了解国际市场，增强国际营销能力，是一种过渡策略。当企业国际知名度逐步扩大后，企业会很快地收缩贴牌的比例并最终放弃贴牌，在全球范围内统一使用自己的国际名牌。

这些企业也可能收购那些有贴牌合作关系的海外品牌，但收购的目的主要是为了控制品牌背后的客户网络、顾客忠诚等战略资源，并不是为了保留和使用这些品牌，如同西门子收购了"扬子"后很快又放弃一样，最终是要树立起自己的国际名牌的。

三、对收购品牌的处理方式：全球统一品牌还是多品牌

从以上分析中可以看出，在国际品牌战略变迁过程中，是否保留所收购的本土品牌是企业必须作出的一个重要战略决策。如果保留并继续使用所收购品牌，那么企业最终实施的将是多品牌战略（在国际市场营销中，又称为本土化品牌战略）；反之，企业实施的就是全球统一品牌战略。在这里，存在两种疑问或错误认识：一是既然收购了这些品牌，为什么要放弃呢？放弃了不等于是无形资产流失吗？二是收购本土品牌就是一种过渡性措施，放弃所收购品牌只是时间问题，因为企业最终目标就是要树立全球统一的知名品牌。

一般来说，品牌战略可以分为以下几种：统一品牌战略、多品牌战略、主副品牌战略和中间商品牌战略等。这几种品牌战略各有利弊。在国际化经营中，统一品牌战略有助于树立全球统一市场形象，降低国际市场宣传和推广成本，获得品牌建设和管理方面的规模经济；但实施该战略也存在不足，即产品个性得不到充分彰显，品牌内涵不能迅速获得当地消费者的认同，可能出现"株连效应"等。多品牌战略的好处主要是在突出产品个性、满足消费者多样化需要的同时，较好地分散了市场风险；其主要不足是市场推广费用高。现实中，一些企业选择统一品牌战略，如可口可乐、LG、海尔等，同时也有一些企业选择了多品牌战略，如雀巢、通用汽车、宝洁等。因此，

在全球市场上，跨国公司选择的品牌变迁路径也表现出差异性，有的企业在收购当地品牌后，一直沿用这些品牌（多品牌战略），而有的企业则在使用一段时间后就放弃了这些品牌，而归于"全球统一品牌"，如西门子。

那么，在什么样的情况下企业应选择放弃所收购品牌，又在什么样的情况下应选择继续使用呢？至少有两个因素需要考虑。首先是产品类别。一般认为，像咖啡、牙膏、小食品等快速消费品，生命周期短，适合采用多品牌策略，因此，在国际品牌战略变迁中，保留收购品牌的做法可能就是比较合理的；对于家用电器等耐用消费品来说，由于它们生命周期较长，更适合于统一品牌策略，因此，一段时间后放弃收购品牌的做法就是比较合理的。其次，市场需求的差异化程度也是需要考虑的重要因素。如果不同国际目标市场之间的需求差异比较明显，为了更大程度上获得当地顾客认同，保留所收购品牌是较好的选择，以本土品牌推动企业与当地消费者的沟通。反之，如果不同国际市场之间的需求没有明显差异，统一品牌就是较好的选择，这不仅有助于降低品牌宣传和市场推广成本，而且有助于提高品牌国际知名度。随着经济全球化的发展和网络社会的逐步形成，各国之间的文化融合和趋同性越来越明显，市场需求差异化程度在不断降低，这促使许多跨国公司开始由国别营销观念转向全球营销观念，实施全球统一品牌战略。如日本松下电器在2003年作出决定，将逐步放弃National品牌，在全球范围内统一使用Panasonic这一品牌。

四、收购海外品牌的可行模式

在三种变迁路径中，收购海外品牌是它们普遍经历的阶段。这主要因为收购海外品牌是企业低成本、快速进入海外市场的重要策略，因此，一些有相当实力的中国企业可以积极采取这一策略。中国企业收购国外品牌可以从以下三种模式中进行选择。

第一种模式是收购国外经营不良的名牌。如TCL收购汤姆逊、RCA和施耐德，这些品牌在欧美市场都有很强的市场影响力，其背后的销售网络也十分广泛，但它们在过去的几年中先后陷入财政危机。收购这些名牌后，TCL可将产品供应转向国内，通过降低产品成本，提升品牌的国际竞争力。这种收购模式的不足是：收购名牌的代价往往较高，并且收购后的管理整合（如文化整合、人力资源整合等）难度也大。

第二种模式是收购海外的中小制造业品牌。专业化很强的中小品牌经过多年发展，往往拥有稳定的客户和利润，收购这些企业后，再将生产或供应源转向中国，可以大大降低生产制造成本，进一步提升品牌竞争力和利润。此外，还可把这些公司作为分销中心，分销其他国内生产的产品。

第三种模式是收购国外的分销商，如万向收购舍勒和AS公司。海外分销商往往具有设计、寻找货源、谈判、订单处理、储运、质检等多种功能和相关的战略资源，中国企业收购这些分销商后，不仅可以提高对当地市场的控制程度，而且还可以提高销售利润率，获得比较固定的客户。

相比之下，收购海外中小企业（制造商或分销商）的选择余地比较大，收购代价也低，是中国企业较好的选择。

The Paths for the Change of Brand Strategy in Internationalization Operation of Chinese Enterprises

▲Liu Wen-gang[1] & Zhao Zhan-ming[2]

(1. Business School, Beijing Technology & Business University, Beijing 100037, China;
2. Shijiazhuang fin Gang Group, Shijiazhuang, Hebei 050031, China)

Abstract: It is an important micro-objective of "Going Global" strategy for China to cultivate world famous brands. However, at present it is not realistic for most Chinese enterprises to establish independently their own famous brands. Chinese enterprises should select the brand strategy flexibly and adjust the brand strategy in proper time according to their resource situation and internationalization progress. This paper summarizes the brand strategies adopted by Chinese enterprises at present in internationalization operation. On that basis, it puts forward three paths for the change of China's international brand strategy. This paper further discusses the two problems necessary for proper solutions: how to handle the merged indigenous brands and how to choose the brand-merger patterns.

Key Words: brand strategy; strategy change; brand merger

第三部分
品牌体验与购买

零售商店形象属性维度的实证研究

▲宋思根（安徽财经大学商务学院，安徽蚌埠 233041）

> **摘 要**：零售商店形象是消费者逛街购物的物质环境，它对消费者决策行为有重要影响。调查表明，我国零售商店形象属性可以被划分为四个维度：商品形象、氛围形象、价格形象和便利形象。年龄、教育程度、性别、婚否和月收入等人口统计变量对商店形象的评价有显著影响。最后简要讨论了应用和未来研究建议。
>
> **关键词**：商店形象；实证研究；零售营销

根据环境心理学的基本观点，外界的物质环境对人的心理活动有显著影响。零售商店形象（以下称商店形象）是消费者购物的物质环境的综合。自从 Martineau（1958）提出商店形象的概念以来，其他学者们从不同的角度对商店形象进行了定义，有的将商店形象定义为个体商店的属性（Lindquist，1974，1975），有的定义是消费者对零售商的总体印象（Keaveney & Hunt，1992），从行为主义的观点看，形象可以被定义为对一个期望强化的行为的识别刺激（discriminative stimuli），而商店形象就是与一个消费者光顾特定商店相联系的总的概念或期望的强化（Kunkel & Berry，1968）。以"零售＋形象"或"商店＋形象"在篇名中进行检索，中国期刊网的结果分别为6篇和3篇文献，且无文献涉及商店形象的实证研究。鉴于中国零售业的当前形势，商店形象的研究十分迫切而必要。

一、商店形象属性的应用及其维度划分

在商店形象的应用研究中，研究者们倾向于从商店形象的某一特定属性或要素出发，研究它对消费者行为的影响，如颜色、拥挤程度、背景音乐、商品陈列、价格促销、服务恢复、商店距离顾客住宅或工作场所的距离等。暖色门面对吸引顾客进入商店有积极作用，而店内的冷色环境会使消费者感到愉快一点，暖色商品包装会刺激消费者的购买冲动（Bellizzi，1983；Crowley & Hasty，1983）。商店内的拥挤会导致顾客行动受阻和情感压抑，进一步导致顾客缩短选购时间，进而影响顾客对商店的满意和购物体验（Harrrell，1980；Hutt & Anderson，1980）。商店人流速度与背景音乐的节奏

---

* 本文原刊载于《北京工商大学学报（社会科学版）》2006年第4期。

有关，人流速度由慢到快所对应的音乐是慢节奏、无音乐和快节奏，而且慢节奏背景音乐带来的销售额显著高于快节奏（Mfilliman，1982；Mattilahe & Wirtz，2001）。经典音乐作为背景比流行音乐（Top-Forty music）更能够提高酒吧的销售量，而且也刺激消费者购买价格昂贵的葡萄酒（Areni & Kim，1993）。熟悉的背景音乐会导致服装店的顾客缩短逗留的时间（Yalch & Spangenberg，1990）。商品展示与降低价格对处于成熟期产品销售的促销效果明显好于成长期的产品，而且对于价值主张相似的、市场份额平均的竞争性产品的销售量也有明显刺激效果（Chevalier，1975）。商品展示的类型对销售额有不同的效果East（2003）等人的研究显示，在展示规格相同的情况下，橱窗展示比店内展示能够带来更大的销售量，在同一商店同时使用两种展示，其效果等同于独立展示效果的累加。在服务恢复过程中，顾客满意与员工的分配公正（服务补偿）、程序公正（补救速度）和互动公正（道歉，组织创新恢复）有重要关系，而服务补偿、补救速度、道歉和组织创新恢复措施分别对分配公正、程序公正、互动公正的感知有正的影响（Smith，1999；Bolton & Wagner，1999）。当对服务提供者与自己的社会地位感知相似时，顾客倾向与对方发展友好关系；顾客通常鼓励社会地位高的服务提供者对自己使用亲密的称呼；顾客与服务提供者的自然接触似乎可以缩短彼此间的社会距离（Goodwin，1989；Cathy & Frame，1989）。

事实上，商店形象的属性是难以穷举的，甚至还要包括购物篮（购物车）的尺寸大小（Desai & Debabrata，2002）。在理论研究和实践应用中，我们必须了解哪些属性是高度相关，哪些属性可能会通过其他属性对消费者产生影响，如低价格形象可能导致消费者怀疑产品质量，从而影响零售商的商品形象。鉴于此，人们倾向于将商店形象属性进行归类，即划分成一定的维度进行研究。Hopkins（2001）认为商店形象包括两个不同的方面：一是可见的、事实的和功能性的零售商店属性，即便利性、氛围、自我概念；另一个是由环境、自我概念和事先刺激形成的消费者对特定零售商店形象的情感、态度和想象因素，即商品、价格、服务和人员，共六个维度。也有人将其归纳为商品、服务、顾客、商店设施、便利性、促销、氛围和购后满意等九个维度（Lindquist，1974，1975）。还有观点认为，零售形象维度应包括价格、质量、种类、时尚、人员、区位便利、其他便利、服务、销售促进、广告、氛围和清算和索赔声誉等12个方面（Kunkel & Berry，1968）。中国消费者对商店形象的评价究竟有几个维度，我们试图给出一个初步的实证答案。

二、研究设计和数据收集

上述各维度或多或少地包含了一些商店形象属性，对于商店形象属性的测试有两种基本的方法，一是测试消费者对特定商店的不同属性的评价（evaluation），另一种是既测试对特定商店的不同属性的评价，还要考虑不同属性重要性的权重（weight of importance of attribute），并将两者的乘积作为形象评价的最终结果。Kasulis & Lusch

(1981）研究表明，第二种方法并不比第一种方法具有更好的预测效度。为了简单起见，我们采用第一种方法。问卷衡量采用李氏五分制，1 表示"绝对不重要"，5 表示"绝对重要"，得分越高表示被调查者对零售商形象特定方面的重要性评价也越高。由于国内消费者对泊车条件、送货上门的即时性、邮件订购的反应性、湿度等因素的需求不普遍或不敏感，我们假设零售商店形象存在六个维度，并选取"商店距离住宅地很近"和"商店的营业时间很长"用来测试零售店的便利形象；用"背景音乐很动听""店内显得很宽敞"和"店内装潢赏心悦目"测试零售店的氛围形象；用"商品种类很齐全"和"商品质量很可靠"测试零售商的商品形象，"商品价格相对便宜"和"价格折扣很有吸引力"用来测试零售商的价格形象，"结算所需的时间很短""营业员的态度友好"和"营业员的商品知识丰富"用来测试零售商的服务形象。

为了收集到较为理想的数据，我们通过老师、同学和当地居民等在上海高校和高职学院、居民区、企事业单位和政府机关对在校全日制本专科学生和研究生、夜大学、各类培训班学员、单位员工和社区居民进行了方便抽样。调查方法主要采用问卷法，对集中抽样采用当场完成，对社区抽样采用留置问卷、集中收取的办法，对部分学生和单位员工采用了电子邮件调查。整个调查在 2004 年 4 月完成。非在职与在职样本量的比例大约为 1∶5，共计发放问卷 520 份，回收了 396 份，回收率为 76.15%。经一致性检验得有效问卷 281 份，样本特征如表 1 所示。

表 1　　　　　　　　　　　　　　样本特征

人口统计变量		频数	百分比	人口统计变量		频数	百分比
性别	女	147	52.3	年龄	25 周岁及以下	83	29.5
	男	134	47.7		25－34 周岁	113	40.2
个人月收入	1000 元及以下	74	26.3		35－44 周岁	47	16.7
	1001－3000 元	133	47.3		45－59 周岁	33	11.7
	3001－6000 元	54	19.2		60 周岁及以上	5	1.80
	6001 元及以上	15	5.40	教育程度	专科以下	34	12.1
婚否	已婚	155	55.2		大学专科	59	21.0
	未婚	124	44.1		大学本科	132	47.0
是否在职	在职	238	84.7		硕士学位	44	15.7
	非在职	43	15.3		博士学位	12	4.3

三、数据分析与结论

1. 商店形象属性的统计描述。预设的六个形象及其十二条测试语句（项目）的统计描述如表 2 所示。总体看，商店形象因素对消费者都较为重要，其中，商品质量可靠、人员态度、品种齐全、价格相对便宜、结算迅速尤为重要，重要性得分均值都在 4.00 以上，且标准差均在 0.85 以下。

表 2　　　　　　　　　　商店形象项目的统计描述

形象维度	项目	样本量	最小值	最大值	均值	标准差
便利形象	商店距离我住宅很近	280	1	5	3.96	0.915
	商店的营业时间长	279	1	5	3.88	0.954
氛围形象	商店内播放的背景音乐很动听	278	1	5	3.19	1.040
	店内装潢赏心悦目	279	1	5	3.72	0.849
	店内货架之间显得很宽敞	278	1	5	3.81	0.801
商品形象	商店经营的商品种类齐全	280	1	5	4.36	0.739
	商店出售的商品质量可靠	279	2	5	4.73	0.510
价格形象	大部分商品价格比竞争对手相对便宜	280	1	5	4.17	0.823
	促销价格折扣有吸引力	280	1	5	3.90	0.870
服务形象	商店结算所需的时间短	280	1	5	4.01	0.832
	营业人员具有丰富的商品知识	279	1	5	3.81	0.946
	营业人员的服务态度良好	280	1	5	4.44	0.711

2. 商店形象属性的因子分析。巴特利特球度检验的显著性水平为 0.000，KMO 检验值为 0.733，介于 0.7 – 0.8 之间，两个检验都表明变量较适合做因子分析。因子分析方法采用主成分分析法，并用方差极大法对因子载荷矩阵进行旋转。分析得到特征根在 1 以上的四个共同因子，解释方差总比例达到 62.35%，因子分析结果如表 3 所示。各语句的因子负载均达到 0.5 以上，表明各项目与公共因子的关系较强。内部一致性信度系数 Cronbach's α 均在 0.6 以上，表明量表的信度较好。从项目分数和总分之间的相关系数（Item-Total Correlation，ITC）和解释总方差比例看，量表的结构效度不是十分理想。

表 3　　　　　　　　　　零售商店形象属性的因子分析

形象维度	属性项目	因子负载	ITC	信度系数	贡献率/%
便利形象	商店经营的商品种类齐全	0.560	0.4446		
	商店出售的商品质量可靠	0.724	0.4896		
氛围形象	商店结算所需的时间短	0.512	0.3785	0.6787	29.639
	营业人员具有丰富的商品知识	0.689	0.4036		
	营业人员的服务态度良好	0.724	0.5330		

续表

形象维度	属性项目	因子负载	ITC	信度系数	贡献率/%
商品形象	商店内播放的背景音乐很动听	0.782	0.4816	0.6920	12.873
	店内装潢赏心悦目	0.874	0.6255		
价格形象	店内货架之间显得很宽敞	0.635	0.4435	0.7039	10.828
	大部分商品价格比竞争对手相对便宜	0.854	0.5439		
	促销价格折扣有吸引力	0.836	0.5439		
服务形象	商店距离我住宅很近	0.861	0.4596	0.6294	9.010
	商店的营业时间长	0.759	0.4596		

原有的商品形象和服务形象被合并,考虑到服务可以视为商品的一种延伸,故命名为商品形象,加之氛围形象、价格形象和便利形象,共有四个商店形象维度得到证实。其中,商品形象包含商品种类、质量、结算速度、服务人员知识、服务态度等属性,氛围形象包括背景音乐、装潢、货价宽敞等属性,价格相对便宜和有吸引力的折扣组成价格形象,而便利形象由商店与住宅距离、营业时间两个属性组成。

3. 人口统计变量对商店形象的影响。方差分析表明,人口统计变量对个体(case)的因子得分(回归法)有不同程度的影响,影响商品形象的变量有年龄($p<0.01$)和教育程度($p<0.05$),年龄在"45-59周岁"和教育程度为"专科以下"消费者的商品形象因子得分均值分别为0.2656和0.3715,相应其他层次的最高得分为0.0402和0.0370;婚否($p<0.05$)、性别($p<0.05$)和教育程度($p<0.05$)对氛围形象存在显著影响,未婚、女性或本科层次消费者在氛围形象的平均得分分别为0.1628、0.1368和0.1155,明显高于已婚(-0.1304)、男性(-0.1472)和其他教育层次(最高为0.0805)的消费者。对价格形象有显著影响的只有月收入($p<0.01$),均值分析表明,月收入在"1000元及以下"消费者的价格形象因子得分均值为0.2535,而其他收入层次的得分均值最高为0.0877。便利形象受到婚否($p<0.05$)和教育程度($p<0.01$)两个变量影响,硕士、博士和本科层次消费者的便利形象因子得分均值分别为0.2886、0.1120和0.1083,其他教育层次得分均值在-0.3以下;而未婚和已婚消费者的便利形象因子得分均值分别为0.1245和-0.0997。

四、应用与未来研究建议

研究表明,在零售商店形象中,价格、折扣、距离的便利性、店内装潢、商品质量、人员态度、背景音乐的因子负载较高,表明它们与相应商店形象因子的关系密切。与这一结论略有不同的是,朱瑞庭、许林峰(2004)通过研究得到结论,商店店址、商品的种类及品质对消费者商店选择没有显著影响,而在我们的调查中,消费者认为购物的距离便利性和品种齐全都是十分重要的因素。无论如何,零售商应着重考虑上述消费者认为重要的商店形象因素，并据此设计消费者购物的物质环境。需要特别指出的两个问题：一是商店形象设计应着重创造一种氛围和信念，对消费者头脑中原有的信息和情感进行修正，促使其进入积极的购买状态，并产生美好的心理体验；二是注意不同商店形象因素的相互作用，如价格便宜对消费者有吸引力，但折扣的力度太大，可能会导致消费者对商品质量和商店信誉的怀疑，国内学者的实证研究也表明，虽然深度折扣的价格促销对消费者的购买意向有正面影响，但是，对品牌资产的影响仍是负面的（江明华、董伟民，2003）。此外，零售商应充分考虑目标市场的人口特征对商店形象评价的影响，否则会事倍功半，如年龄、教育程度、性别、婚否和月收入等。

进一步的研究可以考虑扩大商店形象属性的范围，以确定商店形象的其他维度，如停车条件、拥挤程度、服务人员的数量、与工作场所的距离、商品陈列等。另外，商店形象的评价在本质上是消费者感知结果，引入消费者感知，就可以了解消费者商店形象评价的具体标准，如货架之间的距离究竟达到几米才被认为是"宽敞"，背景音乐的类型是流行，还是古典或其他类型才会被认为"动听"，等等。值得注意的是，仅仅关注零售商个体的形象是远远不够的，顾客对商店周边环境的满意感也会提升或降低他（她）对该商店的忠诚（Sirgy & Samli，1985），考察特定零售区域的整体形象商也需要进一步研究。

参 考 文 献

［1］ Areni, Charles S. David Kim. The influence of background music on shopping behavior: Classical versus Top-forty music in a wine store ［J］. Advances in Consumer Research, 1993, 20 (1): 336 – 340.

［2］ Bellizzi, Joseph A. Ayn E. Crowley & Hasty, Ronald W. The effects of color in store design ［J］. Journal of Retailing, 1983, 59 (1): 21 – 45.

［3］ Desai, Kalpesh Kaushik. Talukdar, Debabrata. Overall store price image: the interactive influence of product consumption span, unit product price, and shopping basket size ［J］. Advances in Consumer Research, 2002, 29 (1): 213 – 215.

［4］ Harrrell, Gilbert D. Michael D. Hutt & James C. Anderson. Path analysis of buyer behavior under conditions of crowding ［J］. Journal of Marketing Research, 1980, 17 (Februray): 45 – 51.

［5］ Kasulis, Jack J. Robert F. Lusch. Validating the retail store image concept ［J］. Journal of the Academy of Marketing Science, 1981, 9 (4): 419 – 435.

［6］ Keaveney S. M, Hunt, K. A. Conceptualization and operationalization of retail store image: a case of rival middle-level theories ［J］. Journal of the Academy of Marketing Science, 1992, 20 (2): 165 – 175.

［7］ Martineau, Pierre. The personality of the retail store image ［J］. Harvard Business Review, 1958, 36 (January-February): 47 – 55.

Empirical Research on Dimensions for Attributes of Retail Store Image

▲Song Si-gen (*Business School, Anhui University of Finance & Economics, Bengbu, Anhui 233041, China*)

Abstract: Retail store image refers to the physical environment for consumers to stroll around and do shopping, which can exert a significant influence on the consumer's decision-making behavior. An investigation has shown that the attributes of retail store image can be divided into four dimensions: merchandise image, atmosphere image, price image and convenience image. The demographic variables such as age, education, gender, marital status, salary, etc. have remarkable influences on the evaluations of store image. Finally, this essay briefly discusses the application and gives a proposal for future research.

Key Words: store image; empirical research; retail marketing

零售店铺形象的量表设计*
——从百货商店、超级市场和购物中心的角度

▲杨宜苗（东北财经大学工商管理学院，辽宁大连　116025）

> **摘　要**：店铺形象结构包括商品形象、服务形象、价格形象、便利形象、促销形象、气氛形象、设施形象和声誉形象等八个因素。店铺形象二阶单因子模型在百货商店、超级市场和购物中心样本中具有普适性，而店铺形象不同维度的相对重要性在不同业态之间存在差异。零售企业可以从商品形象、服务形象、价格形象、促销形象、气氛形象、便利形象、设施形象和声誉形象中选择一个或若干要素的组合作为店铺形象塑造和优化的突破口，但其侧重点则因零售业态不同而有所差异，对于百货商店来说，可以侧重于便利形象、商品形象、服务形象或气氛形象；对于超级市场来说，可以侧重于服务形象、便利形象、商品形象和设施形象；对于购物中心来说，则可以侧重于便利形象、促销形象和价格形象和服务形象。
>
> **关键词**：商业企业管理；零售店铺形象；企业形象量表

一、引　言

在中国零售市场竞争日趋激烈的宏观背景下，店铺形象越来越为企业所重视（汪旭晖、陆奇斌，2007）。为了塑造和优化店铺形象，就要准确测量店铺形象。目前国内有关店铺形象的量表比较少，特别是已有量表基本上是在对大型超市或百货商店进行调研的基础上形成的，它是否适用于其他零售业态有待进一步验证。国外关于店铺形象的量表也比较齐全，但是不同量表之间差异较大，衡量标准的不一致使得零售企业往往很难找到塑造和优化店铺形象的切入口。而且，零售企业行为与社会文化环境有密切关系，所以国外的测量量表未必适应我国的现实情况。因此，建立中国文化背景下适用于不同零售业态的店铺形象量表对于指导中国零售企业的形象管理实践具有重要的意义。

---

* 本文原刊载于《北京工商大学学报（社会科学版）》2010年第1期。

二、文献回顾

店铺形象的理论框架、量表开发在国外已经得到了不断拓展和丰富，相对比较成熟。Nevin et al.（1980）将店铺形象划分为形象属性/态度服务因素和特别突出因素两大类。Wong & Teas（2001）将店铺形象归纳为为商店品质、位置便利性和人员服务三个维度。Mitchell（2001）认为店铺形象包括有形物质、财务、时间与便利、社会心理等四个维度。Rich & Portis（1964）采用商品、价格、服务态度、购物便利性、商店布置及展示五个维度来衡量百货公司的形象。Fisk（1962）列出了店铺形象的六个维度：地点便利性、商品适合度、价格、销售人员与服务、店内装潢与气氛、购后满意度。Thang & Tan（2003）使用氛围、服务、便利性、声誉、促销、过去交易经验等维度来测量百货公司店铺形象。Stephenson（1969）建立的食品店店铺形象维度分别是广告、商店实体特征、商店便利性、朋友对商店的感觉、商品选择、商店人员、价格和商店可靠性。Lindquist（1974）认为，店铺形象包含商品、服务、顾客、硬件设施、便利性、促销、商店气氛、制度、售后满意等九个维度。Sung & Young（2005）提出商品品质、商品价格、商品分类、促销、广告、购物便利、位置便利、商店设施、销售人员服务、信用卡服务、商店品牌和商店气氛等12个店铺形象维度。Desai & Debabrata（2002）则认为，店铺形象维度是难以穷举的，甚至包括购物篮（或购物车）的尺寸大小。国内学者对店铺形象的研究十分有限，且考察的零售业态类型主要限于超级市场和百货商店。吴长顺和范士平（2004）从商品种类、商品质量、商品价格与促销、布置与陈列、商店地点、卖场环境与氛围、营业便利性、服务、实体设备、组织因素等10个维度对百货商店与综合超市形象进行了比较分析。宋思根（2006）认为，零售店铺形象可以归纳为商品形象、氛围形象、价格形象和便利形象四个维度。汪旭晖、陆奇斌（2006）开发的中国大型综合超市店铺形象量表涉及便利性形象、店铺环境形象、人员服务形象、店内商品形象、价格形象、广告促销形象和售后服务形象等八个维度。

从文献回顾可知，尽管普遍认为店铺形象是一个包含多个维度的复杂建构，但遗憾的是，目前尚未对店铺形象的维度构成达成共识，这会使零售企业在塑造和优化店铺形象时缺少参考基准。而且，前人在研究店铺形象时或者模糊了零售业态类型，或者只涉及一种零售业态，这会使研究结论对异业态适用性十分有限。为了弥补这些缺陷，本文拟重新界定店铺形象的维度构成，设计一套适用于不同零售业态的新的店铺形象量表，并进行信度和效度检验。

三、研究设计

（一）量表生成

店铺形象量表的维度和问项的构建主要借鉴了西方的量表，同时参考了中国学者店铺形象研究文献、专家意见和深度访谈资料。确定店铺形象维度时遵循了两个基本标准：一是适用于不同的零售业态；二是能较好地反映消费者对零售店铺的认知。量表初稿设定了八个店铺形象维度，分别是商品形象、服务形象、价格形象、便利形象、促销形象、气氛形象、设施形象和声誉形象。具体而言，借鉴 Zimme & Golden（1988）提出的商品组合和种类，以及 Fisk（1962）、Kunkel & Berry（1968）、Sirohi et al.（1998）提出的商品熟悉性、流行性和品质等观点，将商品形象定义为"顾客所感受到商店内产品的多样性、独特性、熟悉性和流行性"，并设计了 4 个测量问项。参考 Ghosh（1990）所提出的人员服务和 Engel et al.（1995）所强调的一般服务，以及参考 Kunkel & Berry（1968）、Thang & Tan（2003）、Wong & Teas（2003）的观点，将服务形象定义为"顾客所感受到人员服务的态度、专业性及效率性"，并设计了 7 个测量问项。参考 Bell（1999）、Sirohi et al.（1998）等的观点，将价格形象定义为"顾客感受到所购买产品的价格合理性及相对价格便宜性"，并设计了 3 个测量问项。参考 Holbrook（1999）、Hansen & Deutscher（1977）、Lindquist（1974）、Wong & Teas（2001）的观点，将便利形象定义为"顾客感受到商店为消费者的行为提供的地点便利、搜寻便利、占有便利和交易便利等"，并设计了 5 个问项。参考 Engel et al.（1995）、Kunkel & Berry（1968）、Lindquist（1974）、Thang & Tan（2003）的观点，将促销形象定义为"顾客对商店促销品类、促销期限、促销方式和促销频率等的感受程度"，并设计了 4 个测量问项。参考 Martineau（1958）、Thang & Tan（2003）的观点，将气氛形象定义为"顾客对商店实体环境与气氛的感受水平"，并设计了 5 个测量问项。参考 Hansen & Deutscher（1977）、Sung & Young（2005）的观点，将设施定义为"顾客对于商店实体设施所感受的完备性及布局合理性"，并设计了 3 个测量问项。参考 Kunkel & Berry（1968）、Oxenfeldt（1974）、Zimmer & Golden（1988）的观点，将声誉形象定义为"商店所具备的信用、口碑与知名度"，并设计了 3 个测量问项。

（二）问卷设计

问卷分为两部分：第一部分是被调研对象的性别、年龄、文化程度、收入、婚姻状况、籍贯等基本情况；第二部分是由店铺形象测量量表生成的问卷。初始问卷共 34 个问项，正式问卷共 30 个问项。问卷采取 Likert 7 点量表，7 表示"程度极高或完全同意"，1 表示"程度极低或完全不同意"。

（三）调研设计

为了形成适用于不同零售业态的一般性结论，选定目标顾客相对分散的百货商店、超级市场和购物中心三种零售业态为调研对象。鉴于大连是一座零售商业相对繁荣的城市，且外来人口占有一定的比例，同时为了便利取样，所以将调查的区域范围选定为大连市。

调研过程分为预调研和正式调研两个阶段。预调研于 2008 年 10 月 1 日至 7 日在大连西安路商圈展开。调研人员分为三个小组,分别负责百货商店、超级市场和购物中心的样本收集。调研采用在 3 家零售商店门口随机拦截、自愿填答的方式,共发放问卷 240 份,收回有效问卷 198 份,有效回收率为 82.5%。正式调研从 2008 年 10 月 23 日开始,历时 1 个月,以现场问卷调查形式在大连市三种零售业态的 17 个零售商店门口完成,共发放问卷 720 份,回收有效问卷 653 份,有效回收率为 90.7%。

四、数据分析结果

(一) 探索性因子分析

为了检验测量变量的信度及单维性,对预调研 198 份有效样本进行探索性因子分析。结果显示,初始量表各概念测试信度 Cronbach's α 值介于 0.679 – 0.943 之间,说明其在信度方面是可以接受的。利用 SPSS13 进行探索性因子分析的 KMO 值为 0.863,Bartlett 球形检验的显著性水平 p 值 = 0.000 < 0.05,表明适合作因子分析,且前 8 个因子的特征值大于 1,累计解释了 69.338% 的信息,从第 9 个因子开始变动趋缓,表明应该提取 8 个因子。通过方差正交化旋转,萃取后的因子结构与初始设计的量表结构相吻合。继而对初始 34 个问项进行纯化,最后形成包含 30 个问项的店铺形象正式量表。

(二) 验证性因子分析

利用正式量表调研所获得的 653 份有效问卷,进行验证性因子分析。各测量变量的 Cronbach's α 系数介于 0.827 – 0.972 之间,通过内部一致性信度检验。利用 Lisrel8.7 计算各因素的因子载荷,将八个潜变量($\eta_1 - \eta_8$)分别用不同的问项作观测变量构造一阶八因子模型(M_0)。模型拟合优度指标分别为:卡方/自由度 = 2.55,RMSEA = 0.045,NNFI = 0.99,NFI = 0.98,NNFI = 0.99,CFI = 0.99,表明模型拟合度良好。店铺形象所有因子载荷 t 值均大于 1.96,表明所有指标在各自计量的概念上的因子载荷都达到 $p < 0.001$ 的显著水平,且因子载荷大于门槛值 0.5。AVE 值介于 0.55 – 0.92 之间,均大于 0.5。因此,量表具有较高的收敛效度。同时,模型中任一因子 AVE 值的平方根均高于与其他因子的相关系数,且各变量间的相关系数的绝对值均小于 1,因此判别效度得到验证。

为了直观地反映店铺形象模型,以一阶八因子模型为基础模型,构建二阶单因子模型(M_1),即假设可能存在一个高阶因子(ξ)主宰八个一阶因子($\eta_1 - \eta_8$),并比较两个模型的优劣程度,表 1 给出了两个模型的拟合指标,二阶单因子模型与基础模型相比,χ_2 上升改变达到了显著水平($p < 0.01$),但 GFI(0.91)、NNFI(0.99)、NFI(0.98)、CFI(0.99) 等指标相差无几,这说明在八个一阶因子后面存在着一个统管它们的高阶因子。按简约原则,应取二阶模型。此外,二阶与一阶因子关系也很强,GA 值在 0.67 – 0.82 之间。

（三）跨业态比较分析

运用 Lisrel 8.7 软件对三种零售店铺形象模型进行形态等同检验，讨论店铺形象二阶单因子模型对百货商店（$N=208$）、超级市场（$N=228$）和购物中心（$N=217$）三个子样本的适用性。

由表 1 可见，在 M_{11}、M_{12}、M_{13} 三个子模型中，RMSEA、NNF、CFI、IFI、NFI 等各项指标均拟合得较好，说明从模型形态来看，该店铺形象二阶单因子模型在百货商店、超级市场和购物中心样本中具有普适性。从不同零售业态的二阶因子载荷系数大小来看，在百货商店中，依次为便利形象、商品形象或服务形象、气氛形象、设施形象、促销形象、声誉形象、价格形象；在超级市场中，依次为服务形象、便利形象、商品形象、设施形象、价格形象或气氛形象、声誉形象和促销形象；在购物中心中，依次为便利形象、促销形象、价格形象、服务形象、设施形象、商品形象、气氛形象、声誉形象。这表明店铺形象不同维度的相对重要性因业态不同而有一定的差异。

表 1　　　　店铺形象 CFA 模型的因子载荷和 t 值

路径与拟合指标	总样本（M_1）		百货商店（M_{11}）		超级市场（M_{12}）		购物中心（M_{13}）	
	因子载荷	t 值	因子载荷	t 值	因子载荷	t 值	因子载荷	t 值
$\xi - \eta_1$	0.76	18.42	0.81	10.93	0.78	11.46	0.70	9.65
$\xi - \eta_2$	0.80	16.79	0.81	9.06	0.82	9.80	0.77	10.04
$\xi - \eta_3$	0.71	18.78	0.60	8.69	0.73	11.66	0.78	12.07
$\xi - \eta_4$	0.82	20.75	0.85	12.34	0.81	11.82	0.80	11.61
$\xi - \eta_5$	0.72	14.71	0.69	7.91	0.65	7.85	0.79	9.44
$\xi - \eta_6$	0.73	16.79	0.80	10.76	0.73	9.48	0.67	8.89
$\xi - \eta_7$	0.74	19.48	0.73	10.83	0.75	11.84	0.73	10.80
$\xi - \eta_8$	0.67	17.91	0.68	10.32	0.71	11.17	0.62	9.54
拟合优度指标	$\chi^2 = 965.39$, df = 397 RMSEA = 0.047 GFI = 0.91 NFI = 0.98 NNFI = 0.99 CFI = 0.99		$\chi^2 = 558.78$, df = 397 RMSEA = 0.044 GFI = 0.85 NFI = 0.97 NNFI = 0.99 CFI = 0.99		$\chi^2 = 655.04$, df = 397 RMSEA = 0.054 GFI = 0.84 NFI = 0.97 NNFI = 0.99 CFI = 0.99		$\chi^2 = 669.39$, df = 397 RMSEA = 0.056 GFI = 0.83 NFI = 0.96 NNFI = 0.98 CFI = 0.98	

注：ξ 表示潜变量店铺形象，$\eta_1 - \eta_8$ 分别表示商品形象、服务形象、价格形象、便利形象、促销形象、气氛形象、设施形象和声誉形象。

五、结论、局限性与未来研究方向

本文从中国文化背景出发,设计了店铺形象维度,开发了测量量表,并进行了跨业态实证检验,证明了量表具有良好的信度与效度,形成店铺形象二阶单因子模型,同时发现店铺形象不同维度的相对重要性在不同零售业态之间存在差异。这些研究结果将为国内零售店铺形象的后续研究提供良好的平台,对指导零售企业塑造和优化店铺形象也具有很好的实践意义。第一,零售企业可以选择商品形象、服务形象、价格形象、促销形象、气氛形象、便利形象、设施形象和声誉形象的某个或若干要素的组合作为店铺形象塑造和优化的突破口。第二,塑造和优化店铺形象的侧重点因零售业态不同而有所差异,对于百货商店来说,可以侧重于便利形象、商品形象、服务形象或气氛形象;对于超级市场来说,可以侧重于服务形象、便利形象、商品形象和设施形象;对于购物中心来说,则可以侧重于便利形象、促销形象、价格形象和服务形象。

本文还有以下局限性:第一,由于各种条件的限制,本次调研主要是在大连地区的 17 家百货商店、超级市场和购物中心展开的,结论是否可以推广到其他地区和其他零售业态还有待进一步实证检验。第二,提出的二阶单因子店铺形象模型只涉及商品形象、服务形象、价格形象、促销形象、气氛形象、便利形象、设施形象和声誉形象,而店铺形象的维度是难以穷举的,是否有必要引入组织因素、购后满意度等其他维度值得考虑。第三,虽然从不同零售业态角度为塑造和优化店铺形象提供了方向,但对于某个特定的零售企业究竟如何选择切入点,并没有给出明确的结论。

后续研究可以沿着以下方向展开:第一,针对专卖店、专业店、建材商店、便利店等其他零售业态,以及新兴的网上商店或地下商店进行实证研究;第二,拓展店铺形象维度的范围或优化其测项,如引入组织因素、购后满意度等维度,考虑停车条件、拥挤程度、服务人员的数量、与工作场所的距离,以及其他更为细化的标准,甚至考虑店铺所处的商圈聚集形象。第三,进一步研究这八个维度对消费者行为的影响以及这种影响在不同零售业态之间的差异,进而发现塑造和优化店铺形象的突破口。

参考文献

[1] 宋思根. 零售店铺形象属性维度的实证研究 [J]. 北京工商商大学学报(社科版),2006 (7):8-11.

[2] 汪旭晖,陆奇斌. 店铺形象维度对顾客满意度的影响机制研究——基于大型综合超市的实证分析 [J]. 营销科学学报,2007 (3):54-66.

[3] Bell S J. Image and consumer attraction to intraurban retail areas: an environmental psychology approach [J]. Journal of Retailing and Consumer Services,1999,6 (2):67-78.

[4] Kunkel J H, Berry L L. A behavioral conception of retail image [J]. Journal of Marking,1968,38 (8):21-27.

[5] Thang D C L, Tan B L B. Linking consumer conception to preference of retailing stores: an empirical assessment of the multi-attributes of store image [J]. Journal of Retailing and Consumer Services, 2003, 10 (4): 193 – 200.

[6] Wong J K M. Consumers' perception of store image of joint venture shopping centers: first-tier versus second-tier cities in China [J]. Journal of Retailing and Consumer Services, 2003, 10 (2): 61 – 70.

[7] Yoo S J, Chang Y J. An exploratory research on the store image attributes affecting its store loyalty [J]. Journal of Business, 2005, 11 (1): 19 – 41.

Scale Designing for Store Image
—From the Perspectives of Department Stores, Supermarkets and Shopping Centers

▲Yang Yi-miao (*School of Business Administration, Dongbei University of Finance & Economics, Dalian, Liaoning 116025, China*)

Abstract: The structure of store image has 8 factors including merchandise image, service image, price image, convenience image, promotion image, atmosphere image, facilities image and reputation image. The second-order single-factor model for store image is universally adaptable to department stores, supermarkets and shopping centers, but among different retail formats there are differences in relative importance of different dimensions for store image. Retail enterprises can select one factor or some combination of merchandise image, service image, price image, promotion image, atmosphere image, convenience image, facilities image and reputation image as the breakthrough point to build and improve store image, but the emphasis differs from retail formats. For department stores, they can focus on convenience image, merchandise image, service image and atmosphere image. For supermarkets, they can put more emphasis on service image, convenience image, merchandise image and facilities image. As for shopping centers, the emphasis can be put on convenience image, promotion image, price image and service image.

Key Words: business administration; store image; corporate image scale

零售商品牌资产影响因素及其作用机制的实证研究*

▲沈鹏熠[1] 胡保玲[2] （1. 华东交通大学经济管理学院，江西南昌 330013；2. 青岛理工大学商学院，山东青岛 266520）

> **摘 要**：零售商品牌资产建设是决定零售企业规模化和持续化发展的一项战略议题，对零售企业长期竞争优势的建立有重要意义。文章从顾客视角出发，构建了零售商品牌资产影响因素及其作用机制研究模型。通过对济南和南昌两地百货商店和超级市场的消费者进行调研发现，商店形象属性通过顾客情绪、感知价值、顾客满意和顾客信任的作用对零售商品牌资产产生影响。其中，商店形象属性对顾客情绪的影响在不同的零售业态和地区表现出了一定的差异性。研究结论对零售企业品牌管理实践有重要启示作用。
>
> **关键词**：零售商品牌资产；商店形象；功能性属性；情感性属性

一、引 言

零售商以往大多通过价格、商品及促销等方式吸引顾客和创造差异化竞争优势，然而随着竞争过程中的相互模仿和学习，利用这些策略来吸引消费者的效力越来越小，顾客忠诚难以维系。在竞争压力推动下，学界和商界开始将目光投向零售公司最重要的一类价值资源——品牌，零售品牌化已成为现代零售产业中的重要战略举措。研究表明，品牌资产被广泛地视为衡量品牌化战略有效性的指数，构建品牌资产是零售商面临的一项重要战略议题。由于零售商品牌资产的载体是零售商店，因此，其资产的形成深受消费者对商店形象属性的感知和评价的影响。通过影响消费者的偏好和购物行为，商店形象属性已成为零售商品牌资产构建的一个重要基础（Ailawadi & Keller，2004）。但与产品品牌相比，零售商品牌是更加多感官的，它能

---

* 本文原刊载于《北京工商大学学报（社会科学版）》2011年第2期。基金项目：国家社科基金项目（10CGL031）；山东省社科规划研究项目（08CJGJ18）；江西省高校人文社会科学研究项目（GL1112）。

依靠丰富的消费者体验去影响其资产。然而，现有研究只片面考虑了消费者认知因素（商店形象属性）在零售商品牌资产形成中的驱动作用，而忽略了消费者购物体验中的情绪因素、价值感知因素和态度评价因素的综合作用。因此，本文通过明确零售商品牌资产生成过程中的多种关键影响因素及其关系，并运用实证方法，从顾客视角测量和分析不同影响因素间的作用机制，目的是为零售商品牌管理实践提供有益建议。

二、文献回顾

（一）零售商品牌资产

现有文献主要从顾客视角对零售商品牌资产内涵和测量进行研究，体现了零售商品牌给顾客带来的效用。Arnett et al.（2003）认为零售商品牌资产是与商店品牌及其名称和符号相联系的资产和负债的集合，它增加或减少消费者对商店品牌的感知价值。Pappu et al.（2006）证实零售商品牌资产由零售商认知、零售商联想、零售商感知质量和零售商忠诚构成。Haelsig et al.（2007）则运用消费者商店态度量表对零售商品牌资产进行测量，发现喜爱、差异化、诚信、推荐意愿、承诺构成了基于顾客的零售商品牌资产测量内容。其研究还发现，服务属性和其他零售商属性（价值/价格、商品组合、广告、商店设计）对零售商品牌资产有积极影响。本文以 Haelsig et al. 的研究为基础，进一步探讨零售商品牌资产的影响因素及其作用机制。

（二）商店形象属性

Martineau（1958）将商店形象理解为购物者心目中定义某商店的方式，包括功能性属性和心理性属性。因此，商店形象又是顾客所感知的不同商店属性的总和。Lindquist（1974）将商店形象属性划分为商品、服务、顾客、商店设施、便利性、广告与促销、商店氛围、组织因素和购后满意九个维度。此后，许多学者（Chowdhury et al., 1998; Yoo et al., 1998; Thang & Tan, 2002）也对商店形象进行了分类，但它在本质上可分为功能性和情感性属性两类。功能性属性反映了商店的有形特征，是顾客能意识到的在他们面前的可视元素。情感性属性是使顾客在商店内感到温暖、舒适和放松的无形环境要素，倾向于潜意识影响消费者。

Hartman et al.（2005）认为，需要具体探究顾客体验、态度、信念和感知等其他前置因素是怎样影响零售商品牌资产的。"S－O－R 理论"表明，商店环境是包含许多线索的刺激物，这些线索共同影响消费者情绪状态，从而创建接纳/规避行为反应。Yoo et al.（2000）认为品牌资产的提高不仅是营销组合努力的结果，也是先前营销活动导致的顾客价值的作用结果。因此，商店形象属性作为零售营销策略，会通过顾客的情绪反应和感知价值对零售商品牌资产产生驱动作用。此外，研究表明，商店形象对顾客满意和忠诚有积极影响（Bloemer & Ruyter, 1998; Chang et al., 2005）。由于顾客满意和信任反映了顾客对零售商的态度评价，其在零售商品牌在资产生成中也扮演重要影响作用。因此，需要将顾客情绪、感知价值、顾客满意和信任纳入商店形象驱动零售商品牌资产生成的整体框架中进行系统分析。

三、研究模型与假设

（一）商店形象属性、顾客情绪与感知价值

功能性属性和情感性属性由商品、服务、设施和氛围等细分要素构成。消费者感知的产品组合和产品价值越多，其店内情绪越高。顾客情绪又取决于商店服务的提供，当消费者感到服务人员是友好的、乐于助人的和积极的，他们更愉快。Yoo et al.（1998）认为，商店设施对顾客在店内的情绪有显著影响，良好的设施使顾客感到高兴，而差的商店设施使顾客感到不高兴。Spies et al.（1997）的研究表明，在好的商店氛围中顾客情绪愉悦，而在差的氛围中则情绪恶化。根据线索利用理论，当消费者评价商店时，他们会注意商店的设施和氛围等线索。随着消费者感知的线索变得有利，消费者感知的时间、精力和心理成本会降低，从而使顾客购物体验中的感知价值增加。此外，消费情绪影响感知货币价值，积极的消费情绪能在积极的价值判断上起决定性作用（Grace et al.，2005）。因此，本文提出如下假设。

H1：功能性属性对顾客情绪有显著正向影响；
H2：情感性属性对顾客情绪有显著正向影响；
H3：功能性属性对感知价值有显著正向影响；
H4：情感性属性对感知价值有显著正向影响；
H5：顾客情绪对感知价值有显著正向影响。

（二）商店形象属性、顾客满意与顾客信任

Chang et al.（2005）的研究表明商店设施、商店服务、商店促销活动和便利能积极地影响顾客满意和忠诚，同时，这些商店形象属性对顾客忠诚的影响又以顾客满意作为中介变量进行传递。商店属性作为重要的线索在购前决策中给消费者沟通有用信息，并影响消费者决策的信心，从而影响到商店决策。并且，随着商店形象属性推动下顾客感知价值的提升，顾客对零售商的信任和依赖会增加，商店形象属性对顾客信任的产生也发挥重要驱动作用。此外，顾客满意作为顾客信任的前置因素已在许多文献中得到支持（如 Geyskens et al.，1999；Ranaweera et al.，2003）。因此，本文提出如下假设。

H6：功能性属性对顾客满意有显著正向影响；
H7：情感性属性对顾客满意有显著正向影响；
H8：功能性属性对顾客信任有显著正向影响；
H9：情感性属性对顾客信任有显著正向影响；

H10：顾客满意对顾客信任有显著正向影响。

(三) 顾客情绪、顾客满意与顾客信任

Yalch & Spangenberg（2000）开发了商店环境通过情绪状态影响购物行为的模型，它表明商店环境刺激通过消费者情绪反应对消费者的满意度、购物时间等行为结果产生影响。同时，消费者的情绪状态会影响其对零售商店的态度，情绪体验能创造积极或消极的信念，进而影响到消费者的态度。因此，本文提出如下假设。

H11：顾客情绪对顾客满意有显著正向影响；

H12：顾客情绪对顾客信任有显著正向影响。

(四) 感知价值、顾客满意、顾客信任与零售商品牌资产

winner et al.（1998）认为从服务关系中感知的社会性和功能性利益积极影响服务满意。Pappu et al.（2006）认为，顾客的高度满意和高度不满意都能提高零售商认知。对零售商高度满意也会积极影响到消费者头脑中零售商联想的强度以及零售商感知质量水平，满意的顾客更能对零售商持有积极的忠诚行为。同样，顾客对零售商的信心和依赖越高，其对零售商的识别和回忆能力就会越高，对零售商的联想就会越积极，对零售商的产品和服务质量的感知也会越高。并且，顾客愿意为他们信任的零售商作出正面的口碑宣传和重复购买行为，对零售商表现出更高的忠诚度。又由于零售商认知、零售商联想、零售商感知质量和零售商忠诚是衡量零售商品牌资产的关键要素（Pappu et al.，2006），因此，感知价值、顾客满意和顾客信任本质上对零售商品牌资产的形成会产生重要影响。基于以上分析，本文提出如下假设。

H13：感知价值对顾客满意有显著正向影响；

H14：感知价值对零售商品牌资产有显著正向影响；

H15：顾客满意对零售商品牌资产有显著正向影响；

H16：顾客信任对零售商品牌资产有显著正向影响。

综上所述，可以得到本文的研究模型，如图 1 所示。

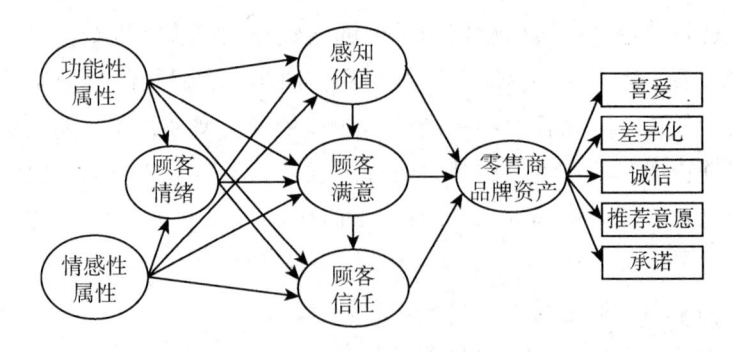

图 1　研究模型

四、研究设计

(一) 变量测量

功能性和情感性属性的测量参考了现有文献,并邀请了 6 名市场营销专业的教授和博士生作出了进一步筛选、补充和分类,最终分别采用 7 个和 8 个测项衡量;顾客情绪采用 4 个测项衡量;顾客满意和顾客信任分别采用 3 个和 4 个测项衡量;感知价值采用 3 个测项衡量;零售商品牌资产的测量借鉴了 Haelsig et al. 的研究,从总体层面采用 5 个测项衡量。变量的测项及来源见表 1。

表 1　　　　　　　　变量的测量项目及其来源

变量	测量项目	来源
功能性属性 (UTA)	商品种类;商品质量;陈列;价格;硬件设施;店址;购物指示	Lindquist (1974), Yoo et al. (1998), Thang et al. (2003), 访谈
情感性属性 (AFA)	温度;灯光;音乐;气味;清洁;宽敞;服务;广告和促销	
顾客情绪 (EMO)	满足的/沮丧的;快乐的/不快乐的;高兴的/苦恼的;自在的/烦恼的	Donovan et al. (1982)
感知价值 (PEV)	去该商店购物是明智的;去该商店购物非常正确;与得到的相比,在该商店购物的花费是值得的	Caruana et al. (2005), Sweeney et al. (2001)
顾客满意 (SAT)	对商店是满意的;对商店整体感觉较好;对来商店不感到后悔	Terblanche et al. (2006)
顾客信任 (TRU)	可靠的;值得信赖的;放心;有信心	Zboja et al. (2006)
零售商品牌资产 (RBE)	喜爱;差异化;诚信;推荐意愿;承诺	Haelsig et al. (2007)

(二) 数据收集

为使数据呈现差异性和多样性,选择了东部沿海城市济南市和中西部内陆城市南昌市的超级市场和百货商店消费者进行调查。在两个城市各发放问卷 250 份,共回收有效问卷 410 份。其中,男性和女性样本数分别为 171 (41.7%) 和 239 (58.3%),30 岁及其以下和 30 岁以上的样本数分别为 236 (57.6%) 和 174 (42.4%),学历为专科及其以下的样本数为 212 (51.7%),学历为本科及其以上的样本数为 198 (48.3%)。

五、数据分析与假设检验

（一）数据的信度和效度分析

首先，计算各潜变量的信度系数 Cronbach's α 值，表 2 显示所有潜变量的信度系数均高于 0.70 这一可接受的最小临界值（$\alpha \geq 0.752$）。之后，利用 AMOS7.0 软件进行验证性因子分析，表 2 显示各观测变量在相应的潜变量上的标准化载荷系数均在 0.6 以上，并在统计上高度显著（$T \geq 10.608$），这说明数据有较好的收敛效度。此外，从表 3 可以看出，AVE 的平方根均大于各潜在变量相关系数的绝对值，从而显示出数据有良好的判别效度。

表 2　总体测量模型的验证性因子分析结果

研究变量	测项	标准化载荷	T 值	研究变量	测项	标准化载荷	T 值
功能性属性 ($\alpha=0.912$)	UTA1	0.818	—	顾客情绪 ($\alpha=0.801$)	EMO1	0.674	—
	UTA2	0.820	19.252		EMO2	0.775	12.906
	UTA3	0.804	18.698		EMO3	0.731	12.376
	UTA4	0.804	18.717		EMO4	0.671	11.545
	UTA5	0.813	19.010	感知价值 ($\alpha=0.752$)	PEV1	0.678	—
	UTA6	0.739	16.655		PEV2	0.715	10.608
	UTA7	0.627	13.508		PEV3	0.735	10.663
情感性属性 ($\alpha=0.920$)	AFA1	0.806	—	顾客满意 ($\alpha=0.876$)	SAT1	0.881	—
	AFA2	0.816	18.820		SAT2	0.933	24.983
	AFA3	0.811	18.658		SAT3	0.719	17.237
	AFA4	0.809	18.591	顾客信任 ($\alpha=0.893$)	TRU1	0.845	—
	AFA5	0.808	18.578		TRU2	0.911	23.708
	AFA6	0.708	15.586		TRU3	0.854	21.544
	AFA7	0.723	16.023		TRU4	0.715	16.468
	AFA8	0.679	14.791	零售商品牌资产 ($\alpha=0.892$)	RBE1	0.873	—
					RBE2	0.849	21.876
					RBE3	0.722	16.961
					RBE4	0.750	17.953
					RBE5	0.764	18.492

表 3　　　　　相关系数矩阵与平均提炼方差（AVE）的平方根

	1	2	3	4	5	6	7
功能性属性	0.778						
情感性属性	0.407	0.772					
顾客情绪	0.532	0.596	0.714				
感知价值	0.283	0.273	0.366	0.710			
顾客满意	0.457	0.481	0.544	0.385	0.849		
顾客信任	0.473	0.534	0.599	0.286	0.602	0.834	
零售商品牌资产	0.428	0.327	0.495	0.334	0.556	0.558	0.794

注：对角线上的数字为 AVE 的平方根，对角线下方是各潜变量间的相关系数。

（二）商店形象结构维度的检验

将 410 个总样本随机分为两部分（$N_1 = 205$，$N_2 = 205$），分别进行探索性和验证性因子分析，从而检验商店形象结构维度。分析结果见表 4。

表 4　　　　　商店形象结构维度的探索性因子分析

因子	测项	探索性因子分析		验证性因子分析
		因子 1	因子 2	
功能性属性（因子 1）	商品种类	0.814		0.739***
	商品质量	0.813		0.774***
	陈列	0.789		0.803***
	价格	0.794		0.771***
	硬件设施	0.796		0.766***
	店址	0.726		0.781***
	购物指示	0.613		0.690***
情感性属性（因子 2）	温度		0.776	0.809***
	灯光		0.815	0.786***
	音乐		0.784	0.828***
	气味		0.828	0.836***
	清洁		0.816	0.848***
	宽敞		0.764	0.751***
	服务		0.771	0.787***
	广告和促销		0.709	0.676***

注：*** 代表 $p < 0.001$。

1. 探索性因子分析。针对 N_1，对 15 个商店形象属性测项的调查数据采用主成分分析法进行因子分析。数据显示，15 个测项的 KMO 值为 0.887，巴特利特球状检验的显著性水平小于 0.001，表示这些数据适合做因子分析。通过方差最大正交旋转，15 个测项很好地归属于两个因子，每一个题项在其所对应的因子上的负载均大于 0.613，两个因子累计解释的方差达到 63.653%，这说明了商店形象属性分为功能性属性和情感性属性两个因子是合理的。

2. 验证性因子分析。针对样本 N_2，对商店形象属性量表进行了验证性因子分析显示，每个题项在其所对应因子上的标准化因子载荷均大于 0.676，并且在 $p < 0.001$ 的水平上显著。另外，测量模型的整体拟合优度较好（$x^2/df = 1.669$，RMSEA = 0.057，GFI = 0.887，NFI = 0.869，CFI = 0.922，IFI = 0.923，NNFI = 0.914）。因此，通过探索性和验证性因子分析，商店形象结构维度由功能性属性和情感性属性的构成得以支持。

（三）结构方程模型的评价与假设检验

在总样本中使用 AMOS7.0 软件对研究模型进行检验，采用最大似然估计法计算出的拟合指数显示：$x^2/df = 1.949$，GFI = 0.872，AGFI = 0.850，RMSEA = 0.048，CFI = 0.944，NFI = 0.892，NNFI = 0.938，IFI = 0.944，说明模型的拟合情况是可接受的。表 5 给出了假设检验结果。

从表 5 可看出，H12 和 H14 没得到支持，其余假设均得到支持。其中，功能性和情感性属性对顾客情绪、感知价值、顾客满意和顾客信任均产生直接影响，顾客情绪只对顾客感知价值和顾客满意产生直接影响，感知价值通过影响顾客满意对顾客信任产生影响，对零售商品牌资产产生直接影响的只有顾客满意和顾客信任。

表 5   结构模型路径关系的显著性检验结果

假设	路径关系	标准化路径系数	T 值	结论
H1	功能性属性→顾客情绪	0.347***	5.883	支持
H2	情感性属性→顾客情绪	0.456***	7.336	支持
H3	功能性属性→感知价值	0.128**	2.693	支持
H4	情感性属性→感知价值	0.163**	3.230	支持
H5	顾客情绪→感知价值	0.267**	2.917	支持
H6	功能性属性→顾客满意	0.188***	3.319	支持
H7	情感性属性→顾客满意	0.197**	3.277	支持
H8	功能性属性→顾客信任	0.121*	2.309	支持
H9	情感性属性→顾客信任	0.175**	3.100	支持
H10	顾客满意→顾客信任	0.321***	5.720	支持
H11	顾客情绪→顾客满意	0.263***	3.567	支持

续表

假设	路径关系	标准化路径系数	T值	结论
H12	顾客情绪→顾客信任	0.108	1.482	不支持
H13	感知价值→顾客满意	0.180**	3.245	支持
H14	感知价值→零售商品牌资产	0.074	0.730	不支持
H15	顾客满意→零售商品牌资产	0.305***	4.964	支持
H16	顾客信任→零售商品牌资产	0.342***	5.638	支持

注：*代表 $p<0.05$；**代表 $p<0.01$；***代表 $p<0.001$。

（四）研究模型对零售业态和地区的恒定性分析

本研究按照不同零售业态和地区对样本进行拆分，在子样本中探讨模型的恒定性。其中，按业态进行拆分，超级市场和百货商店的顾客样本数分别为211和199。按地区进行拆分，济南和南昌的顾客样本数分别为203和207。针对各个子样本的SEM分析结果见表6。

表6　　模型的恒定性检验

假设	按零售业态检验				按地区检验			
	超级市场（211）		百货商店（199）		济南（203）		南昌（207）	
	系数	T值	系数	T值	系数	T值	系数	T值
H1	0.454***	5.040	0.272***	3.421	0.263***	3.360	0.474***	5.162
H2	0.383***	4.632	0.495***	5.291	0.502***	5.387	0.368***	4.449
H3	0.174**	2.644	0.106	1.391	0.094	1.104	0.168**	0.255
H4	0.090	0.859	0.190**	2.859	0.187**	1.872	0.115	1.138
H5	0.298*	2.063	0.257*	2.118	0.268*	2.243	0.297*	1.980
H6	0.216*	2.195	0.185**	2.687	0.182**	2.712	0.243*	2.366
H7	0.257**	2.799	0.159*	2.030	0.160*	2.085	0.261**	2.804
H8	0.198*	2.416	0.061	0.838	0.092	1.008	0.193*	2.292
H9	0.181*	2.380	0.155	1.845	0.179*	2.132	0.179*	2.341
H10	0.364***	5.351	0.251*	2.554	0.225*	2.294	0.375***	5.424
H11	0.041	0.348	0.443***	4.448	0.452***	4.614	0.005	0.040
H12	0.105	1.122	0.078	0.960	0.114	1.354	0.084	1.016
H13	0.215*	2.525	0.142*	1.969	0.143*	2.014	0.217*	2.481
H14	0.062	0.624	0.119	1.483	0.083	0.937	0.103	1.088
H15	0.220**	2.609	0.383***	4.293	0.371***	4.218	0.312***	3.609
H16	0.414***	4.865	0.240**	2.822	0.247**	2.948	0.337***	3.974

续表

假设	按零售业态检验				按地区检验			
	超级市场（211）		百货商店（199）		济南（203）		南昌（207）	
	系数	T值	系数	T值	系数	T值	系数	T值
模型拟合指数	x^2/df = 1.728，CFI = 0.919，GFI = 0.811，NFI = 0.828，NNFI = 0.911，IFI = 0.920，RMSEA = 0.059		x^2/df = 1.573，CFI = 0.930，GFI = 0.806，NFI = 0.830，NNFI = 0.923，IFI = 0.931，RMSEA = 0.054		x^2/df = 1.601，CFI = 0.929，GFI = 0.807，NFI = 0.832，NNFI = 0.922，IFI = 0.930，RMSEA = 0.055		x^2/df = 1.727，CFI = 0.916，GFI = 0.809，NFI = 0.824，NNFI = 0.908，IFI = 0.917，RMSEA = 0.059	

注：* 代表 $p<0.05$；** 代表 $p<0.01$；*** 代表 $p<0.001$。

在4个子样本中均通过检验的假设是H1、H2、H5、H6、H7、H10、H13、H15、H16，3个子样本通过检验的假设为H9，2个子样本通过检验的假设为H3、H4、H8和H11，在4个子样本中均未通过检验的假设为H12和H14。通过与总样本假设检验结果比较发现，H3、H4、H8、H9、H11在总样本和子样本中表现出不恒定性。因此，顾客情绪、感知价值、顾客满意和顾客信任在商店形象驱动零售商品牌资产中发挥了重要传递作用。"商店形象性属性→顾客情绪→感知价值→顾客满意/顾客信任→零售商品牌资产"构成了零售商品牌资产生产的关键路径。此外，与超级市场相反，在百货商店样本中情感性属性对顾客情绪的影响要大于功能性属性的影响。与南昌地区相反，在济南地区样本中情感性属性对顾客情绪的影响要大于功能性属性的影响。究其原因，顾客惠顾超级市场更多的是出于功利性购物需求，而百货商店的良好环境能为顾客享乐性购物需求的满足创造更好条件。又由于东部地区经济发达程度和居民收入水平要高于中西部地区，因此，消费者更容易追求和满足购物的情感性需求。可见，零售企业应重视不同零售业态和经济发展水平地区的顾客消费心理的差异性。

六、研究结论及建议

本研究发现，商店形象可被分类为功能性属性和情感性属性两个维度结构，并且顾客情绪、感知价值、顾客满意和顾客信任在商店形象属性驱动零售商品牌资产的过程中发挥了重要的中介作用，它们是影响零售商品牌资产生成的关键因素。但不同影响要素之间的作用关系又受到零售业态和地区等情境因素的影响。因此，本文不仅对零售企业的品牌建设和零售行业的繁荣提供了理论依据，又为零售企业的品牌管理实践提供了有益建议。

第一，加强对功能性和情感性商店形象属性的整体设计。零售企业不仅应对商品本身的属性，包括商品的使用质量、特色、外观、款式、颜色、产地、品牌等重视，以引发消费者的积极情绪，而且应重视商品属性以外的其他因素，特别是营销传播活动，以零售商品牌的核心价值为原则，在零售商品牌识别的整体框架下，选择广告、公关、促销、口碑、包装、CI等传播方式，将零售商品牌推广出去，以建立零售商品牌对消费者的影响力。同时，零售企业应加强对服务场景的管理，主要包括灯光、温度、音乐和气味，以及装修、陈设和店内的拥挤程度等。另外，还应根据零售业态和经营地区的不同对商店形象属性的提供和配置有所侧重，在较高档的百货商店和经济发达地区更应重视情感性属性的优化和提供，而在大众化的超级市场和经济欠发达地区应突出功能性属性的满足。

第二，加强对顾客情绪体验的管理。零售企业应注重加强服务接触点的设计和管理，其中，员工是顾客接受服务的接触界面，员工的工作态度、专业技能水平以及对服务过程中突发事件的处理能力直接影响顾客情感体验的水平。因此，零售企业应加强服务人员服务技能的培训，加强服务接触中员工的语言沟通和非语言沟通（表情、眼神、举止、姿态等）的管理，增强员工解决问题的能力，激发员工的工作热情，使员工主动投入到为顾客服务的情境中去，细心观察、揣摩顾客的心理需求，对顾客提供针对性服务，以提高顾客的体验感受。为了构造积极的顾客情绪体验，零售企业应该首先设定购物体验的主题，围绕这个主题布置和设计空间环境，向顾客注入符合主题的视觉、听觉等积极体验氛围。

第三，重视顾客感知价值的传递和管理。零售企业应从顾客感知价值的视角研究顾客的需求及其变化，依照顾客感知价值设计服务项目及流程。与顾客保持长期密切的联系，关注顾客和潜在顾客需求的变化，并满足不断变化的顾客需求，提高顾客的感知利益或减少顾客的感知利失以增加顾客感知价值是零售商品牌资产管理的关键。并且，零售企业应努力构建评估顾客价值的财会体系，计算忠诚顾客终生价值，追求顾客生命周期价值的最大化，并以此为标准制定营销和管理预算，评估管理绩效。

第四，强化关系质量建立机制。零售企业应通过建立全面的顾客服务数据库管理系统，定期开展顾客满意度调查及评估，实施顾客满意度工程，不断提高顾客满意度。其中，顾客满意工程是零售企业为了使顾客能对自己的商品或服务产生高的满意感，全面客观地评价顾客的满意度，并根据测评和分析的结果，找出差距，改善商品、服务及企业相关因素的工程。同时，零售企业应对顾客做到诚实和守信，秉着对顾客高度负责的态度，在服务前、服务中和服务后切实维护顾客利益。此外，应牢固树立以顾客关系为导向的战略理念，在企业内部形成顾客关系导向的创新氛围和行为。通过在零售企业内部倡导并形成顾客关系导向的价值观，对有效整合组织内不同部门和员工共同推进关系质量管理有重要意义。

参考文献

[1] Ailawadi, K. L. and Keller, K. L. Understanding Retail Branding: Conceptual Insights and Research Priorities [J]. Journal of Retailing, 2004, 80 (4): 331-342.

[2] Arnett, D. B., Laverie, D. A. and Meiers, A. Developing Parsimonious Retailer Equity Indexes Using Partial Least Squares Analysis: A Method and Applications [J]. Journal of Retailing, 2003, 9 (3):

161 – 170.

[3] Pappu, R. and Quester, P. A Consumer-Based Method for Retailer Equity Measurement: Results of an Empirical Study [J]. Journal of Retailing and Consumer Services, 2006, 13 (5): 317 – 329.

[4] Haelsig, F., Academic Journal Swoboda, B., Morschett, D. and Schramm-Klein, H. An Intersector Analysis of the Relevance of Service in Building a Strong Retail Brand [J]. Managing Service quality, 2007, 17 (4): 428 – 448.

[5] Martineau, P. The Personality of the Retail Store [J]. Harvard Business Review, 1958, 36 (1): 47 – 55.

[6] Lindquist, J. D. Meaning of Image: A Survey of Empirical and Hypothetical Evidence [J]. Journal of Retailing, 1974, 50 (4): 29 – 38.

[7] Hartman, K. and Spiro, R.. Recapturing Store Image in Customer-Based Store Equity: A Construct Conceptuali zation [J]. Journal of Business Research, 2005, 58 (8): 1112 – 1120.

[8] Yoo, B., Donthu, N. and Lee, S. An Examination of Selected Marketing Mix Elements and Brand Equity [J]. Journal of the Academy of Marketing Science, 2000, 28 (2): 195 – 211.

[9] Yoo, C., Park, J. and MacInnis, D. J. Effects of Store Characteristics and In-Store Emotional Experiences on Store Attitude [J]. Journal of Business Research, 1998, 42 (3): 253 – 263.

[10] Spies, K., Hesse, F. and Loesch, K. Store Atmosphere, Mood and Purchasing Behaviour [J]. International Journal of Research in Marketing, 1997, 14 (1): 1 – 17.

[11] Grace, D. and O'CASS, A. An Examination of the Antecedents of Repatronage Intentions across Different Retail Store Formats [J]. Journal of Retail and Consumer Services, 2005, 12 (4): 227 – 243.

[12] Chang, C. H. and Tu, C. Y. Exploring Store Image, Customer Satisfaction and Customer Loyalty Relationship: Evidence from Taiwanese Hypermarket Industry [J]. The Journal of American Academy of Business, 2005, 7 (2): 197 – 202.

[13] Yalch, R. F. and Spangenberg, E. R. The Effects of Music in a Retail Setting on Real and Perceived Shopping Times [J]. Journal of Business Research, 2000, 49 (2): 139 – 147.

[14] Gwinner, K P., Dwayne, D G. and Mary, J B. Relational Benefits in Services Industries: The Customer's Perspective [J]. Journal of the Academy of Marketing Science, 1998, 26 (2): 101 – 114.

[15] Pappu, R. and Quester, P. Does Customer Satisfaction Lead to Improved Brand Equity? An Empirical Examination of Two Categories of Retail Brands [J]. Journal of Product & Brand Management, 2006, 15 (1): 4 – 14.

[16] Thang, D. C. L. and Tan, B. L. B. Linking Consumer Perception to Preference of Retail Stores: An Empirical Assessment of the Multi-Attributes of Store Image [J]. Journal of Retailing & Consumer Services, 2003, 10 (4): 193 – 200.

[17] Donovan, R. J. and John, R. Rossiter. Store Atmosphere: An Environmental Psychology Approach [J]. Journal of Retailing, 1982, 58 (1): 34 – 57.

[18] Caruana, A. and Fenech, N. The Effect of Perceived Value and Overall Satisfaction on Loyalty: A Study among Dental Patients [J]. Journal of Medical Marketing, 2005, 5 (3): 245 – 255.

[19] Sweeney, C. and Soutar, N. Consumer Perceived Value: The Development to a Multiple Item Scale [J]. Journal of Retailing, 2001, 77 (2): 203 – 220.

[20] Terblanche, N. S. and Boshoff, C. The Relationship between a Satisfactory In-Store Shopping Ex-

perience and Retailer Loyalty [J]. South African Journal of Business Management, 2006, 37 (2): 33 – 43.

[21] Zboja, J. J. and Voorhees, C. M. The impact of Brand Trust and Satisfaction on Retailer Repurchase intentions [J]. Journal of Services Marketing, 2006, 20 (6/7): 381 – 390.

An Empirical Study on the Influencing Factors and Operation Mechanism of Retailer Brand Equity

▲Shen Peng-yi[1] & Hu Bao-ling[2] (*1. School of Economics and Management, East China Jiaotong University, Nanchang, Jiangxi 330013, China; 2. Business School, Qingdao Technology University, Qingdao, Shandong 266520, China*)

Abstract: Building retailer brand equity is a strategic issue to determine the scale and sustainable development of retailer enterprise, which is of great significance to the long-term competitive advantage in retail business. This paper builds a research model on the influencing factors and operation mechanism of retailer brand equity from customer's perspective. The authors have made a survey in Jinan, Shandong and Nanchang, Jiangxi, and use the consumers of department stores and supermarkets as samples. The study finds that store image attributes have a positive effect on retailer brand equity through customer emotion, perceived value, customer satisfaction and customer trust. Store image attributes have different effect on customer emotion in different retail formats and areas. These research conclusions have important implications for the brand management practice in retail enterprises.

Key Words: retailer brand equity; store image; functional attribute; affective attribute

零售企业自有品牌竞争力评价研究*

▲李艳华（北京工商大学商学院，北京　100048）

> **摘　要**：在总结品牌竞争力评价和自有品牌竞争要素已有研究的基础上，从品牌竞争力的企业能力视角和外部表征视角构建了零售企业自有品牌竞争力的评价指标体系。该体系由自有品牌支撑能力、自有品牌管理能力、自有品牌市场能力三个一级指标和九个二级指标、21个三级指标构成，采用层次分析法确定了指标体系的权重分配。应用模糊综合测度模型，以两家在中国的跨国零售企业为例，对其自有品牌竞争力进行了评估和比较分析。
>
> **关键词**：零售企业；自有品牌；品牌竞争力；竞争力评价

零售市场全球化正在不断向纵深发展，零售企业之间的竞争日益表现为品牌的竞争。由于自有品牌在塑造竞争优势方面发挥着关键的作用（Hyman et al., 2010），因此越来越多的零售商把发展自有品牌作为一项重要竞争战略。在国内市场上，沃尔玛、家乐福、欧尚等跨国公司不断加大自有品牌的开发力度，华润万家、联华、物美等本土零售商也在摸索自有品牌的发展路径。随着自有品牌的市场竞争不断加剧，如何通过对自有品牌竞争力的有效评估来为零售企业的竞争战略提供参考，成为一项重要的理论和实践课题。目前，理论界对自有品牌的研究主要集中在自有品牌购买者特征、自有品牌营销策略等方面（李飞、程丹，2006），从可以检索到的文献资料来看，对自有品牌竞争力的研究还十分有限。基于此，本文在分析品牌竞争力内涵和自有品牌竞争要素的基础上，构建了零售企业自有品牌竞争力的评价指标体系和综合测度模型，并选择了两家零售企业作为算例来说明该方法的应用过程和有效性。

一、相关文献综述

（一）品牌竞争力的内涵及评价指标

品牌竞争力是企业在市场竞争环境中拥有的塑造和支持强势品牌持续发展的竞争能力（Aaker, 2004）。在品牌竞争力研究中，国外学者更多地关注品牌权益、品牌资

---

* 本文原刊载于《北京工商大学学报（社会科学版）》2012年第6期。基金项目：北京市属高校人才强教深化计划项目（PHR201007124）；北京市教育委员会科研基地——科技创新平台——北京零售企业管理问题研究（PXM2012_014213_000033）；北京市教育委员会社科计划重点项目（SZ201310011004）。

产层面，主要依据消费者对品牌属性的认知来评价。比较而言，国内学者对品牌竞争力评价的研究较多，主要形成了两种研究视角。第一种视角基于品牌权益来构建品牌竞争力的评价体系，例如胡大立等（2005）用市场占有率、超值利润率、品牌扩张潜力和品牌知名度、美誉度、忠诚度构建了品牌竞争力的评价体系，韩福荣等（2008）构建了包括品牌知晓度、品牌知名度、品牌美誉度、品牌忠诚度和品牌联想度的品牌竞争力评价指标。第二种视角持综合观点，认为品牌竞争力是企业与品牌有关的一系列内部能力和外在表征的综合体现。例如沈占波等（2005）分别从外显性（品牌市场力、品牌形象力、品牌财务力）和潜力性（品牌质量支撑力、品牌创新力、品牌资源筹供力、品牌市场营销力）两个方面构建了品牌竞争力的评价指标。许基南（2005）从品牌基础能力、品牌管理能力、品牌市场能力三个层面构建了品牌竞争力评价指标体系。

（二）零售企业自有品牌的竞争要素

目前，理论界对零售企业自有品牌的研究大都是基于消费者行为视角，从顾客感知和品牌发展策略角度进行的（Woodside & Walser, 2007），许多研究仅仅关注了影响自有品牌成功的个别竞争要素。这些要素主要包括以下方面：（1）价格。早期研究认为，自有品牌的价格越低于制造商品牌，其销售情况就越理想（Sethuraman & Cole, 1999）。（2）质量。高质量的自有品牌能够使零售商的店铺形象更具差异性。近期许多研究认为高质量是比低价格更有效的竞争要素（Ailawadi & Harlam, 2004）。（3）品类多样性。有研究表明，产品品类的多样性能够使零售商形成规模经济和对消费者实现更多的承诺，进而提升品牌竞争力（Putsis & Dhar, 2001）。（4）制造商选择。将自有品牌生产外包给大型制造商，比外包给边缘性的小制造商更有竞争力（Amrouche & Zaccour, 2007）。（5）零售企业内在能力。研究认为自有品牌竞争力是零售企业综合实力在自有品牌上的体现，创新能力是零售企业自有品牌竞争的关键要素（Reinartz et al., 2011）。（6）消费者因素。消费者对自有品牌的认知度、忠诚度越高，越会增加其重复购买该类产品的可能性（Semeijn & Van Riel, 2004）。总体看来，目前尚缺乏对自有品牌竞争力的系统研究，但是通过对相关研究的分析，便于加深对自有品牌竞争过程的理解，为构建自有品牌竞争力评价指标体系提供了一定的理论基础。

（三）已有研究述评

虽然许多学者对品牌竞争力进行了研究，但是仍然存在许多问题。首先，品牌竞争力的内涵界定是进行品牌竞争力评估的基础，但目前学者对品牌竞争力的内涵界定存在非常大的分歧，对品牌竞争力与品牌权益、企业竞争力之间的边界确定也较为模糊，这种内涵界定的不清直接导致了在评价指标的选择和测量上的分歧。其次，由于品牌竞争力涉及竞争力、品牌管理、市场营销等多个理论领域，来自不同领域的学者侧重点不同，导致目前品牌竞争力评价研究的理论框架构建较为薄弱（Burmann et al., 2009），许多研究提出的评价指标具有较强的主观性。最后，行业特征差异是品牌竞争力的一项重要因素，制造商品牌与服务商品牌在竞争层面存在非常大的差异，目前的研究大都是对品牌竞争力的一般性讨论，缺乏对行业特征的考虑。

二、零售企业自有品牌竞争力评价指标体系的构建

（一）零售企业自有品牌竞争力简析

清晰地界定自有品牌竞争力的内涵是进行评价指标体系构建的基础。品牌竞争力内涵界定的前提是厘清其与品牌、企业竞争力、品牌竞争力的边界及相互关系。

1. 品牌与品牌竞争力的关系。菲利普·科特勒指出，"品牌在本质上代表着卖者对交付给买者的产品特征、利益和服务的一贯性承诺"。在当前阶段，品牌涵盖了多种内容，既代表了在产品实体上的名称、符号和标志，也体现了企业对消费者的承诺，同时还包括与品牌有关的其他所有因素，如品牌背后的企业经营理念以及经营行为（胡大立等，2005）。基于此，品牌竞争力作为品牌在竞争中所表现出的市场力量，必然要反映出品牌所涵盖的主要内容，如所体现的产品与服务、品牌权益、品牌文化等。

2. 品牌竞争力与企业竞争力的关系。从理论归属来看，品牌竞争力是竞争力研究的一个分支。金碚（2003）认为，竞争力直观表现为一个企业比竞争对手更有效地向用户提供产品或服务，同时使自身持续发展的能力。因此，在一定程度上品牌竞争力与企业竞争力在市场作用的结果上是一致的，这就要求对品牌竞争力的评价不能仅以品牌权益等外在表现为标准，还要深入探讨企业与品牌相关的内部资源和能力。

3. 自有品牌竞争力与零售企业品牌竞争力的关系。零售商品牌是商品品牌、服务品牌和零售企业品牌的综合体现，商品品牌又分为制造商品牌和零售企业自有品牌。因此，一方面零售企业自有品牌竞争力是反映零售企业品牌竞争力的重要指标；另一方面零售企业的品牌综合竞争力也是自有品牌竞争力得以形成和提升的基础。

4. 零售企业自有品牌竞争力的内涵。通过对上述相关概念之间关系的辨析，本文认为，零售企业自有品牌竞争力是指零售企业通过对与自有品牌相关的内部资源和能力的有效运用，使自有品牌比竞争品牌更好地满足用户的需求，进而在市场开拓、利润创造等方面提高竞争品牌的综合能力。这一内涵有两层启示：零售企业自有品牌是零售企业对与品牌相关的内部资源和能力进行有效运用的综合体现；消费者评价和市场绩效是自有品牌竞争力外在体现的重要方面。

（二）零售企业自有品牌竞争力评价指标体系

基于对零售企业自有品牌竞争力内涵的分析，本文认为自有品牌竞争力的评估，一方面从企业能力视角，考察零售企业与自有品牌相关的内在能力；另一方面从外部表征视角，考察自有品牌在市场上的消费者评价和市场绩效，这两个层面互为表里，最终目的是实现自有品牌的价值增值。

1. 自有品牌竞争力评价的企业能力视角。与自有品牌相关的企业能力最直接地体现为零售企业对自有品牌的品牌管理能力，更深层次则体现为零售企业对自有品牌发展的一系列支撑能力。（1）自有品牌支撑能力主要包括四个层面。首先，产品研究开发与创新是自有品牌形成独特个性的关键，是品牌发展的原动力；其次，自有品牌所依附的产品质量、价格、品类等特征是品牌生存发展的基础，产品管理能力是自有品牌竞争力发展的重要支持性能力；再次，品牌文化建设通过赋予自有品牌深刻的文化内涵来创造品牌信仰，促进形成强烈的品牌忠诚，是品牌竞争的软实力；最后，零售企业自身的综合实力（如市场占有率、劳动生产率）是对自有品牌发展的重要支撑。（2）自有品牌管理能力主要包括品牌定位能力、品牌传播能力和品牌扩展能力。品牌定位能力指零售企业对自有品牌在个性差异上的商业性决策，可以用市场定位清晰度和品牌差异化程度来反映；品牌传播能力是通过市场营销使顾客形成对自有品牌的认知过程，可以从广告投入强度、分销渠道（例如门店）覆盖广度来反映；品牌扩展能力反映了零售企业自有品牌的延伸和规模发展能力，可以用自有品牌延伸能力和自有品牌销售收入增长率来反映。

2. 自有品牌竞争力评价的外部表征视角。自有品牌竞争力的外部表征是品牌竞争力在市场上的显性表现，主要反映的是自有品牌的市场能力，包括自有品牌市场绩效和自有品牌权益两个方面。自有品牌市场绩效可以用自有品牌销售收入规模、自有品牌销售收入占企业总收入比重、自有品牌销售利润率来反映；自有品牌权益是自有品牌给顾客带来的超出产品使用价值的附加价值，可以用品牌知名度、品牌美誉度、品牌联想度、品牌忠诚度来度量。

根据以上分析，本文构建了如表 1 所示的零售企业自有品牌竞争力评价指标体系，该体系由 3 个一级指标、9 个二级指标、21 个三级指标构成。

表 1 零售企业自有品牌竞争力的评价指标体系及指标权重

一级指标		二级指标		三级指标（操作层）	
名称	权重	名称	权重	名称	权重
自有品牌支撑能力 u_1	0.278	研发创新能力 u_{11}	0.318	自有品牌研发投入 u_{111}	0.625
				自有品牌新产品销售比重 u_{112}	0.375
		产品管理能力 u_{12}	0.227	自有品牌产品质量 u_{121}	0.583
				自有品牌产品品类多样性 u_{122}	0.417
		品牌文化 u_{13}	0.182	自有品牌文化建设投入 u_{131}	0.333
				自有品牌文化与企业文化的一致性 u_{132}	0.667
		企业综合实力 u_{14}	0.273	企业总体市场占有率 u_{141}	0.636
				企业总体劳动生产率 u_{142}	0.364

续表

一级指标		二级指标		三级指标（操作层）	
名称	权重	名称	权重	名称	权重
自有品牌管理能力 u_2	0.333	品牌定位能力 u_{21}	0.357	自有品牌市场定位清晰度 u_{211}	0.357
				自有品牌差异化程度 u_{212}	0.643
		品牌传播能力 u_{22}	0.429	自有品牌广告投入强度 u_{221}	0.615
				自有品牌分销渠道覆盖广度 u_{222}	0.385
		品牌扩展能力 u_{23}	0.214	自有品牌延伸程度 u_{231}	0.583
				自有品牌销售收入增长率 u_{232}	0.417
自有品牌市场能力 u_3	0.389	品牌市场绩效 u_{31}	0.417	自有品牌销售规模 u_{311}	0.636
				自有品牌销售收入占比 u_{312}	0.091
				自有品牌销售利润率 u_{313}	0.273
		品牌权益 u_{32}	0.583	自有品牌知名度 u_{321}	0.294
				自有品牌美誉度 u_{322}	0.176
				自有品牌联想度 u_{323}	0.118
				自有品牌忠诚度 u_{323}	0.412

三、零售企业自有品牌竞争力的测度模型与应用

零售企业自有品牌竞争力评价具有多维的、以定性为主的特征，许多指标难以用一个精确的数据来测量，在评价时充满了人的判断模糊性。基于此，本文借鉴一些学者的研究方法（余可发，2008；郭朝晖，2010），采用模糊数学方法构建了自有品牌竞争力的模糊综合测度模型，并选择了两家超市业态的大型连锁零售企业（企业 CF，企业 WM）对其自有品牌竞争力进行综合评价和比较分析。这两家企业都是跨国零售企业在中国的分公司，都将自有品牌作为重要的发展战略，但自有品牌发展模式存在差异。具体评价过程如下。

（一）确定评价因素集和评语集

根据前面建立的自有品牌竞争力评价指标体系的结构，将零售企业自有品牌竞争力评价的因素集 U 分为三层（见表1）。评语集 V = $\{V_1, V_2, V_3, V_4, V_5\}$，其中 V_1 代表强，V_2 代表较强，V_3 代表一般，V_4 代表较弱，V_5 代表弱。

（二）确定评价指标的权重分配

指标权重分配集 A 是因素集 U 的一个模糊子集。根据文献资料和对 5 位零售领域专家和 6 位零售企业管理人员的调查结果得出判断矩阵，并且通过层次分析法的计算

程序，得出第一级各指标权重，再依据同样方法对第二级、第三级指标进行重要程度打分和权重计算，最后得出自有品牌竞争力评价指标的权重分配见表1。

(三) 建立模糊判断矩阵

通过邀请专家对每一个指标进行判断，得出每个指标的评语等级，构造出模糊判断矩阵 R。本研究邀请了五位零售领域的专家对两家零售企业自有品牌竞争力的各项指标进行评价，建立了单级模糊判断矩阵。以 CF 零售企业为例，自有品牌竞争力评价的第三级指标的判断矩阵为：

$$R_{11} = \begin{bmatrix} 0.2 & 0.4 & 0.2 & 0.2 & 0 \\ 0.6 & 0.4 & 0 & 0 & 0 \end{bmatrix}$$

$$R_{12} = \begin{bmatrix} 0 & 0.2 & 0.2 & 0.4 & 0.2 \\ 0.2 & 0.4 & 0.4 & 0 & 0 \end{bmatrix}$$

$$R_{13} = \begin{bmatrix} 0 & 0.2 & 0.4 & 0.2 & 0.2 \\ 0 & 0.2 & 0.4 & 0.4 & 0 \end{bmatrix}$$

$$R_{14} = \begin{bmatrix} 0.2 & 0.4 & 0.4 & 0 & 0 \\ 0 & 0.2 & 0.6 & 0.2 & 0 \end{bmatrix}$$

$$R_{21} = \begin{bmatrix} 0.2 & 0.2 & 0.6 & 0 & 0 \\ 0 & 0.2 & 0.4 & 0.4 & 0 \end{bmatrix}$$

$$R_{22} = \begin{bmatrix} 0.2 & 0.2 & 0.6 & 0 & 0 \\ 0.6 & 0.4 & 0 & 0 & 0 \end{bmatrix}$$

$$R_{23} = \begin{bmatrix} 0 & 0.2 & 0.4 & 0.2 & 0.2 \\ 0 & 0.4 & 0.4 & 0.2 & 0 \end{bmatrix}$$

$$R_{31} = \begin{bmatrix} 0.4 & 0.2 & 0.2 & 0.2 & 0 \\ 0.2 & 0.2 & 0.4 & 0.2 & 0 \\ 0 & 0.4 & 0.4 & 0.2 & 0 \end{bmatrix}$$

$$R_{32} = \begin{bmatrix} 0.6 & 0.2 & 0.2 & 0 & 0 \\ 0 & 0.2 & 0.4 & 0.2 & 0.2 \\ 0 & 0.2 & 0.4 & 0.4 & 0 \\ 0.2 & 0.2 & 0.4 & 0.2 & 0 \end{bmatrix}$$

(四) 进行单级和多级评价

由权重集 A 和判断矩阵 R 构造单级测度模型 B = A∘R = (b_1, b_2, …, b_n)，其中 $0 \leq b_i \leq 1$, i = 1, 2, …, n, 。为模糊运算算子，为了避免有价值信息的丢失，本研究采用加权平均算法。

以 CF 零售企业为例，第三级指标的综合评价集为：B_{11} = (0.350, 0.400, 0.125,

0.125, 0), B_{12} = (0.083, 0.283, 0.283, 0.233, 0.117), B_{13} = (0, 0.333, 0.400, 0.200, 0.067), B_{14} = (0.127, 0.327, 0.473, 0.073, 0), B_{21} = (0.071, 0.200, 0.471, 0.257, 0), B_{22} = (0.354, 0.277, 0.369, 0, 0), B_{23} = (0, 0.283, 0.400, 0.200, 0.117), B_{31} = (0.273, 0.255, 0.273, 0.200, 0), B_{32} = (0.259, 0.200, 0.341, 0.165, 0.035)。

将第三级指标的评价向量作为第二级指标的评价矩阵,得出第二级指标的综合评价集为:B_1 = (0.165, 0.342, 0.306, 0.149, 0.039),B_2 = (0.177, 0.251, 0.412, 0.135, 0.025),B_3 = (0.265, 0.223, 0.313, 0.179, 0.021)。

同理得出最后的综合评价为:B_{CF} = (0.208, 0.265, 0.344, 0.156, 0.027)。依据同样方法,得出零售企业 WM 自有品牌竞争力的最终评价结果为:B_{WM} = (0.292, 0.301, 0.280, 0.123, 0.003)。按照最大隶属度理论,CF 零售企业和 WM 零售企业的自有品牌竞争力的最终评价分别为一般和较强。根据经验对评语集的定性值规定为量化值:V_1 = 1,V_2 = 0.8,V_3 = 0.6,V_4 = 0.4,V_5 = 0.2,则 CF 零售企业自有品牌竞争力评价值 C_{CF} 为 0.694,WM 零售企业自有品牌竞争力评价值 C_{WM} 为 0.751。

(五) 评价结果分析

具体分析零售企业自有品牌竞争力的主要特征和存在问题,可以通过逐层分析每一层指标的评价值来进行。(1) CF 企业的自有品牌市场能力较强,品牌管理能力较弱。这主要是由于 CF 企业自有品牌市场绩效和品牌权益较好,具有较高的销售规模和品牌知名度,但是企业在自有品牌定位和品牌延伸方面表现较差,影响了品牌管理能力的得分。因此,对于 CF 零售企业来说,加强对品牌市场定位的研究并不断提高品牌延伸能力是提升自有品牌竞争力的重要因素。(2) WM 企业的自有品牌竞争力在三个一级指标层面都较 CF 企业得分高,特别是在自有品牌支撑能力方面表现出色。这主要是由于 WM 企业在企业实力、产品管理与创新方面具有较强实力。但是,与另外两项指标相比,WM 企业在品牌管理能力上得分相对较低,需要加强相应的品牌定位、传播和扩展能力。

四、研究启示与进一步的研究方向

(一) 研究启示

零售企业自有品牌竞争力评价指标具有复合性和层次性。通过对专家调查的分析发现,在自有品牌竞争力的三类一级能力指标中,自有品牌市场能力的权重最大,这主要是由于自有品牌竞争力首先表现为自有品牌在与其他零售商自有品牌和制造商品牌竞争时所表现出的一种市场力量,因此市场份额、盈利情况、消费者态度是企业界非常关注的指标。另一方面,虽然自有品牌的支撑能力和管理能力较市场能力权重得分较低,但是也受到了评估者的重视,特别是零售企业的总体实力、自有品牌的研发创新能力、品牌定位与传播能力被分配了较高的权重,这表明零售企业内部资源与能力在竞争力评价中的地位也受到了评估者的认可。因此,零售企业在制定自有品牌竞争战略和竞争力评价时,要考虑自有品牌竞争力指标的复合性和层次性,在重视自有品牌的外在市场能力相关指标的同时,也不能忽视对自有品牌竞争有关的能力培育,否则容易造成品牌管理的重标轻本。

零售企业自有品牌竞争力的模糊综合测度模型的适用性。通过对两家零售企业自有品牌竞争力测度的应用,可以发现模糊综合测度模型对多维、以定性为主的指标评价具有较好的操作便利性和适用性,零售企业可以通过对评价结果的逐层分析来总结自有品牌竞争的总体实力和优劣势,也可以对不同的零售企业自有品牌、自有品牌与制造商品牌的竞争力进行多维度的比较分析,以制定有效的自有品牌实施战略。

(二) 进一步的研究方向

本研究在对三类能力的具体测量指标进行选择时尽可能兼顾指标的综合性和显示性,但是由于指标可得性等因素的影响,可能没有引入其他较为重要的评价因素。对评价指标的获取主要采用专家调查方式,这种方式评价结果可能受到专家主观因素的影响,在实证调查数据的取得和处理方面也存在一定的局限。后继研究可以进一步针对零售企业自有品牌的竞争特性,不断完善具体评价指标的选择,采用更为优化和细化的指标选择方法,在理论分析基础上,对初选指标进行进一步的问卷调查和遴选,以确定最终的评价指标。另一方面,在评价指标确定之后,采用更大范围内的专家、企业和消费者调查问卷来获取具体企业自有品牌竞争力评价指标的测量数据,以降低由少数专家评价带来的主观性程度,提高研究结论的适用性。

参考文献

[1] Aaker D. Manifestations and measurement of asymmetric brand competition [J]. Journal of Business Researeh, 2004 (8): 31-34.

[2] Ailawadi K, Harlam B. An empirical analysis of the determinants of retail margins: The role of store-brand share [J]. Journal of Marketing, 2004, 68 (1): 147-165.

[3] Amrouche N, Zaccour G. Shelf space allocation of national and private brands [J]. European Journal of Operational Research, 2007, 180 (2): 648-663.

[4] Burmann C, Jost-Benz M, Riley N. Towards an identity-based brand equity model [J]. Journal of Business Research, 2009 (62): 390-397.

[5] Hyman M R, Kopf D A, Lee D. Review of literature-Future research suggestions: Private label brands: Benefits, success factors and future research [J]. Journal of Brand Management, 2010 (17): 368-389.

[6] Putsis Jr, W. P. Dhar, R. An empirical analysis of the determinants of category expenditure [J]. Journal of Business Research, 2001, 52 (3): 277-291.

[7] Reinartz W, Dellaert B, Krafft M, et al. Retailing Innovations in a Globalizing Retail Market Envi-

ronment [J]. Journal of Retailing, 2011 (1): 53 – 66.

[8] Semeijn J, Allard C. R. van Riel, A. Beatriz Ambrosini. Consumer evaluations of store brands: Effects of store image and product attributes [J]. Journal of Retailing and Consumer Services, 2004, 11 (4): 247 – 258.

[9] Woodside A G, Walser M G. Building strong brands in retailing [J]. Journal of Business Research, 2007 (60): 1 – 10.

[10] 郭朝晖. 雇主品牌竞争力多层次模糊综合评价模型研究 [J]. 商业研究, 2010 (9): 49 – 53.

[11] 韩福荣, 赵红, 赵宇彤. 品牌竞争力测评指标体系研究 [J]. 北京工业大学学报, 2008 (6): 66 – 72.

[12] 胡大立, 谌飞龙, 吴群. 品牌竞争力的内涵及其源流分析 [J]. 经济问题探索, 2005 (10): 28 – 31.

[13] 金碚. 企业竞争力测评的理论与方法 [J]. 中国工业经济, 2003 (3): 5 – 13.

[14] 李飞, 程丹. 西方零售商自有品牌理论研究综述 [J]. 北京工商大学学报（社会科学版）, 2006 (1): 1 – 5.

[15] 沈占波, 刘国锋, 赵宪军. 论品牌竞争力外显性指标体系构建 [J]. 商场现代化, 2005 (21): 100.

[16] 沈占波, 杜晓静, 赵宪军. 论品牌竞争力潜力性指标体系构建 [J]. 商场现代化, 2005 (24): 56.

[17] 许基南. 品牌竞争力研究 [M]. 北京: 经济管理出版社, 2005.

[18] 余可发. 品牌竞争力结构维度及其测量研究 [J]. 商业研究, 2008 (4): 41 – 44.

Research on Competitiveness Evaluation of Retailer's Private Brand

▲Li Yan-hua (*Business School, Beijing Technology and Business University, Beijing 100048, China*)

Abstract: Based on the former researches on brand competitiveness evaluation and key competitive factors of private brand, this paper builds the indicator system for retailer's private brand competitiveness from two perspectives including internal capabilities and external performance. The system is composed of 3 first-class indexes (i.e. private brand supporting capability, private brand managerial capability and private brand market-oriented capability), 9 second-class indexes and 21 third-class indexes. The analytical hierarchy process is used to give the weight of each indicator. Finally, taking the case of 2 retailing subsidiaries of multinational corporations in China, it adopts the fuzzy evaluation model to make an evaluation and comparative analysis on the private brand competitiveness.

Key Words: retailer; private brand; brand competitiveness; competitiveness evaluation

零售商自有品牌的功能和市场定位*

▲朱瑞庭（上海建桥学院，上海　201319）

> **摘　要**：零售商自有品牌至今经历了从第一代到第四代的发展过程，其功能可以从制造商、零售商以及消费者等不同角度得到体现。从市场定位来看，零售商自有品牌主要表现在和制造商B—品牌、C—品牌的竞争上。零售商自有品牌的管理需要完整的营销策略来支持。
>
> **关键词**：自有品牌；零售商；市场定位；竞争战略

零售商自有品牌的出现，是零售业态的创新和发展、零售商和制造商之间的关系发生深刻变化的产物。自从20世纪70年代末在英国、法国兴起以后，零售商自有品牌就迅速扩展到了其他欧美国家。在20世纪70年代末，英国零售商自有品牌在食品和日用品的零售总额中的比例约为20%，这一比例到90年代中期达到了近1/3，目前已经超过了40%；在德国，零售商自有品牌的市场份额从90年代起持续上升，典型的如连锁折扣巨头Aldi公司，它的自有品牌在销售商品中的比例甚至达到了80%以上。国外的发展经验表明，零售商自有品牌的成功是建立在充分的企业资源、有效的组织结构、准确的市场定位并辅之以相应的业态选择和科学的营销管理基础上的。

一、零售商自有品牌的发展阶段

零售商自有品牌的概念显然是相对于制造商品牌而言的。在传统意义上，零售商只充当制造商和消费者之间的中介，以保证商品使用价值在消费使用过程中得到实现。在这里，零售商同时采购和销售制造商的不同产品，这些产品由许多的制造商生产，而不是零售商本身。随着市场环境的变化，制造商和零售商之间的关系也发生了变化。观察这种关系的历史发展可以发现，零售商借助于其销售网点的增加，特别是在实行连锁经营后，企业规模迅速扩大，市场地位越来越高，为了提高市场占有率，零售商开始修正制造商的营销策略，代之以独立的"以我为主"的市场营销手段，其中之一就是降低制造商品牌的销售价格。这当然是制造商不愿意看到的。当制造商和零售商的关系发生这种变化以后，制造商特别是知名品牌的制造商开始联合抵制零售商。由于低价竞销和面积窄小的销售模式从一开始就不被制造商看好，零售商开始抓住机会

---

*　本文原刊载于《北京工商大学学报（社会科学版）》2004年第2期。

开发、生产自己的产品，以填补由制造商留下的市场空隙。在这样的市场背景下，零售商自有品牌借助新的零售业态得以迅速发展。在这个过程中，连锁折扣商业的空前成功更是大大激发了零售商业经营自有品牌的积极性，因为在它销售的商品中有相当部分就是零售商的自有品牌。零售商的自有品牌随后还扩展到了其他的零售业态，如超级市场、便利店、购物广场等。

零售商自有品牌从出现到现在已经发展到了第四代，表1从不同的角度对它们作了介绍。第一代的零售商自有品牌是指所谓的无名产品（no name），其主要特点是价格、质量和产品形象定位远低于市场主导产品，外观设计简单，往往用简单的技术就可以生产，市场进入成本低下，产品容易模仿（Me-Too-Product）。这一代的自有品牌主要集中在食品类的产品上。第二代的零售商自有品牌其市场定位有了提高，单个商品的市场销售增加，价格依然低廉，虽然用成熟的技术就能生产，并开始跟随市场主导产品，但是以单一商品为主的自有品牌仍然没有自身的独特性和显著性。第三代的零售商自有品牌则延伸到一个或者几个产品类别，形成品牌家族，并具有一定程度的独特性，其市场定位已经可以和市场主导产品进行比较，零售商已经可以作出一定的质量保证和承诺，产品质量有了提高，生产技术有了突破，创新程度几乎可以和市场主导产品相提并论，其生产主要由制造商品牌的生产者来完成。第四代的零售商自有品牌从质量到形象，其市场定位至少达到了市场主导产品的水平，在一个品牌家族当中包括了很多为细分市场服务的产品类别和花色品种，它们独具品牌自身特色，产品质量优良，生产技术先进，通常由只生产零售商自有品牌的国际性的厂商来生产。目前在市场上同时存在着这四代的零售商自有品牌。但是，由产品生命周期的变化而决定，第四代的自有品牌比例在增加。

表1　　　　　　　　　　零售商自有品牌的发展及其特点

	第一代	第二代	第三代	第四代
品牌	无名产品（nonames）	准品牌	零售商品牌家族	细分品牌，形象品牌
产品	最基本的生活必需品	数量众多的单个产品	产品大类	企业形象产品
制造技术	基本技术，无制造障碍	落后市场领先者一代	接近市场领先者	创新技术
质量/形象	比制造商品牌产品低	中等，消费者感知低	齐平领先品牌，质量保证	相同或好于领先品牌
购买动机	价格	价格	产品性价比	产品更好
制造厂商	国内制造商，非专业	国内制造商，部分专业	国内制造商，大部分专业	国际制造商，大部分专业

二、零售商自有品牌的功能

从零售商自有品牌的发展过程可以看出,第三代和第四代的自有品牌和前两代相比,无论是产品的质量、制造技术,还是其市场定位、产品形象以及消费者对自有品牌的感知和态度都已经发生了很大变化。伴随着这些变化的是零售商自有品牌功能的变化,而功能的变化势必要求企业对品牌的营销战略作出完整的、系统的安排。表2从制造商、零售商以及消费者等不同角度对零售商自有品牌的功能作了归纳。

表2 零售商自有品牌的功能

从制造商角度	从零售商角度	从消费者角度
·最大限度地提高生产设备的利用率 ·降低固定成本 ·获取原材料采购中的成本优势 ·减轻经营自身品牌/产品的压力 ·赢得顾客 ·无自身的强势品牌	·独特的、不可替代的产品类别 ·突出竞争中的特色 ·价格优势 ·强化企业识别 ·加强产品保护 ·保证产品创新设计 ·保证收益率	·获得价格实惠的产品 ·产品质量保证 ·更多的产品选择 ·简化购买过程,培养商品忠诚 ·对传统知名品牌的替代效应 ·产品供应多样化,增加购物兴趣

如果说20年前只有很少的制造商接受订单生产零售商自有品牌,那么今天几乎所有的制造商都在接受这样的订单,甚至知名品牌的制造商也在这么做,这已经不是什么秘密。面对这样的情况,德国制造商协会主席作出了这样的反应:"谁从事了50%以上的零售商品牌的生产,谁就得退出协会"。对制造商而言,在消费品市场的残酷竞争中,来自水平和垂直方向的竞争压力迫使它调整自身的竞争策略,出路之一就是在垂直营销中寻求和零售商的合作,接受零售商产品的订单就是提高其设备利用率、降低成本的有效途径。随着零售业国际化进程的加快,越来越多的制造商开始追随零售商的脚步在零售商的目标国市场设厂生产,这也是制造业国际化过程的一个显著特点。制造商在接受零售商产品订单的时候,应该考虑的是这种接单是否会影响到自身品牌的经营和管理。有两种情况可以对这种接单的合理性作出辩护:一是制造商本身没有强势品牌,接单一方面可以保证设备的利用率、降低成本,另一方面可以加强和零售商的合作,从而在激烈的市场竞争中得以生存和发展;二是制造商自身拥有在消费者心目中无可替代的强势品牌,和零售商的合作不会动摇自身品牌的市场影响力,而这显然和两者是否同属一条产品线或者延伸产品有关,也对制造商的资源条件有很高的要求。

和制造商相比,零售商的市场力量主要体现在压低价格方面,尽可能以最优惠的价格条件采购到尽可能多、质量尽可能好的产品，这种市场力量归根结底取决于零售商的规模和实力。从世界范围来看，零售商的市场力量在实行连锁经营特别是国际化经营后得到了极大的增强。当零售商实力雄厚，具备了强大的谈价能力的时候，如果制造商不能满足其要求的条件，就会导致其下决心，并有能力实行向后一体化战略来延伸自己的产品。可以说零售商自有品牌是制造商和零售商之间垂直竞争加剧的产物。对零售商而言，其市场压力主要来自于消费品市场日趋饱和、市场供应同质化、消费者行为日益个性化、排挤性竞争加大以及企业规模扩大之后带来的前所未有的成本压力。自有品牌的开发很好地应付了这种市场压力，一方面通过自身庞大的分销网络，把产品制造的成本优势转化成价格优势，从而在以价格竞争为主要手段的消费品市场上保持竞争优势；另一方面通过自有品牌的开发零售商第一次拥有了对产品从研制到生产到销售的完整的主导权，摆脱了原来只处于价值链末端受制于制造商营销策略的尴尬局面。在这种情况下，企业有条件通过经营自有品牌来凸显自身特色。在市场供应同质化的背景下，可以有效提高消费者对零售商产品以及对零售商自身的识别，也使零售商有机会采取措施来完整地考虑产品品牌和企业品牌（store brand）的统一性问题。

零售商自有品牌得到消费者的认可和偏爱并非偶然，这是由零售商身处销售终端直接和消费者接触的信息优势地位决定的。大量的实证研究表明，消费者在日常生活用品的购买中，价格低廉、质量可靠、便利是选择产品和购物场所的主要标准，以往的购买和消费经验往往对购买决策产生很大影响。零售商自有品牌凭借其价格优势容易获得消费者的认可，因为价格低廉本身就意味着很小的购买风险，这在质量风险很小的产品类别中就更受消费者欢迎。有些产品类别，其制造过程简单，技术含量低，使用安全方便，消费者很少关心其质量特征，它们在自有品牌中的份额就高，这类产品的范围很广，包括奶制品、生鲜食品、冷冻方便食品、包装用品、卫生洗涤用品等。这些产品类别正是现代连锁折扣店的主打产品，其零售商自有品牌的比例往往达到50%以上。对那些质量特性具有一定不确定性从而有一定质量风险的产品（如护肤用品）来说，消费者往往有更强的质量意识，会通过自身的信息行为来消除这种不确定性。在第三代和第四代的零售商自有品牌当中，这类产品的质量风险已经通过技术的创新、严格的质量检验和保证体系以及售后服务得以大大降低，它们和制造商知名品牌的区别在消费者的眼里已经不太明显。在这种前提下，零售商有可能通过完整的营销组合来强化自有品牌的形象，这是和自有品牌的市场定位紧密结合在一起的。

三、零售商自有品牌的市场定位

零售商自有品牌的产品范围一般是居民家庭日常生活所需要的、消耗量大、周转快的商品。这些产品本来由制造商所生产，在零售商通过向后一体化介入到生产领域后，造成零售商和制造商之间的竞争，这种竞争既有传统意义上垂直竞争的特征，因为零售商并没有放弃其处于销售终端的身份，同时又有水平竞争的性质，因为零售商的经营活动已经反向延伸到了生产领域。所以在确定零售商自有品牌的市场定位的时候，必须和制造商品牌一起加以考虑。

市场定位是通过为自己的产品创立鲜明的个性，从而塑造出独特的市场形象来实现的。一项产品是多种因素的综合反映，包括性能、构造、成分、包装、形状、质量、价格等，市场定位就是要强化或放大某些产品因素，从而形成与众不同的独特形象。在具体的营销策略中，产品差异化是实现市场定位的手段，关键是要通过产品差异建立独特的市场形象，赢得消费者的认同。在消费者的购买决策过程中，消费者期待获得的产品信息主要是产品的价格和质量信息，这是决定消费者是否作出购买决策的关键因素。基于这样的背景，下面主要围绕这两个方面来展开对零售商自有品牌市场定位的分析。图 1 描述了在价格和质量两维空间下不同发展阶段的零售商自有品牌的市场定位。

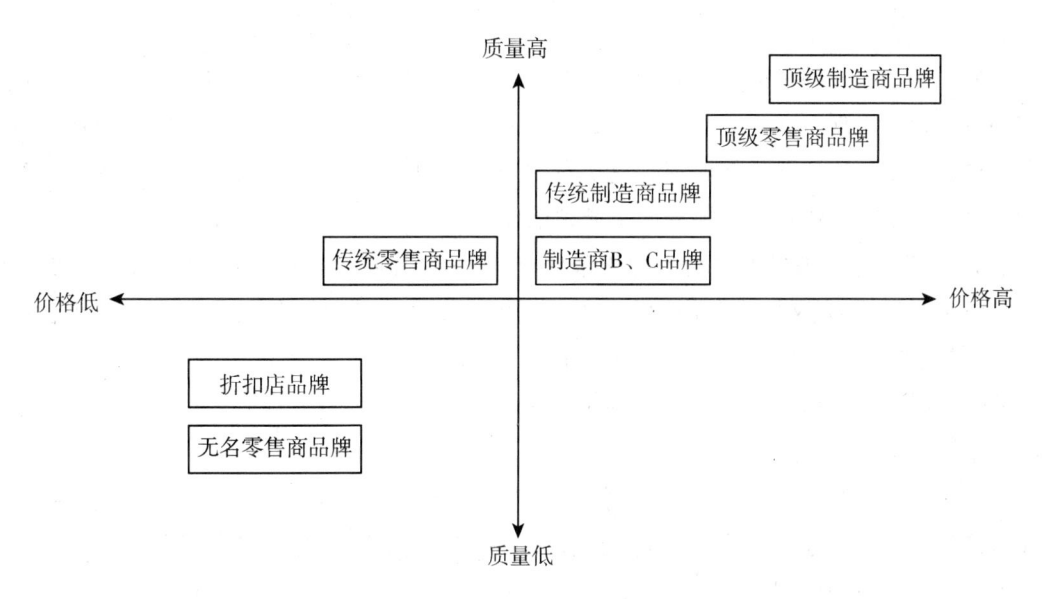

图 1　零售商自有品牌的市场定位

处在第一象限最上端的是顶级制造商品牌，如顶级酒类、香水和服装。它们在消费者心目中享有特别崇高的声誉，除了其无可挑剔的质量水平之外，声望在这类产品的购买中起了很大的作用。消费者的目的在于，通过这类品牌的购买或使用把自己从大量的普通消费者当中区分出来，以此来表达自身特定的生活方式。对顶级零售商品牌来说，优质是其区别于其他品牌的核心内容。这类品牌通过给消费者带来基本的和附加的品牌价值赢得消费者的偏爱，这种偏爱通过对品牌满意到品牌忠诚一直过渡到对购买场所的忠诚。顶级零售商品牌的例子有英国马狮公司的产品，除了其主打的服装产品达到了很高的质量水平之外，同样以 St'Michael 命名的食品以其优异的品质占据高端价格位置。接下来就是传统的制造商品牌，它们的基本特征是广泛的销售网络和市场渗透,持续不断的产品创新等,例子有联合利华公司生产的"Persil"洗衣粉。作为某一产品类别当中的市场主导产品,它们的销售得到广告商的有力支持,其优异的品质使得其拥有很高比例的固定顾客及潜在顾客群。和传统的制造商品牌比较,制造商 B—品牌和 C—品牌的销售范围更窄,市场渗透更低,相应地它们的知名度也更低。薄弱的广告支持和更长的创新周期使得它们的特色并不明显,在市场上处于和传统的零售商品牌直接竞争的位置。

处于第二象限的是传统的零售商品牌,它们具备和制造商 B—品牌和 C—品牌可比的产品质量,但是市场销售价格更低,由此具备了更高的性价比,获得消费者的青睐。在传统零售商品牌的市场策划中,市场销售业绩良好的制造商品牌的产品特征被无情地拷贝,这些产品特征往往和产品购买直接相关,如包装、广告宣传等。它们的市场分布范围有限,往往局限于在单个的或者个别的商业连锁店销售,其广告宣传紧密结合价格优势和销售商本身。在产品功能上能满足消费者基本需要,并提供部分的附加价值。由于具有直接仿造的特点,这类的零售商品牌又被称为制造商品牌的"对手品牌"或者"竞争品牌"。

处在第三象限的是第一代和第二代的零售商品牌。由于连锁折扣经营晚于第一代零售商品牌的出现,从产品质量上看,折扣店经营的品牌已经比第一代的零售商品牌有了提高,而价格优势依然明显,这类品牌在折扣店的经营品种当中往往占到相当高的比例。处于市场位置最低端的就是所谓的无名产品(no names, generics),也被称为"白色产品"。它们满足了最基本的质量要求,价格的制定则以进入市场为前提。为了避免对企业整体形象带来"廉价供应商"的消极印象,零售商往往不会直接出现在产品的包装上。产品类别局限于购买风险低的最基本的日常生活用品,包装简单,宣传上通过突出价格以招徕顾客,能满足消费者的基本需要。因为具有被替代性,销售范围和市场渗透有限。

通过对上述制造商品牌和零售商品牌的定位分析可以知道,两者的竞争主要集中在传统的零售商品牌和制造商的 B—品牌和 C—品牌之间。直接竞争的结果如何,则要以消费者的反应为依据。一般而言,消费者对零售商自有品牌的接受程度在不同的产品类别之间有明显的不同。如果消费者感觉不到产品质量之间的差别,或者没有必要判断质量好坏,换句话说,产品质量好坏对使用本身没有影响,消费者就会倾向于购买零售商自有品牌,这类产品通常是购买频率高、消耗量大、没有质量风险的食品和日常生活用品。如果消费者只能在购买和使用之后才能判断产品质量(experience qualities)的话,消费者就会更多地考虑购买制造商品牌。有研究表明,消费者对零售商自有品牌和制造商品牌的判断,其质量上的差别要小于价格上的差别。换句话说,这两者之间的质量在消费者眼里并没有太大的差别,而在价格上,零售商自有品牌更具竞争力。消费者的价格意识越强,购买零售商自有品牌的频率就越高。从品牌形象的其他构成要素(广告、包装、可信度等)来看,消费者对制造商品牌的评价通常会好于对零售商自有品牌的评价。零售商自有品牌的购买者对其偏爱的品牌的满意度和忠诚度，都要低于制造商品牌购买者对其偏爱的品牌的满意度和忠诚度。

四、零售商自有品牌的管理

从 20 世纪 80 年代以来，国外日用品零售业集约化程度越来越高，在很多国家 80% 以上的零售额集中于少数的几家零售集团。这一过程伴随着零售业国际化进程的加快正在世界范围内出现。从一定意义上讲，零售业集约化程度的提高也是消费品市场激烈的价格竞争的结果，其中零售商自有品牌的出现和发展起了很大的作用，它改变了市场竞争的格局。一方面它强化了不同零售集团，即不同零售业态之间的竞争，在这一竞争中连锁折扣经营成为最大的赢家，它的市场份额得到了持续的提高；另一方面使得它和制造商品牌的直接竞争至少在表面上成为市场竞争的主流，而这种竞争又主要表现在零售商品牌和制造商第二大、第三大品牌的竞争上。竞争的结果有可能使处于市场中端的品牌出现分流，那些不断创新的零售商或制造商品牌将保持市场影响力并得到消费者的认可，而无法保持其市场地位的品牌将会被淘汰出市场。这种压力对制造商品牌更为直接，因为零售商品牌本来已经占据了市场下端的位置。当品牌分流向右上和左下端市场运动时，市场竞争将会出现"沙钟模式"，强势品牌分别占据上下两端，中间将是检验和评判一个品牌的"炼狱"。

零售商开发自有品牌的目标不只在于谋求价格优势上，市场力量不断倾向于零售商的现实使得零售商有理由相信，把零售商自身当成品牌来经营，在这里零售商必须要考虑完整的品牌战略。自有品牌产品到底应该实行怎样的品牌策略，除了要考虑产品线本身的大小长短以外，特别要考虑到不同产品之间存在的相互影响作用。德国的 Aldi 公司实行的是多品牌策略中的单个品牌策略，即对不同的产品给以不同的品牌名称。这种品牌策略可以顾及不同产品的特点有针对性地进行市场定位，而不必考虑产品之间的相互影响作用。但是采取这一策略必须将有限的广告预算分摊到不同的品牌上。另外众多的品牌名称会淡化商店的统一形象（store image），消费者也无法直接将对单个品牌的信任转移到对商店的信任上。和单个品牌策略不同，品牌家族策略把按照商品类别或者细分市场的产品置于统一的品牌之下，以便在营销当中充分考虑特定的目标顾客群的诉求和愿望。这种品牌策略的另一个优点在于，单个产品的良好形象将对同一品牌下的其他产品产生积极影响。当然粗劣的产品质量也可能反过来对品牌造成伤害。采用公司品牌策略则是另一种品牌战略选择，在这里所有产品都会采用和公司名字一致的品牌名称。品牌名称和公司名称的统一可以强化消费者对零售商的企业识别，其前提就是产品的品牌元素必须和公司的企业识别系统（CIS）相协调。运用不恰当的品牌元素可能引发株连效应，即在消费者的感知当中形成两者之间的相互摩擦和排挤，最终损害企业整体形象。不管企业采用何种品牌策略，最终都必须统一到其完整的营销组合当中。

在零售商品牌的营销措施中，最值得关注的是其品类策略和沟通策略。品类策略要回答的是向消费者提供什么产品的问题。在这里有两点必须加以考虑：一是经营商品的种类问题，这显然和零售业态有关。通常情况下经营零售商品牌的企业并非经营种类越多越好，相反像连锁折扣经营往往严格控制商品种类的选择。一方面严格控制商品种类的数量，并保持相对稳定，另一方面在某一商品种类下严格控制替代产品的数量，也就是说对商品的花色品种有严格的限制。其原则就是在同一个商品类别下尽可能没有相同或者类似的商品（包括排除制造商 B—品牌和 C—品牌）。二是严格质量检验和控制，这是保持消费者品牌忠诚的关键所在。为了便于消费者对商品质量作出判断，商家可以把独立质检机构的评定标明在商品的包装上，或者将这样的信息连同服务策略传达给消费者。这就涉及了和消费者的沟通策略。供零售商选择的沟通手段很多，包括媒体广告、促销、店内广告和个人接触等。有效的沟通策略一方面表现在企业预算的合理使用上，另一方面表现在企业知名度和消费者认同度的提高上，从长远来看培养起消费者对品牌、对商店的满意和忠诚。

总之，零售商自有品牌的管理需要完整的营销策略来支持，从战略意义上来看，零售商自有品牌的生命力在于创新，创新是品牌生存与发展的灵魂。对于以经营自有品牌的零售商来说，品牌的创新和企业的发展是紧密联系在一起的。品牌创新就是要从企业生存的核心内容来指导品牌的维系与培养，它包括与品牌有关的观念创新、技术创新、制度创新、管理过程创新等。

参考文献

［1］ Bruhn，Manfred. The Private Label ［M］.［S.I.］：Berlin，2001.

［2］ KPMG. Customer Loyalty & Private Label Products ［R］. London：Research Paper，2000.

［3］ Lauer，Alexander. The Profiling of Retail Distribution with Private Brands ［M］.［S.I.］：Wiesbaden，2001.

［4］ Lingenfelder，M. & Dann，S.. Positioning and Marketing of the Private Brands in Europe. Jahrbuch der Absatz-und Verbrauchsforschung ［J］. Journal of Medical Marketing，1997（1）：91 – 108.

［5］ MARKANT Handels and Service GmbH. Studies of Private Brands in Germany and in Europe ［M］.［S.I.］：Offenburg，1999.

［6］ 朱瑞庭. 零售商自有品牌的开发与管理 ［J］. 国际商业技术，2003（3）：50 – 51.

Function and Market Positioning of Retailer's Self-owned Brand

▲Zhu Rui-ting (*Shanghai Jiaopiao College*, *Shanghai 201319*, *China*)

Abstract：Under the descriptive introduction of 4 generations of the self-owned brand, its function can bepresented from different perspectives of manufacturer, retailer and consumer. As to the market positioning, retailer's self-owned brand mainly competes against the manufacturer's B-brand and C-brand. It requires acomplete set of marketing stratgey to support the management of retailer's self-owned brand.

Key Words: self-owned brand; retailer; market positioning; competition strategy

大型品牌旅行社网络化经营的模式分析与路径选择*

▲杨重庆（中信旅游集团有限公司 监事与风险管理部，北京 100004）

> **摘 要**：中旅的"资产+业务"模式、中青旅的"资产+直营连锁"模式、中国康辉的"控股与参股"模式、中国金桥的"旅行社联合体"模式、上海春秋的"IT系统+全资子公司"模式、广之旅的特许经营模式和宝中旅游的"IT系统+加盟连锁"模式比较有代表性，但这七种模式各有优劣。我国大型品牌旅行社网络化经营的目标模式，应为具有IT操作系统支撑的、具备区域性经营中心的M形国内网络模式。内部成长、兼并收购及战略联盟三种路径模式在网络化经营的不同时期可单独或综合运用。在选定的目标模式下，大型品牌旅行社网络化经营的国内网络框架由七大区域性经营中心控制下的接待网络和分销网络构成，对网络的掌控可通过构建网络时的股权安排来实现，网络化经营的效率取决于管控与作业模式、名称与商号管理、股权与资产管理、业务管理与协调四个方面。
>
> **关键词**：品牌；品牌旅行社；网络化；网络化经营模式

一、旅行社网络化经营的模式

我国旅行社网络化经营的事实早已存在，至行业垄断经营时期发展成型，最典型的代表就是中国国旅、中国中旅、中国青旅三大旅行社集团，它们自身都曾拥有遍布全国的旅行社经营网络。本文从我国旅行社网络化经营的实践出发，将旅行社的网络化经营总结为以下几种模式。

1. 中旅的"资产+业务"模式。中旅总社从2000年起就开始通过实施以资产为纽带、以业务协同为基础的旅行社经营网络的重构活动，来推进其规模扩张战略的落实。在借助品牌优势和资金实力完成对国内重点区域"中旅系"旅行社的控股、重组和改制后，基本形成以区域总部为中心、以资本为纽带、辐射全国的国内旅行社经营网络。

2. 中青旅的"资产+直营连锁"模式。中青旅上市后凭借资金和品牌实力即着手对原有青旅系统旅行社经营网络的再造，通过收购、兼并等方式加强了对网络环节中

---

* 本文原刊载于《北京工商大学学报（社会科学版）》2012年第2期。

处于重要地位的地方青旅的控制，以资产纽带代替以前的行政纽带，形成了关系更加紧密的国内旅行社经营网络。2001年起，中青旅又在北京地区以直营连锁的方式开设了18家连锁店，使中青旅的经营网络实现了以接待为主向以零售端为主的实质性突破。

3. 中国康辉的"控股与参股"模式。中国康辉旅游集团早在20世纪80年代就开始了其旅行社经营网络的建设步伐，主要采取的是以品牌为基础的低成本扩张策略，合作对象为那些想发展壮大的中小旅行社，这些中小旅行社加盟其中形成了康辉的经营网络。经过近30年的发展，基本形成了中国康辉的旅行社网络化经营体系。截至2007年年底，中国康辉集团的网络化经营体系中有108家旅行社，这些旅行社中康辉总社有的控股、有的参股。

4. 中国金桥的"旅行社联合体"模式。中国金桥旅游公司在全国旅行社中算不上大型旅行社，而且网络化经营起步也比较晚，2003年它们采取的是在产权关系上比较松散的联合体形式。由于联合体并不是以资产为纽带的紧密联系，容易解散，因此中国金桥要求联合体在全国统一使用"金桥旅游"标志、标牌和标徽，统一财务结算、统一名片、统一导游旗、统一旅游帽、统一旅游包等，并逐步带领联合体由初期的业务合作关系向产品统一、价格统一过渡，这也是中国金桥的网络化经营体系得以维系的关键所在。2008年，金桥总部开始在境内外设立分公司，不断完善经营网络。

5. 上海春秋的"IT系统+全资子公司"模式。上海春秋旅行社非常敏锐地认识到信息技术对旅行社的重要作用，这种作用对传统旅行社而言并非一种颠覆，而是一种互补性极强的融合，是一种在融合基础上的补充与促进。因此早在1994年，上海春秋旅行社就开始应用计算机实时预订系统，2001年又建立起旅游电子商务网站。为克服网络经营和地方化服务这一矛盾，上海春秋旅行社又陆续在全国主要旅游城市建立了全资分支机构，初步形成了线上和线下呼应的网络化经营体系。为使服务的触角延伸得更广，上海春秋旅行社又以地方分支机构为基点，不断吸引代理商的加盟，逐步形成辐射全国的经营网络。

6. 广之旅的特许经营模式。广之旅通过品牌入股、特许经营方式，走出了地方旅行社通过品牌扩张实施网络化经营的新路。从2001年开始先后成立了惠州广之旅、顺德广之旅、邮政广之旅、茂名广之旅、清远广之旅、佛山广之旅、汕头广之旅、四川峨眉广之旅、上海广之旅、北京有朋广之旅、广州广联旅游有限公司、广州康泰国际旅行社等旅行社。从1988年首次在香港参股并经营"新广州"（香港）国际旅游有限公司至今，广之旅目前在广州市内已拥有40多家营业点，在全广东省有200多家营业网点，构建了华南地区最为完善的旅行社经营网络；在中国香港、中国澳门、北京、云南、四川等地设有分支机构，形成了具有广之旅特色的网络化经营模式。

7. 宝中旅游的"IT系统+加盟连锁"模式。宝中旅游凭借独家开发的计算机软件管理系统和"宝中旅游"品牌，通过品牌加盟的形式实施网络化经营，并不断创新经营模式，在门店管理方面，采取"统一采购、统一产品、统一广告、统一财务、统一人事、统一选址、统一形象和统一组团"的"八统一"措施，提升标准化程度，严控产品及服务质量。2009年8月18日，重庆宝中旅游公司正式组建，仅两年时间宝中旅游在全国就开设了22家子公司，全国的营业网点约2000多家。2011年名列中国旅游集团营业额20强第15名。

二、旅行社网络化经营模式比较分析

我国旅行社网络化经营的模式很多，但以上七种模式具有典型的代表性，通过比较分析这七种模式的优劣，基本能够厘清我国旅行社网络化经营的方向与思路。

1. 中旅、中青旅模式分析。"国、中、青"是我国最早实施网络化经营的三大旅行社，初期模式基本相同，名义上以旅行社集团的形式存在，实质上仅仅只是依靠品牌和行政隶属关系加以维系，因此初期的旅行社经营网络应为旅行社联合体。这种网络经营模式与当时行政管制、缺乏竞争、以入境旅游为主导的市场环境是相适应的，在维护旅游市场秩序、稳定服务质量、提升与境外旅行社谈判能力方面发挥过重要作用。但在市场开放、竞争激烈的市场环境下，这种网络化经营模式缺乏凝聚力、在利益驱动下容易分散和解体的劣势也表露无余。为克服这种网络化经营模式的弊端，现阶段中旅、中青旅都在致力于对垄断经营时期形成的松散型旅行社经营网络实施改造与完善。一方面，通过兼并收购等手段形成资产纽带，选择性地改造原有经营网络中的关键节点，通过控股加强对经营网络的控制，实现松散型网络向紧密型网络的转变；另一方面，通过连锁经营等方式弥补原有经营网络在中国公民旅游市场销售方面的短板，不断完善经营网络的布局和结构，实现以入境业务为主的单一网络向覆盖入境业务和中国公民业务的复合型网络的转变。

2. 中国康辉的"控股与参股"模式分析。相对于"国、中、青"而言，中国康辉总社的成立相对较晚，在吸取了"国、中、青"三大旅行社集团的经验和教训的基础上充分利用了后发优势，网络化经营的起点比较高。初期就跨越了松散型网络化经营模式而直接步入到紧密型网络化经营模式，这种模式保证了总社对经营网络具有一定的控制力度，但是由于资产纽带的形成并非全部采取控股形式而是有品牌入股等参股形式的存在，在一定程度上也削弱了总社对经营网络的掌控力，不利于协同效应的形成。

3. 中国金桥的"旅行社联合体"模式分析。中国金桥的网络化经营模式和"国、中、青"三大旅行社集团的初期模式基本相同，虽然不是依靠行政和隶属关系维系，但同属于松散型的旅行社联合体，这种经营网络的构建是在对品牌认同的前提下，通过契约方式对网络成员进行约束，成本相对较低，网络扩张也较快，但网络的稳定性差，虽然采取了"八统一"措施，而且在产品和价格方面也加强了统一管理，但毕竟各成员的利益取向不相同，有时还会存在较大差异，因此在当今竞争格局复杂的情况下，难以真正保证网络成员为了自身利益而不背叛联合体。

4. 上海春秋的"IT 系统 + 全资子公司"模式分析。上海春秋作为从国内旅游开始做起的国内旅行社,在网络化经营方面不仅吸取了"国、中、青"三大旅行社集团的经验教训,在构建旅行社经营网络时直接跨越了契约式的松散型网络模式,采取全资子公司的形式,通过绝对控股网络成员,不仅克服了中国康辉网络化经营模式控制力不足的劣势,而且能够保证网络成员从战略到日常业务经营和总社保持绝对一致。更值得关注的是,上海春秋很好地将互联网技术与实体网络融合,使网络成员能适时同步按相同的标准程序对业务进行操作。虽然在中国公民业务分销的实体网络建设方面,上海春秋模式还有拓展空间,但其网络化经营模式仍然值得大型品牌旅行社借鉴。

5. 广之旅的特许经营模式分析。广之旅网络化经营模式的构建重在品牌输出,基本上是通过品牌特许的形式取得网络成员的控制权或参股权,当然也不排除其对有些网络成员存在资本输出。还有些网络成员和广之旅本身并无产权关系,它们使用广之旅的品牌,广之旅也只是收取一定数量的品牌使用费。因此,虽然广之旅对网络成员也强调按特许经营的要求进行管理,但对网络成员的控制和约束力仍然不足。

6. 宝中旅游的"IT 系统 + 加盟连锁"模式分析。宝中旅游网络化经营模式的构建重在 IT 操作系统和品牌的输出,既有通过品牌加盟的形式取得网络成员的控制权或参股权,也不排除其对有些网络成员存在资本输出,但部分网络成员和宝中旅游本身并无产权关系,它们只是以加盟商的形式使用宝中旅游的品牌,而宝中旅游也只是收取一定数量的加盟费。因此,虽然宝中旅游对网络成员也强调按"统一采购、统一产品、统一广告、统一财务、统一人事、统一选址、统一形象和统一组团"的"八统一"要求进行管理,但其对网络成员的控制和约束力仍然不足,服务质量很难保证,协同效应很难真正发挥,其实施加盟连锁的战略在短期内是成功的,但在如何真正做到集中管理网络成员方面还有待完善。

三、大型品牌旅行社网络化经营的模式选择

旅行社网络化经营的模式比较多,我们在借鉴吸收的基础上总结出七种典型模式,通过分析比较这七种模式的优缺点,对我国大型品牌旅行社的网络化经营有如下借鉴作用。

1. 国内网络构建优先于国际网络构建。目前我国旅行社行业竞争激烈且无序,大型品牌旅行社处在求生存谋发展的特殊阶段,既缺乏国际化经营所需的实力,也缺乏国际化经营的经验,但我国旅游市场规模巨大而且成长迅速,为大型品牌旅行社立足国内经营创造了广泛的市场空间,因此国内经营网络的构建更有现实意义,比国际经营网络的构建更为必要和紧迫。

2. 紧密型网络比松散型网络更容易形成协同效应。松散型网络构建成本相对较低,网络扩张也较快,但网络的稳定性差;而紧密型网络,由于有实质性控制权的支撑,网络的稳定性很高,而且易于掌控,能够保证总部的战略意图得到不折不扣的贯彻,

形成协同效应。

3. "M"形组织结构比单纯的扁平横向形组织结构更加适合于旅行社网络化经营。"M"形组织结构可以在总部下按区域设立多个地区事业部，总部负责长期的战略性决策，各地区事业部在总部制定的统一战略下，统筹协调各自区域的旅游接待和招徕等工作，这种通过局部协调来达到管理整个网络的安排比全部由总部对全网络来进行统筹和协调更能调动各事业部的积极性，增强对市场反应的敏捷性、灵活性与针对性。

4. 基于互联网的IT操作系统在网络化经营中的运用有助于提高网络化经营的效率，增强网络的稳定性。在实体网络的基础上，统一使用能按业务流程规范各作业环节的IT操作系统，对于网络成员来说，互联网技术的应用一方面可以提高相互间作业信息的传递速度，另一方面可以增加网络成员对网络的依赖；对于网络成员内部而言，通过IT操作系统的使用则可以规范内部作业流程，提高业务运作效率。

根据以上分析总结，我们认为我国大型品牌旅行社选择网络化经营模式，一方面要考虑未来网络的运营成本和管控的难易程度，另一方面还要考虑是否有利于未来网络在降低采购成本与控制客源及渠道方面能够充分发挥作用，最为关键的是必须能实现对网络功能定位的诉求。因此在充分考虑旅游资源共享的局部性优势特点的基础上，将是否有利于挖掘旅游资源协同与共享潜力、体现网络功能、降低采购成本作为选择网络模式的首要标准。根据这一标准，具有IT操作系统支撑的具备区域性经营中心的"M"形国内网络比较符合大型品牌旅行社的需要，应该是我国大型品牌旅行社网络化经营的目标模式。

四、大型品牌旅行社网络化经营的路径选择

1. 网络化经营的路径模式。有学者利用企业网络理论，根据企业组织形态将旅行社网络化经营的路径总结为旅行社战略联盟、旅行社虚拟企业、旅行社联合体、旅行社企业集团、旅行社间"准一体化"五种模式。在总结借鉴的基础上，我们认为我国大型品牌旅行社网络化经营的路径有内部成长、兼并收购与战略联盟三种模式。

（1）内部成长路径模式。这种路径模式是一种渐进式模式，主要靠总部自身努力逐步积累网络化经营的能力和资源。例如，上海春秋的网络化经营就是采取了内部成长这种模式，它完全依靠总部进行一个中心一个中心的建设与发展。

（2）兼并收购路径模式。这种路径模式是通过兼并收购其他旅行社的方式布局经营网络，以便比较快速地提升网络化经营的程度。"国、中、青"以及康辉在网络化经营方面就是采取了这一路径模式，从而使自己快速地建立起全国性的经营网络。

（3）战略联盟路径模式。这种路径模式指总部与其相关联的企业或其他旅行社之间，为实现客源、品牌等资源共享，以契约、协议或股权参与等方式形成的一种合作关系。中青旅联盟即是这种形式，其成员发展快，但稳定性不够强，难以真正发挥协同效应。

2. 路径模式比较分析。内部成长、兼并收购和战略联盟三种路径模式各有优势和缺点。内部成长模式网络建设速度较慢，且容易面临技术和品牌等方面的天花板，但可以保证网络化经营的管理体系与企业文化的一致性，而且总部可以控制网络化经营的节奏和风险，能有时间通过渐进方式学习网络化经营的知识，逐步建立并提升对网络的管控能力。兼并收购能够快速奏效，但整合难度比较大，文化和理念的融合比较难。战略联盟也能快速形成庞大网络，但由于联盟各方具有相对独立性，因此网络成员间的关系不稳固，不具备集权管理所需的可控性。

3. 网络化经营的路径选择。

（1）影响路径选择的因素。选择网络化经营的路径除考虑风险、速度和控制力外，还有网络化经营战略重点与总部对网络组织的整合能力两方面的因素。

网络化经营的战略重点不同，选择网络化经营的路径也往往不同。一般情况下，以开拓市场为目的的网络化经营更偏好渐进式道路，即内部成长模式，但当自身品牌知名度不够或总部实力不强时，也可以考虑战略联盟的模式；而以寻求技术、能源、渠道等资源为目的的网络化经营则更倾向于选择兼并收购等跳跃式模式。

总部对网络的整合与驾驭能力不同，选择网络化经营的路径也会不同，选择的路径能否成功的关键在于是否与总部整合和驾驭能力匹配。一般而言，兼并收购对总部的整合与驾驭能力要求最高，除自身需要有能力和实力外，还需要有一套被兼并收购旅行社接受的管理方法和企业文化，否则很难发挥兼并收购的实质性效果；内部成长对总部的管控与驾驭能力要求比较适中，虽然产品研发、销售与渠道管理都会不断面临挑战，但由于内部文化和管理体系的一致性，总部有较充分的时间逐步提升对网络的整合与驾驭能力；相对而言，战略联盟对总部的整合与驾驭能力要求最低，因为总部只需要和合作伙伴进行谈判与合作。

网络化经营的路径选择还具有阶段性的特点，总部可以根据网络化经营战略的需求与自身能力在不同的时期选择不同的路径模式，有时甚至可以交叉与混合使用上述三种模式。

（2）路径选择。根据网络化经营的功能定位和三种路径模式的优缺点，结合考虑影响网络化经营路径选择的因素，我们认为：内部成长与兼并收购路径模式能够保证总部对网络的有效控制，应该成为大型品牌旅行社网络化经营时构建区域性经营中心和下辖接待网络的路径模式；而连锁分销商的发展则既可以选择内部成长路径模式，亦可以考虑战略联盟路径模式。因此，区域性经营中心的建设以内部成长模式为宜，接待网络的建设可采用兼并收购与内部成长相结合的模式，而连锁分销商则可以采取内部成长与战略联盟相结合的模式。

五、大型品牌旅行社网络化经营的推进思路

1. 网络化经营的布点原则。具有 IT 操作系统支撑的具备区域性经营中心的"M"

形国内网络的构建，关键在于区域性经营中心的布点与选择。根据我国目前旅游消费水平及未来发展趋势，结合当前的行政区划和城市分布，为充分发挥网络功能，在区域性经营中心的布点时应遵循如下原则：（1）属于重要的口岸或旅游热点城市的原则；（2）对周边地区具有辐射功能和在资源配置上具备较大影响力的中心城市的原则；（3）地区旅游市场（包括中国公民市场和入境接待市场）具有较大发展潜力的原则。

2. 网络化经营的网络构架。国内网络由七大区域性经营中心组成，各区域性经营中心所在城市及接待与分销网络布局如下。

（1）华北旅游经营中心。中心设立于北京，以分公司、全资或控股子公司方式设立。可根据需要由中心控股天津、河北、山东、内蒙古、山西的几家旅行社；零售商为北京、天津、河北、山东、内蒙古、山西的连锁店。

（2）华东旅游经营中心。中心设立于上海，以分公司、全资或控股子公司方式设立。可根据需要由中心控股浙江、安徽、福建、江苏的几家旅行社；零售商为上海、浙江、安徽、福建、江苏的连锁店。

（3）华南旅游经营中心。中心设立于广州，以分公司、全资或控股子公司方式设立。可根据需要由中心控股广东、海南、广西的几家旅行社；零售商为广东、海南、广西连锁店。

（4）华中旅游经营中心。中心设立于武汉，以分公司、全资或控股子公司方式设立。可根据需要由中心控股湖北、湖南、江西、河南的几家旅行社；零售商为湖北、湖南、江西、河南的连锁店。

（5）西南旅游经营中心。中心设立于昆明，以分公司、全资或控股子公司方式设立。可根据需要由中心控股云南、重庆、四川、贵州、西藏的几家旅行社；零售商为云南、重庆、四川、贵州、西藏的连锁店。

（6）西北旅游经营中心。中心设立于西安，以分公司、全资或控股子公司方式设立。可根据需要由中心控股陕西、甘肃、宁夏、青海、新疆的几家旅行社；代理商为陕西、甘肃、宁夏、青海、新疆的连锁店。

（7）东北旅游经营中心。中心设立于大连，以分公司、全资或控股子公司方式设立。可根据需要由中心控股辽宁、吉林、黑龙江的几家旅行社；零售商为辽宁、吉林、黑龙江的连锁店。

通过以上区域性经营中心及其控股的旅行社及零售商的组合，形成"大型品牌旅行社总部—区域性旅游经营中心—控股旅行社—零售商（网络终端）"的国内旅行社经营网络框架。

3. 网络化经营的实施步骤。在上述网络布点原则和框架指导下，大型品牌旅行社网络化经营的网络构建应该采取循序渐进，逐步完善的方式实施。

国内旅游经营网络的构建一般情况下应先构建区域性经营中心，再由区域性经营中心根据零售与接待业务发展的需要来有针对性地发展区域内的控股旅行社和零售商；在某些不具备建立区域性经营中心但目前已存在业务的区域与市场，可先行设立或形成控股旅行社和连锁店，在此基础上再逐步形成区域性经营中心。

4. 网络化经营的股权安排。对经营网络股权的安排应与实施网络化经营的战略目标相适应，以最有利于发挥网络的功能和效应为出发点，宜根据网络结构中不同地域和不同环节的不同功能灵活安排股权和选择合作伙伴。

对区域性经营中心的股权安排，考虑其在统一操作与管理、资源共享和协同等方面的集权需要，应该将设立分公司和全资子公司作为首选，其次考虑投资控股。对接待网络旅行社的股权安排，也应该以绝对控股为最低要求。对网络化经营的网络终端连锁零售商的股权安排，由于受政策限制，目前只能以分公司形式存在。

5. 网络化经营的运营管理。在网络化经营所需的实体网络构建成型后，决定网络化经营成功与否的关键就是如何推动网络的运营，选择与目标网络模式相适应的管控与作业模式、名称与商号管理、股权与资产管理、业务管理与协调等几方面又尤为重要。只有成功地实施上述几方面的管理，才能统一作业模式、规范网络的名称与商号、监控网络的股权与资产、协调网络内部业务、共享网络所控制资源。

参考文献

［1］中国旅游研究院．中国旅游集团发展报告——中国旅游企业国际化成长（1979—2010）［EB/OL］．［2011-10-10］．www.ctaweb.org.

［2］包曾婷，章锦河，刘珍珍．旅行社网络化路径研究［J］．云南地理环境研究，2009（5）．

［3］中国注册会计师考试办公室．公司战略与风险管理［M］．北京：经济科学出版社，2011.

［4］杨国安，忻榕，刘胜军，等．鲜花与荆棘：探寻中国企业全球化之路［M］．北京：商务印书馆，2008.

［5］张静．房地产中介业网络经纪发展之管见［J］．现代财经（天津财经大学学报），2010（4）．

［6］国家旅游局监督管理司．2010年度全国旅行社统计调查公报［R］．北京：国家旅游局旅游公告，2011.

Research on Mode Analysis and Path Selection for Network Operation in China's Large Brand Travel Agencies

▲Yang Chong-qing (*Supervisor and Risk Management Department,*
CITIC Tourism Group Co. Ltd., *Beijing 100004*, *China*)

Abstract：Among the typical modes, there are seven modes including the "asset + business" mode in CTS, the "asset + regular chain" mode in CYTS, the "stock controlling and shareholding" mode in China？Comfort？Travel Service Co. Ltd. , the "travel association" mode in China？Golden？Bridge？Travel？Service? Corporation? the "IT system + wholly owned subsidiary" mode in Shanghai-based Spring International, the franchise mode in CGZL and the "IT system + franchising chain" mode in Baoan China Travel Service, all of which ? have their strengths? and weaknesses. The target mode for network operation in China's large brand travel agencies should be M-type domestic network with regional business center, which is supported by IT operating system. The three path modes to achieve such network operation are internal growth, mergers and acquisitions, and strategic alliances, which can be used alone or together at different times of network operation. Under the selected target mode, as to the network operation in China's large brand travel agencies, the domestic network framework is composed of reception network and distribution network controlled by seven regional operation centers. The control over the network can be achieved through equity arrangement in building up the network. The efficiency of network operation depends on the four aspects: control and operation mode, management of names and firms, equity and asset management, business management and coordination.

Key Words: brand; brand travel agencies; network; network operation mode

"中华老字号" 品牌发展滞后原因及其对策研究*

▲冷志明（吉首大学商学院，湖南吉首 416000）

> **摘　要**："中华老字号"的发展问题备受各方人士的关注。文章分析了"中华老字号"品牌发展滞后的原因，即缺乏品牌运作、品牌文化创新、品牌保护和有效的品牌传播，探讨了"中华老字号"品牌发展的对策。
>
> **关键词**：中华老字号；品牌；品牌运作；品牌文化

在数百年的商业和手工业竞争中，中华民族在医药、饮食、食品等领域形成了许多闻名遐迩的老字号。它们有的以产品质量取信于世，有的以经营有方见长。总之，在竞争中以自己的专长压倒对手，博得了消费者的信任而流传下来。进入21世纪，许多曾经灿烂的"老字号"却变得步履蹒跚，老态龙钟。一段时期来，"中华老字号"已成为政府有关部门、企业和众多有识之士共同关注的课题。本文拟就"中华老字号"品牌发展滞后原因及其发展对策进行探讨。

一、"中华老字号"品牌发展滞后原因

我国老字号企业大部分存在运转困难、效益低下的现实。目前，像北京同仁堂、六必居酱园、全聚德烤鸭店等经营有方的老字号品牌已属凤毛麟角。据有关部门统计，目前，我国老字号品牌达数万家，其中生产经营有一定规模、效益好的仅占10%，几十年来保持原状的占70%，而长期亏损、面临倒闭、破产的占20%。根据笔者的观察和研究，当前我国老字号品牌建设相对滞后的原因有以下几点：

1. 缺乏品牌运作。市场经济是一种资源配置经济，企业良好的品牌形象可以吸引众多的投资者、合作者，从而使企业经营规模、资产实力、市场竞争力等诸方面迅速扩大，达到规模经济效应。我国老字号品牌中许多具有良好的知名度、美誉度，具有发挥品牌效应的先天优势，而且这些老字号企业大多集中在医药、食品和饮食行业，单纯就国内市场看，是一个容量大、稳定性强、具备可经营性的市场。然而，就目前

---

* 本文原刊载于《北京工商大学学报（社会科学版）》2004年第1期。

我国老字号企业的经营情况看，品牌效应发挥有限，品牌运作存在严重缺位。一是老字号企业规模小。如一些老字号企业沿袭过去家庭作坊式的经营方式、营销手段，多年来很小的资产顶着老字号巨大无形资产的大帽子。一些老字号国有企业沿用计划经济时期的经营机制、管理机制，没有引进现代生产、经营方式，影响了企业活力。二是老字号企业粗放经营。我国老字号企业商品生产中大多存在生产设备落后，技术含量小，标准化程度低的问题。以饮食行业为例，像兰州拉面、德州扒鸡等，仅在兰州市，开拉面馆的就达300多家，德州市生产经营扒鸡的也达100多家，且存在卫生条件差，没有统一标准、统一的口味，很难说哪个是正宗。食不厌精，脍不厌细，随着干净卫生、口味独特的洋快餐的大举进境，挑剔的消费者最终忍痛割爱。据统计，在2000年上海连锁快餐企业中，以"肯德基"为首的四大洋快餐在上海的经营额达9亿元。其中，"肯德基"一家的经营额就达到6亿元，而中式快餐经营额最多的"新亚大包"还不到2亿元。如此的经营业绩，又如何能胜过洋快餐呢！

2. 缺乏品牌文化创新。品牌代表利益认知、情感属性、文化传统和个性形象等价值观念。一个不断发展具有丰富文化内涵的品牌才具有持久的生命力。"中华老字号"一头连接着厚重的珍贵文化遗产，另一头更通向日新月异、与时俱进的现代社会，"老"是一种资本，有时也会成为突破的束缚。在当今市场经济条件下，老字号企业在经营中恪守古训、信守商业道德的同时，要对品牌文化进行不断创新，着力将产品之"优"化为市场之"势"，优势并举，形成规模优势，从而不断树立新商誉，努力重振雄风，不断擦亮"老字号"。然而，能像同仁堂抱着"同修仁德，济世养生"的堂训，而又不断进行创新，满足目标市场消费者需求的我国老字号品牌少之又少，许多老字号品牌几十年甚至上百年没有什么变化，故步自封、因循守旧，没有创新意识。

3. 缺乏品牌保护。一是假冒伪劣现象严重。据国家工商局估计，我国每年生产的假冒伪劣产品市场流通额约3000亿元。我国老字号品牌同样受假冒伪劣冲击，如制假"王麻子"的厂家多达几十家，年产量500万把，是真"王麻子"年产量的近3倍。由于调查取证困难、处罚力度不够以及存在地方保护和部门保护，"假冒伪劣"长期充斥市场且愈演愈烈。二是国内企业之间恶性竞争，老字号企业也竞相降价，自相残杀，畸形的价格之争不仅严重影响了企业的生存和发展，同样也严重地影响了老字号品牌在消费者心目中的稳定形象。三是一些老字号企业产品品质滑坡。一些老字号企业换了新的经营者，将原来独特的质量体系打破，以至于消费者以为老字号不如从前了。更有甚者，像南京冠生园，不珍惜自己的良好声誉，以次充好，以假乱真，最后砸了自己的招牌，自毁老字号。

4. 缺乏有效的品牌传播。一是许多老字号品牌在Ⅵ（视觉识别）上显得不合时宜，同时，长期以来，老字号一直借助口头传播建立声誉，这种传播方式在当今信息社会已成为制约老字号品牌传播速度和广度的桎梏。二是品牌传播作为沟通品牌和目标顾客的中心环节，一直是BI（行为识别）的重中之重，但许多老字号品牌在这方面几乎是一片空白，这使得一些老字号即使有新品种上市，要推广到为目标顾客所熟知，尚需度过一个漫长的品牌渗透期。三是 MI（理念识别）一直是品牌运作的核心，也是品牌延续和发展的原动力，但我国许多老字号品牌的理念识别却一直停留于一个较为初级的阶段，没有对品牌进行进一步提炼和集约化，这使得老字号品牌形象过于模糊，对品牌的后续发展甚至扩张极为不利。例如，在"零点调查"所选取的我国排名前十六位的老字号品牌中，认知广度和深度俱佳的，只有北京的"全聚德"和"同仁堂"，而上海的"张小泉"与"上海城隍庙"以及天津的"狗不理"则仅限于具有认知广度的品牌，其余品牌则在这两方面都不够强。这说明在浩瀚"中华老字号"中，真正具有跨地域覆盖能力又能达到品牌有效传播的很少。这说明我国老字号品牌在信息传播已多维化的今天，原有"酒香不怕巷子深"的"坐商"思想还依然严重。一些老字号品牌在国内尚且不能誉满全国更何谈响遍天下。

二、"中华老字号"品牌发展对策

事实上，老字号真正缺少的不是品牌，而是品牌创新、品牌营销。因为大多数老字号企业仍在一种品牌无意识状态下徘徊，其品牌还处于一种未启动的休眠状态。这使得品牌的潜在资源大量闲置，老字号的品牌号召力没有得到充分发挥。因此，在经济全球化背景下，中华老字号只有跟着时代走，不断地改革和创新，找到历史基业与现代经营的契合点，才会焕发出现代风采。

1. 树立正确的品牌经营理念。老字号企业必须更新观念，树立品牌意识，注重品牌塑造，把自身经营理念和行为从产品经营为核心转变为以品牌经营为中心。一是科学地设定企业目标。在品牌发展过程中，企业目标不仅包含产品经营中的主要目标，即销量、利润、占有率等，而且更要包含品牌发展相关指标，如品牌忠诚度、品牌个性、品牌价值水平等。二是科学地进行促销设计。在品牌经营背景下，任何促销方案的设计必须与品牌发展相结合，促销活动目的、方式、强度都应在品牌经营目标指导下进行整合。三是科学、合理的构建价值结构。产品经营背景下，供应商、制造商、中间商、消费者四个环节的价值是割裂分离的，在品牌经营前提下，企业应把四个环节构成双向互动的价值结构链。

2. 实行科学的品牌发展战略。发展老字号品牌是一项系统工程，应从下列方面入手。一是以质量为品牌的基础。老字号企业应把产品质量视为发展企业、维护信誉、巩固市场的"命根子"，要加强员工质量意识教育，抓好产品研制、生产和销售各环节的基础管理工作，把质量隐患消灭在各环节之中。二是以规模求品牌发展。规模是品牌的基石，要弘扬老字号品牌，必须具有相当规模，即要做"大"。为此，应通过市场组建跨地区、跨行业、跨所有制的企业集团，扩大老字号企业规模，降低企业交易成本，实现规模经济效益。但在组建企业集团过程中，要遵循客观经济规律，以品牌发展为方向，以企业为主体，以资本为纽带，通过市场而不是靠政府行政手段如拉郎配等来勉强撮合形成。三是以创新保持老字号品牌活力。老字号品牌的生命力与活力来源于新技术、新产品的开发与创新。创新是老字号企业核心竞争力的源泉。面对不断变化的市场需求和市场环境，老字号企业只有不断加大技术开发投入，开发自主核心技术、提高独立创新能力，才有可能在激烈的市场竞争中掌握制高点。四是以文化带动品牌销售。在基本物质层次满足的基础上，人们更多地追求文化上的、精神的、心理上的需求。在对物品和劳务的消费中，文化需求超越实用需求而成为现代需求的标志。发现、唤起文化需求，并在物品与劳务中提高商业文化含量，是提升老字号品牌的重要途径。因此，老字号企业应从品牌文化建设做起，深入挖掘企业内外的文化潜力，建立和培育体现行业特色、企业特色、产品特色的品牌文化，以深厚的文化内聚人心，内增企业凝聚力，外拓市场，树立老字号品牌的形象力。五是以国际化经营推动品牌扩张。在我国加入WTO之后，在开放的市场经济中，如果老字号企业不能在本国之外加强自己的力量，就难以保持在国内市场的强势。民族的也是世界的，老字号企业应该主动走出国门，开拓一番新天地。

3. 探索可行的品牌管理模式。一是从实体经营逐步向虚拟经营发展。虚拟化经营也是一种通过专业化生产提高效益的行为，有利于老字号企业技术开发、拓展市场、共同筹资、多元化经营，有利于老字号企业取得竞争中的最大优势，实现超常规的发展。在实践中，老字号企业可通过保留自身最关键的功能，而将其他功能通过联合、委托、外包等方式，借助外部的资源力量进行整合来实现企业经营目标。二是实施品牌关系管理，提升和管理顾客资产。品牌关系管理不仅仅是一种思想或一种活动与努力，更是一种全新的品牌管理方法，它交叉了产品生命周期与顾客生命周期，将传统的纯粹收益管理转变为以顾客为中心的收益管理，强调品牌与顾客之间的交流与关系，它是一种互动式的营销管理。在互动过程中，可以培养顾客的品牌体检与品牌感觉，帮助企业进行个性化的销售活动，让顾客融入销售流程，这可以增加顾客的参与感，满足其个性化需求。

4. 创建良好的品牌发展环境。中华老字号既属于企业，也属于中华历史文化。一方面，"中华老字号"既然属于企业，我们要按市场规律办事，使老字号企业成为真正的市场主体，减少不必要的行政干预，减少老字号企业，特别是国有老字号企业人员包袱过重等负担，引入现代经营理念和经营机制，使其平等的参与现代市场经济的竞争。同时，老字号企业要树立品牌保护意识，运用商标、专利、知识产权等法律措施保护自有品牌，国家有关部门要加强对假冒伪劣的调查取证，加强制止和打击假冒伪劣的处罚力度，克服目前存在的打假过程中的地方保护和部门保护。另一方面，"中华老字号"既然属于中华历史文化，我国政府应加强对"中华老字号"的扶持力度，如制定老字号企业保护政策，在贷款、税收减免等方面给予支持，在老字号经营场所方面给予统一规划，使其成为中华传统文化的一种载体，源远流长。例如，在我国现代城市经营中，许多地方都着力打造历史文化名城，中华老字号有其丰富、独特的文化内涵，无疑将成为现代城市发展中不可多得的历史文化符号，有利于提升城市的文化品位和历史文化内涵。从旅游文化的角度看，游客无非是两类：一是寻求文化差异，如欧美游客，跨洋越海来寻觅异国他乡的民俗风情；二是寻求文化认同，如港澳台同胞和海外侨胞，为回归故土的"恋旧"而"寻根"。因此，老字号应受到政府的扶持。在城市的传统老街保护区，一方面保护好原有的"老字号"，另一方面将城区其他地方的"老字号"相对集中，老街靠"老字号"扬名，"老字号"又以老街为网点，集人缘、地缘之优势，集中展示"老字号"丰富的文化内蕴，彼此相得益彰。

参考文献

[1] 胡宝娣，胡兵. 提高中国品牌市场竞争力的对策 [J]. 经济与管理，2001（10）.

[2] 老字号"王麻子"破产 [N]. 北京青年报，2003 – 07 – 22（6）.

[3] 武爱河. 中国品牌的政策法规环境 [J]. 中外管理导报，2000（8）.

Research on the Reasons and Countermeasures for the Lagging Development of China's Traditional Brand

▲Leng Zhi-ming（*Business College*，*Jishou University*，*Jishou*，*Hunan 416000*，*China*）

Abstract：Keen attention has been paid to the development of China's Traditional Brand by people from all walks of life. The article analyses such various reasons for the lagging development of China's Traditional Brand as the lack of the trademark operation, the lack of trademark culture innovation, the lack of trademark protection and the lack of effective trademark propaganda. It also explores the countermeasures for the development of China's Traditional Brand.

Key Words：China's Traditional Brand; trademark; trademark operation; trademark culture

中华老字号品牌的生命周期研究*

▲李　飞（清华大学经济管理学院，北京　100084）

> **摘　要**：通过研究发现，中华老字号品牌有着不同于一般品牌的生命周期，其生命周期包括成长、成熟、老化和休眠四个阶段，并且每一个老字号品牌分别处于这四个阶段中的一个阶段。老字号品牌所处阶段不同，采取的营销对策也应该不同。即对于成长期的老字号品牌采取维持策略；对于成熟期的老字号品牌采取保健策略；对于老化的老字号品牌采取激活策略；对于休眠的老字号品牌则采取唤醒策略。无论采取何种策略，其核心都是打造品牌的竞争优势，即选择并实现一个营销定位点。
>
> **关键词**：老字号；品牌；生命周期；品牌演化；营销定位

为了促进老字号发展和弘扬中华商业文明，2006年商务部开始实施"振兴老字号工程"，发布了《"中华老字号"认定规范（试行）》，该规范为中华老字号下的定义是："历史悠久，拥有世代传承的产品、技艺或服务，具有鲜明的中华民族传统文化背景和深厚的文化底蕴，取得社会广泛认同，形成良好的信誉的品牌。"一些学者有时将"老字号"理解为"老企业"，为了避免误解，本文使用"中华老字号品牌"的概念。这些品牌，一般都具有百年以上的历史，在当今发展中，不断地面临着新的机遇和挑战，有的出现了衰老的症状，有的陷入濒临死亡的窘境。尽管商务部"振兴老字号工程"已实施了十年，政府出台了不少应对措施，专家也提出了很多发展建议，但是大多是将老字号视为一个整体来考虑，忽视了它们处于不同的生命周期。即使有的文献考虑了老字号的生命周期，也是模拟一般品牌生命周期的原理，忽视了老字号本身的特殊性。因此，仍然没有从根本改变中华老字号面临的困境，出现了"好的更好，差的更差"的马太效应，同时在理论也还没有梳理出老字号品牌的生命周期特征。为此，本文拟从分析中华老字号品牌的生命周期入手，探索出它们所处的不同生命周期阶段，然后根据其所处阶段的不同特征，提出相应的对策建议。这或许能为中华老字号的整体复兴提供一条新的选择路径。

---

* 本文原刊载于《北京工商大学学报（社会科学版）》2015年第4期。基金项目：国家社会科学基金项目"中国百货业演化轨迹及其未来走向研究"（10BJY086）；清华大学经济管理学院中国零售研究中心项目"中国零售业态适应和成长问题研究"（100004002）。

一、中华老字号品牌生命周期的含义及特征

中华老字号品牌生命周期研究的一个重要内容，是界定它的定义并分析其特征。通过特征分析，会发现专门研究"中华老字号品牌生命周期"的意义，否则便完全可以照搬一般品牌生命周期或是产品生命周期的逻辑了。

（一）品牌生命周期的含义

品牌是否有生命周期，还是一个存在争论的话题。正像科特勒、凯勒所言，有人认为所有品牌都有有限的生命，不能期望永远是市场领导者；有人则认为品牌与产品不同，可以永存，这依赖于营销人员拥有的技巧和洞察力。不过，越来越多的西方学者认为，品牌像动物和植物一样，是有生命周期的，会经历一个出生、成长、成熟和衰退的过程。

Simon（1979）认为，欧洲经济学院德籍教授曼弗雷·布鲁恩最早提出了品牌生命周期理论，并将品牌生命周期分为六个阶段：品牌创立阶段、稳固阶段、产异化阶段、模仿阶段、分化阶段和两极分化阶段。科特勒（1999）将产品生命周期划分为产品种类、产品形式和品牌等三种生命周期，使用了品牌生命周期的概念，并暗示品牌生命周期包括出生、成长、成熟和衰退等阶段。琼斯认为，已有品牌生命周期理论存在缺陷，品牌发展过程应包括孕育形成阶段、初始成长阶段、成熟期和再循环期等阶段。

国内学者也对品牌生命周期进行了研究。有学者认为，品牌生命周期包括市场周期和法定周期，前者是指新品牌进入市场到退出市场的过程，后者是指按法定程序注册后受法律保护的有效使用期。对于品牌生命周期的阶段划分存在着不同看法。有学者直接引入产品生命周期的划分方法，认为品牌生命周期包括"S"形（有介绍期、成长期、成熟期和衰老期四个阶段），循环双峰或多峰型，以及扇形（指由成熟期转入另外一个成长期）等；也有学者基于消费者视角，将品牌生命周期分为认知期、美誉期、忠诚期和转移期等四个阶段；还有学者提出了品牌的初创期、成长期、成熟期和后成熟期（包括两种情况：永续经营和品牌老化）等四个阶段的划分方法。

可见，品牌生命周期，是指一个品牌从诞生到成长，再到成熟，直至衰落和消亡的过程。有的品牌可能走完生命周期的全过程，有的可能走完生命周期的部分过程，其中也会出现循环和反复的现象，因此会呈现出不同的生命周期曲线。

（二）中华老字号品牌生命周期的特征

中华老字号品牌生命周期，一方面是"品牌"的生命周期，自然符合品牌生命周期的一般规律；另一方面又是"老"品牌的生命周期，应该有着自己的特征。已有文献，更多的是将品牌生命周期理论直接延用在老字号品牌生命周期之上。即使是关注老字号品牌特殊性的文献，也是将老字号作为一个整体进行研究，将各个老字号品牌

视为同处于一个生命周期阶段。例如，有学者认为，中华老字号既不属于产生期，也不属于成长和成熟期，而是属于后成熟期（或衰退期），理由是中华老字号没有适应环境变化，市场份额不断萎缩，销售利润不断下降，品牌影响力不断减弱。

笔者认为，中华老字号品牌的生命周期，是指中华老字号品牌的从产生到成长，再到成熟、衰退或消亡的发展变化过程。与一般品牌生命周期的特点不同，老字号品牌大多经历了上百年的发展过程，因此渡过了产生期，换句话说，没有处于产生期的老字号品牌。同时，中华老字号并非完全处于相同的发展阶段，而是分别处于品牌生命周期的成长、成熟、老化和休眠等四个阶段。可见，中华老字号与一般品牌生命周期的最大区别在于，它少了处于产生期的品牌，而增加了处于休眠期的品牌。这是在研究中华老字号品牌时，必须注意的重要特征。

二、中华老字号品牌生命周期的阶段

对于中华老字号品牌生命周期的研究，其实践意义主要不在于其整体上包括几个阶段，而在于识别各个老字号品牌所处的生命周期阶段，进而采取不同的应对策略。基于对各个老字号品牌的现状分析，可以发现中华老字号分别处于生命周期的四个阶段：成长阶段、成熟阶段、老化阶段和休眠阶段。了解这四个阶段的特征，对于选择相应的对策，具有重要的意义。

（一）成长期

处于成长期的品牌，是指具有市场竞争力的品牌，也是能够实现顾客满意、顾客忠诚，进而带来更多销售额和利润的品牌。由此推论，处于成长期的中华老字号，就是具有强大市场竞争力、受到顾客偏爱并能够持续带来经济和社会价值的老字号。全聚德、同仁堂、稻香村、云南白药等就属于这样的老字号品牌。据估计，这类品牌大约占到老字号存活品牌的10%左右。

本文仅以云南白药为例进行说明。1902年，民间名医曲焕章发明了伤科药"百宝丹"，俗称云南白药，该药在后来的战争年代声名鹊起。1955年，曲焕章家人将百宝丹的生产秘方献给政府，百宝丹开始由昆明制药厂生产，并改名为云南白药。1971年云南白药厂成立，享有云南白药品牌。改革开放之后，云南白药不断进行探索和创新，特别是2000年之后，创造出了诸多顾客喜欢的系列产品和品牌，范围遍及药品和日化品。营业收入持续快速增加，1999年为2.32亿元，2002年为11.01亿元，2005年为24.48亿元，2008年为57.28亿元，2010年达到了100.75亿元，成为中药领域的强势品牌，具有明显的成长期特征。

（二）成熟期

老字号品牌处于成熟期，是指该品牌销售额和利润额的增长已进入相对稳定的状态,尽管还在增长,但是增长的速度或幅度大大放缓。这意味着,这些老字号品牌的生存问题已经解决,主要是在探索发展或复兴之路。根据一些文献资料估计,处于成熟期的中华老字号品牌占到老字号存活品牌的30%以上。

瑞蚨祥、盛锡福和内联升等老字号大体都处于成熟期,发展呈现停滞和缓慢的态势,品牌影响力开始下降。品牌拥有者正在探索进一步的发展和复兴之路。他们根据市场环境和消费需求的变化,不断开发和创新产品,改善服务,增加顾客的文化体验,解决了生存和一定的发展问题,但是并没有实现销售额和利润额的快速增长。例如,瑞蚨祥2008年重新进行了店铺装修,专门腾出70平方米的黄金面积,设置丝绸文化展示区。盛锡福和内联升也在稀缺的店铺面积中,分别专门成立了中国帽文化博物馆和鞋博物馆,还开发了满足当下顾客需要的新产品。但是,这些老字号的品牌影响力远远没有达到民国或是改革开放之前的水平,仍然在探索健康和持续发展的路径,也没有彻底摆脱进入老化阶段或者休眠阶段的风险,因此具有处于"成熟状态"的典型特征。

(三) 老化期

老字号品牌的老化表现为对顾客的吸引力弱化,销售额停滞或下降,利润额也在持续减少,品牌影响力变小。其实质还是品牌资产的流失或贬值。据资料显示,在1990年原商业部评定的1600余家老字号中,勉强维持现状的约占70%;长期亏损、面临破产的约占20%;有品牌、有规模且效益好的仅占10%。北京市登记在册的200多家老字号中,生意兴隆、效益好的约占20%;效益一般、经营平稳的占30%;经营困难、效益差的占40%;难以为继、濒临破产的占10%。近些年,由于政府政策的扶持以及一些老字号企业的与时俱进,中华老字号的境遇有所改善。中国商业联合会中华老字号工作委员会2014年提供的数据显示,1600多家老字号企业中,80%左右的发展不错,另外的20%发展状况比较一般。不过,从其他方面获得的信息显示,情况没有想象的那么乐观。据武汉市商业局的调查统计,武汉市215家老字号中,70%的处于停业或半停业的状态,有些名存实亡;24%的尚在经营,但是困难重重;仅有6%的焕发着生机和活力。可见,老字号进入老化期,有可能导致所有者和经营者失去继续经营的兴趣;勉强出于情感继续经营、无法再创辉煌的老字号,极有可能进入休眠状态。对于处于老化阶段老字号的数量,没有准确的数据,综合上述文献资料,笔者估计大约会占到老字号存活品牌的50%以上。

(四) 休眠期

借鉴休眠品牌的概念,本文提出的休眠老字号品牌是指实体或载体在市场消失之后,消费者停止了与其有关的所有交易行为或购买活动达三年以上的老字号品牌。可见,休眠老字号品牌的一个最大特征,是该品牌没有产品或服务在市场上销售。不过从法律上看,品牌(商标)所有权可能属于有主财产,也可能属于"无主财产"。

新中国成立之后，休眠的中华老字号品牌为数众多。新中国成立之初，全国大约有老字号16000家（也有8000家的说法）。经过公私合营、"文革"和改革开放，1990年原商业部评定的老字号只有1600余家。后来商务部又重新对老字号进行认定，2006年第一批认定了430家，2011年第二批认定了699家，至今商务部认定的中华老字号共计为1129家。中华老字号的认定工作仍然会持续，不排除未来数量还有增加的可能。但是，一个不可否认的事实是，中华老字号的实际数量是逐年减少的。一些著名的老字号品牌正处于完全休眠或者半休眠的状态，如王麻子（剪刀）、泊头（火柴）等老字号，虽然原有企业破产，但是字号还在，还有少量商品出售，可视为处于基本休眠或半休眠状态。

三、中华老字号品牌生命周期的对策

时间是老字号的敌人也是朋友。一方面，时间使老字号衰老或死亡；另一方面，时间也使老字号积淀了历史和深厚的文化，充满着年轮聚集的魅力。中华老字号未来的发展，就是使时间变成朋友，路径是与时俱进（实施动态竞争战略），方法是根据不同生长状态采取不同的应对策略。当然，必须遵循打造竞争优势的基本逻辑，给当下顾客一个选择和购买的理由。

（一）政府：改善老字号品牌生存和发展的环境

诸多专家建议给予中华老字号财政、税收、贷款等方面的政策支持，这是必要的，但不是最关键的，最为关键的是应该为其提供基于市场经济和文化传承两方面的生存和发展环境。

1. 避免出现伤害老字号的政府行为。在改革开放之前，政府主导的两次大的运动（公私合营和"文革"）都对中华老字号的发展产生了副作用。公私合营在一定程度上切断了老字号品牌传承和延续的血脉，"文革"又将老字号的名称改掉，牌匾砸烂，文化传承的载体被"破了四旧"。在改革开放之后，政府支持的城市化运动也对老字号的原始店铺产生了重大冲击，老字号不得不移址或者根本无址可移，甚至消亡。这都是政府部门需要汲取的教训，以后应该避免类似现象或事件的发生。这是中华老字号得以延续的基础。

2. 保证已出台的相关文件得到落实。2006年之后，政府加大了支持和保护中华老字号的力度。其标志性事件是当年4月份商务部发布了《关于实施振兴老字号工程的通知》，对中华老字号进行了重新认定。2007年，商务部和国家文物局联合印发了《关于加强老字号文化遗产保护的通知》，商务部和文化部联合印发了《关于加强老字号非物质文化遗产保护工作的通知》。2008年，商务部等14个部委联合印发了《关于保护和促进老字号发展的若干意见》。问题的关键是，政府相关管理部门要切实保证这些文件精神的落实，真正敬畏中华老字号的一草一木、一砖一石，不要因为城市改造的"政绩"让老字号"伤筋动骨","背井离乡",应努力做到不拆迁老字号。确实需要拆迁的,也应该给予合理合法的补偿,并安排回迁,恢复老字号的原貌。就如同北京王府井大街,虽然还算繁荣,但是古旧字号牌匾、建筑、店铺、格调都消失了,自然就失去不少魅力。

3. 珍惜遗留的全部老字号文化遗产。在国家首批非物质文化遗产保护名录中,南方张小泉的剪刀锻造、茅台酒酿制技艺、泸州老窖酿制技艺、杏花村汾酒酿制技艺、镇江恒顺香醋酿制技艺、绍兴黄酒酿造技艺、胡庆余堂中药文化、同仁堂中医药文化、方聚元号的弓箭制作以及荣宝斋的木版水印等名列其中。另外,商务部分别于2006年和2010年认定了共1129家老字号,这些列入名录的老字号和传统工艺,可能容易受到关注、支持和保护。同时,政府部门也不能忽视对没有列入名录老字号的支持和保护,因为其中隐藏着丰富的中华文化和经营智慧,或许一些老字号没有被发现的价值会高于已发现的价值。

(二) 协会:提供老字号品牌生存和发展的信息

诸多省市都建有老字号协会或者老字号工作委员会,这些组织在促进中华老字号的生存和发展方面起着重要作用。一项调查结果显示,在"老字号协会对企业的帮助是什么"的问题上,29.6%的管理者认为是"扩大企业影响",22.4%的管理者认为是"提供信息",11.6%的管理者认为是"政策优惠",10.5%的认为是"资金扶持",9.9%认为是"解决企业困难",还有8.8%的认为是"广交朋友"。

目前中华老字号处于发展的关键时期,大多规模小,信息交流不便,加之技术革命速度非常快,企业处于大变革阶段,因此非常需要老字号协会成为中华老字号的交流平台以及与政府沟通的桥梁。首先,老字号协会可以为老字号企业争取政府更多的政策支持和保护;其次,可以为老字号企业提供行业发展的环境信息,总结老字号成功的规律并在会员之间进行分享;最后,可以挖掘老字号的传承故事并在媒体发布,让全社会了解老字号的魅力和历史演化过程,增强老字号在年轻人中的吸引力。

(三) 企业:打造老字号品牌差异化的竞争优势

无疑,老字号的复兴与发展,最终还需要老字号企业自身作出艰苦的努力。在同样的宏观和微观环境下,有的老字号基业长青,有的则消失不在,就说明企业自身能力的差异会带来不同的最终结果。老字号复兴和长盛不衰的核心在于实施差异化战略。

1. 根据所处状态选择不同的对策。按照前面的分析,中华老字号分别处于休眠、老化、成熟和成长4个阶段。企业需要分析自身及品牌处于这4个阶段的哪一个阶段,然后了解这一阶段的特征,选择针对性的对策。

(1) 对处于休眠状态的老字号品牌,主要采取唤醒策略。唤醒策略,是指通过一些营销手段,让那些具有市场价值的休眠品牌重新出现在市场上,为企业创造价值,延续老字号的文化传统。唤醒的关键功能在于"起死回生"。

首先，分析休眠品牌是否值得唤醒。休眠品牌分为可唤醒和不可唤醒两类，对于那些市场狭小的老字号，例如纸伞、胶卷、暖水瓶、搪瓷缸等，基本没有唤醒的必要，只有那些具有良好市场前景的休眠品牌才有唤醒的必要。休眠品牌的机会在于迎合了人们的怀旧心理，挑战在于需要花费大量成本来唤醒。即使拥有一定的市场价值，但是唤醒成本高于潜力价值也需要放弃。其次，取得休眠品牌的所有权或使用权。因为有些休眠老字号品牌属于无主财产，但是也有很多属于有主财产。无论是哪一种财产，企业都必须确认已经获得了所有权或使用权，然后再实施唤醒策略。再次，选择并实施唤醒策略。有研究结果表明，对消失 5 年以内和消失 10 年以上的休眠品牌，对忠实顾客采用老样式/老功能策略的效果优于非忠实顾客，老样式/新功能策略、新样式/老功能策略在忠实顾客和非忠实顾客之间的采用效果无显著差异；对消失 5–10 年的休眠品牌采用三种策略的效果，忠实顾客都优于非忠实顾客。但是在顾客的性别方面，休眠品牌的三种激活策略无明显差异，效果相当。

双妹就是一个被唤醒的休眠品牌。它诞生于 1898 年的上海，由上海家化前身——广生行的创始人冯福田所建，是冯先生梦中得到的灵感：完美的女人是"DIA"（嗲）和"JIA"气质融合一身的，如双生花一样。"DIA"是沪语中形容上海女子言谈举止的娇俏柔媚，是骨子里透出的女人味。"JIA"是沪语描述女子聪明伶俐，果断干练，是上海这座城市独有的女性的精英气质。20 世纪 30 年代，双妹成为上海最著名的美妆品牌，后因战乱淡出了市场。2010 年上海家化通过准确的名媛顾客群选择，以及"东情西韵，尽态极妍"的定位点，加之围绕着定位点进行的营销要素组合，成功唤醒了这一休眠品牌。

（2）对处于老化状态的老字号品牌，主要采取激活策略。激活策略，是指通过一些营销手段，让一些显现衰落迹象的老字号品牌产生新的生机，延缓老化或者焕发青春。激活的关键功能在于"返老还童"。

首先，选择值得激活的品牌。有专家指出，虽然品牌激活成本大大低于推出一个新品牌，但是也要权衡投入产出比。不同老化品牌花费的激活成本不同，有的仅仅需要改变外观，甚至什么都不需要改变；有的则需要改变很多才能激活。其次，选择可能激活的品牌。有学者通过案例研究得出可能激活的品牌所具备的 5 个条件：中高价位、潜在忠诚度高、销售范围广、历史悠久和特色明显。再次，实施品牌激活策略。老字号"除了审视产品或服务、目标市场和品牌传播等问题之外，企业还应该建立以品牌为组织和战略核心的管理思想和支持系统，以打造品牌支持型企业组织。"

1998 年，大众公司成功激活了甲壳虫汽车。甲壳虫汽车将传统的外形与高科技相结合，唤起了 20 世纪 60 年代浪漫、幸福和乐观的怀旧情感，受到了人们的欢迎。其成功原因在于，人们记忆中留存着甲壳虫品牌故事，而甲壳虫品牌具有引发人们联想、体现一个特殊时期人们情感的品牌精髓，同时还会带给人们乌托邦式的幻想。这里的关键是唤起消费者的怀旧情感，挖掘老的品牌元素，吸引新老顾客的注意和购买。

（3）对处于成熟状态的老字号品牌，主要采取保健策略。保健策略，是指通过一些营销手段,在老字号母体品牌基础上延伸新的品牌或服务,保持优势或发现新的市场机会。保健的关键功能在于"修复亚健康",避免品牌老化。

这里仅以云南白药为例进行说明。云南白药在战争年代声名鹊起,遍及东南亚,但是在进入和平年代后发展停滞。1996 年,云南白药由云南白药集团股份有限公司独立生产经营。但是"由于品牌建设的不足和市场竞争的加剧,云南白药的经营日益困难,并在 1999 年出现了销售量和销售额同时下降的危险局面",品牌出现成熟态势,主营业务仅为 2.4 亿元,亟待焕发青春。从 2000 年开始,云南白药开始实施品牌健身战略,主要是创新产品,进行品牌延伸。具体来说,就是以顾客的需求"保持健康、迅速恢复健康"为基础,以"伤科血症"为主体,开发出丰富的产品线组合以满足顾客的特定需求。当前,云南白药的产品组合主要包括三大类:第一类为健康类产品,包括云南白药牙膏和金口健牙膏;第二类为药类产品,包括云南白药系列(如云南白药、云南白药胶囊、云南白药酊等)、田七系列(如三七散、三七片、血塞通胶囊等)和相关衍生药品(如宫血宁胶囊、舒利安胶囊、利儿康口服液等);第三类为透皮类产品,有云南白药创可贴系列(针对不同年龄段的顾客)和云南白药膏系列(针对不同病症的顾客)等。其结果是,2008 年公司主营业务收入由 1999 年的 2.4 亿元上升为 57 亿元,净利润也由 0.34 亿元增至 4.6 亿元;2013 年主营业务收入达到了 158 亿元。这是成熟状态老字号品牌成功健身的典型案例。

(4)对处于成长状态的老字号品牌,主要采取维持策略。维持策略,是指通过一些营销手段,保持和延续老字号已有的竞争优势。具体方法是采取动态竞争战略,一旦发现竞争优势有消失的危险,就要采取措施保持和强化竞争优势。

仅以王老吉为例进行说明。王老吉凉茶创立于清道光年间(1828 年),1885 年王老吉凉茶铺已经超过百余家,畅销于广州的大街小巷,并盛于粤、桂、沪、湘等地区,甚至海外。1956 年公私合营,王老吉与嘉宝栈、常炯堂等八家企业合并成立"王老吉联合制药厂",后几经更名为"广州羊城药厂",归属广州市医药总公司(广药集团前身),一直生产王老吉凉茶等产品。1992 年,羊城药业(广药集团王老吉药业公司前身)生产出盒装王老吉和罐装王老吉凉茶,但是销售区域限于华南地区。1995 年之前的罐装王老吉一直由广药集团生产经营,1995 年之后,广药集团授权鸿道集团在一定期限内生产经营红色罐装和红色瓶装王老吉,而广药集团则经营盒装王老吉。由于提出了"怕上火喝王老吉"的准确定位点并通过营销组合突出定位点,销售额很快由 1996 年的 1 亿元左右上升至 2008 年的 100 多亿元。2012 年 5 月 9 日,广药集团依法收回了红罐红瓶王老吉生产经营权,坚持"防上火"的定位点,突出正宗凉茶的特色,并且保持在营销组合、关键流程和资源整合过程中,突出定位点,即竞争优势。因此在与加多宝的竞争中,王老吉仍然保持着自己的一席之地,年销售额接近 200 亿元。

2. 根据自身优势选择差异化的定位点。无论是休眠品牌的唤醒、老化品牌的激活,还是成熟品牌的保健、成长品牌的维持,其核心都是打造或者重塑竞争优势。借用一句俗语,就是无论老字号身处何方,仅仅是出发的起点不同(或是成长期,或是成熟期，或是老化期，或是休眠期），但是条条大路通罗马，这个"罗马"就是竞争优势。竞争优势，就是老字号品牌提供的目标顾客较为关注且优于竞争对手的属性、利益或价值点。例如云南白药牙膏，含有云南白药是其属性定位点，治愈牙龈出血是其利益定位点，开心快乐是其价值定位点。定位点是顾客选择和购买某一项产品和服务的理由。今天，就品牌价值而言，王麻子剪刀之所以不如瑞士军刀，内联升皮鞋之所以不如菲拉格慕皮鞋，就是由于顾客选择和购买的理由（即竞争优势）消失了。

产异化定位点的选择，主要是选择目标顾客最为关注的若干利益或价值点，然后再分析出其中具有竞争优势的利益或价值点。这里需要注意的是，不仅要正确选择出合适的定位点，还要实现定位点，即让目标顾客感觉到定位点的真实存在。这需要通过产品（包括服务）、价格、渠道、信息等营销组合要素，让目标顾客体验到这个定位点。例如，王老吉定位于预防上火（这是目标顾客关注的利益点）且没有竞争性品牌，同时产品含有防上火的原料，价格高于其他饮料（暗示具有药用功能），宣传时再强调"怕上火，喝王老吉"，从而让顾客感觉到，喝王老吉真的可以防上火。王老吉因此而取得了成功。

总之，中华老字号今天所处的时代，大大区别于它们比较适应的诞生年代，但是只要与时俱进，动态调整自己的战略，坚持老资产"意识唤醒，形象复古"和新资产"意识扩展，形象改变"的两条腿走路方针，仍然会有美好的前景。中华老字号发展的核心路径是根据自己所处状态，选择适宜的应对策略。但是无论何种策略都是为了打造竞争优势，即选择一个营销定位点并通过营销要素组合、关键流程构建和资源整合让顾客感受到这个定位点的真实存在。这是老字号永葆青春的基本规律。

参 考 文 献

[1] 菲利普·科特勒，凯文·莱恩·凯勒. 营销管理（14 版）[M]. 王永贵，于洪彦，陈荣，等，译. 上海：格致出版社，2012：310.

[2] 约翰·菲利普·琼斯. 广告与品牌策划 [M]. 孙连勇，李树荣，译. 北京：机械工业出版社，1999.

[3] Simon H. Dynamics of price elasticity and brand life cycles: an empirical study [J]. Journal of Marketing Research, 1979 (4): 439–452.

[4] 菲利普·科特勒. 营销管理（9 版）[M]. 梅汝和，梅清豪，张桁，译. 上海：上海人民出版社，1999：321.

[5] 潘成云. 品牌生命周期论 [J]. 商业经济与管理，2000 (9)：19–21.

[6] 黄德勤，陈植功. 营销策略与品牌生命周期 [J]. 计划与市场探索，1994 (10)：31–32.

[7] 黄家涛，胡劲. 基于品牌生命周期的品牌战略 [J]. 商业时代，2004 (7)：41–43.

[8] 余明阳，姜炜. 品牌管理学 [M]. 上海：复旦大学出版社，2006：89.

[9] 赵博. 基于品牌生命周期后成熟期的中华老字号品牌管理研究 [D]. 上海：上海外国语大学，2008：27–28.

[10] 万润龙. 1600 家中华老字号前途未卜仅15% 效益良好 [N]. 文汇报，2004–10–27 (4).

[11] 付勇. 营销短板与中华老字号的没落 [J]. 商业经济与管理, 2004 (9): 37-40.

[12] 黄伟夫. 网络时代老字号机遇更多于困难 [N]. 中国商报, 2014-08-15 (3).

[13] 李宪生. 武汉老字号 [M]. 武汉: 武汉出版社, 2013: 212.

[14] 林雅军, 吴娅雄, 鲍金伶, 等. 休眠品牌的品牌关系再续意愿影响因素的量表开发及测度检验 [J]. 统计与决策, 2010 (10): 172-175.

[15] 张继焦, 丁慧敏, 黄忠彩. 中国老字号企业发展报告 (2011) [M]. 北京: 社会科学文献出版社, 2011: 16.

[16] 林雅军, 谭武斌. 顾客差异对休眠品牌激活的路径选择研究 [J]. 重庆大学学报 (社会科学版), 2014 (4): 86-92.

[17] Wansink B, Huffman C. Revitalizing mature packaged goods [J]. Journal of Product and Brand Management, 2001, 10 (4): 228-242.

[18] Wansink B. Marketing old brand new [J]. American Demographics, 1997, 19 (12): 53-58.

[19] 卢泰宏, 高辉. 品牌老化与品牌激活研究述评 [J]. 外国经济与管理, 2007 (2): 17-23.

[20] 王雪莉. 云南白药成功之道 [M]. 北京: 机械工业出版社, 2011: 133.

[21] 李飞. 营销定位 [M]. 北京: 经济科学出版社, 2013: 23.

[22] 何佳讯, 李耀. 品牌活化原理与决策方法探窥——兼谈我国老字号品牌的振兴 [J]. 北京工商大学学报 (社会科学版), 2006 (6): 50-55.

A Study of the Lifecycle of China Time-honored Brands

▲Li Fei (*School of Economics and Management, Tsinghua University, Beijing 100084, China*)

Abstract: Research carried out by the author has found that unlike ordinary brands, China time-honored brands own a special lifecycle which includes four stages: growing up, maturity, aging and dormancy, and every time-honored brand is located in one of these four stages. Different marketing strategies should be applied to the time-honored brands in different stages. Morespecifically, maintenance strategy should be applied to those time-honored brands that remain growing up; mature time-honored brands are supposed to adopt the keeping-fit strategy; activation strategy should be adopted for those aging time-honored brands; as for the dormant time-honored brands, wakening strategy should be employed. No matter which kind of strategy is adopted by a time-honored brand, the core purpose is to increase its competitiveness, that is, to choose and achieve one marketing positioning point.

Key Words: time-honored brand; brand; lifecycle; brand evolution; marketing positioning

国外著名商业街比较与分析*

▲刘 菲（北京工商大学商学院，北京 100037）

> **摘 要**：旅游城市的商业街开发随着旅游业的大发展已成为城市规划的重要组成部分，文章介绍了国际上著名的四条商业街，并进行比较分析，提出：我国商业街的建设与开发必须具有立体化、网络化的交通，向地下要空间；行业结构三足鼎立，传统文化与现代文化相结合；展现独特的环境魅力、商品魅力和功能魅力，以人为本进行第三代商业街的人性化设计。
>
> **关键词**：国际；商业街；比较分析

任何一个国家的大城市都有一条或几条著名的商业街。这些商业街不仅是一个城市对外展示的形象窗口，也是当地居民休闲、购物、娱乐、消费的汇集地，更是一个城市经济发展的活力象征。如国际上著名的纽约第五大道、巴黎的香榭丽舍大道、香港的铜锣湾、北京的王府井大街等。这些商业街依托优良的社区环境、繁华的商业氛围、齐全的商业设施以及独具特色的经营品位，经过几十年甚至上百年的规划建设，最终成为一座城市特有的吸引物和品牌。城市因商业街而具魅力，商业街更为城市增添风采。

目前，我国很多城市在发展中都把商业街的建设作为城市规划的重要组成部分，有的城市甚至在倾全力开发主题商业街，这说明商业街在城市发展中的地位与作用日益被认识，人们对商业街的需求和要求越来越受到关注。但是，我们不应盲目发展与建设，借鉴他人经验，对我们或许有更多的裨益。前不久，北京王府井举办的国际著名商业街论坛，正是在造势中借鉴学习。

下面对亲身走过的世界上几条著名的商业街作一介绍，并进行比较分析。

美国纽约第五大道（Fifth Avenue）

纽约第五大道是美国最著名的商业街之一，全长几公里，与20余条街道相交，且条条街道宽绰。为减少交通压力，这些与第五大道相交的街道大多为单行线，不能停车，第五大道则为步行街（公共交通除外）。第五大道上商业店铺鳞次栉比，经营品类包罗万象，汇集了世界著名的商店和精品百货，主要以专卖店、专业店和世界著名连锁店为主，经营商品以国际精品（如英国、意大利）和美国精品为主，商品类别包括精品西装、手表、珠宝钻石、水晶、精品时装、意大利皮鞋、皮制品、休闲服饰、玩

---

* 本文原刊载于《北京工商大学学报（社会科学版）》2002年第5期。

具等。在经营上各店特色突出，给人以深刻的印象。即便是大百货商店如日本著名的连锁商店大叶高岛屋百货公司和具有近百年历史的美国 SAKES FIFTH AVENUE 百货公司，在经营上也特色鲜明，如高岛屋从生活杂物到男女服装精品一应俱全，在百货业享有很高的评价；而 SAKES FIFTH AVENUE 百货公司，则以名贵的珠宝首饰和名牌设计师服饰为特色，精心设计的橱窗展示，常常吸引大批人潮围观；第五大道是纽约最华贵的街，也是世界上地价最昂贵的街之一。除商业之外，第五大道上还有众多银行大厦和酒店，如著名的纽约银行大楼、洛克菲勒中心、帝国大厦；酒店有半岛酒店、广场酒店、MAINSFIELD HOTEL 等，还有纽约公共图书馆。第五大道夜幕下闪烁的灯光、缤纷的广告和躁动的人群，使人感受到经典名店的风采、现代科技的辉煌和美国文化的浓烈。

值得一提的是，在第五大道的两端有两个城市公园，一是华盛顿广场公园，一是著名的中央公园（CENTRAL PARK）。这是世界著名的城市中心的休闲、旅游胜地。在摩天大楼之下，绿树浓荫，空气清新不仅是海外游客休闲的好地方，也非常受到纽约市民的青睐，常常吸引大批市民来此作"森呼吸"。中央公园的地理位置处于曼哈顿的"心脏"地带，是各条地铁、市公交车必经之地，长方形的人工森林绿地公园，横跨四条主要大道（其中一条为第五大道）。中央公园的重要性不在"大"，而在于提供各项人性化的功能。中央公园内设有艺术廊、剧院、动物园、网球场、游泳池，还有可供泛舟的湖泊和休憩的大草坪。在中央公园外围还有 8 座博物馆和美术馆，如美国自然博物馆、纽约市博物馆、大都会博物馆、惠特尼美国美术馆和现代艺术美术馆等，为商业街增添了更多的文化氛围。

购物、休闲、文化成为第五大道的商业特色，由此吸引世界的游客，也吸引当地的纽约市民。

纽约的不夜街——百老汇（Broadway）

曼哈顿区是纽约市的商业、金融和娱乐中心，其中，纵贯曼哈顿全岛的百老汇大街总长 25 公里，是最长最繁华的街道。这条大街中段以南，摩天大楼耸立，店铺沿街林立，是全美最大的商业区之一。百老汇街上有世界最著名的时代广场，还有很多有名的百货公司和专业店。最有特色的是这里的市场。这里有由 1000 多家花店组成的"花市"，有皮毛销售占全美国 80% 的"皮毛市"，有珠宝销售量占全美国 80% 的珠宝中心，有服装加工和销售量占全美 1/3 的服装市场，还有世界上最大的由 600 多家古玩店组成的古董市场。此外，这一带的影剧院和各类餐馆都在百家以上，咖啡馆、酒吧和露天咖啡座更是不计其数，而且一般都营业到凌晨三点左右，加上霓虹灯、路灯、车灯、广告牌与橱窗灯光映成一片，成为真正的"不夜街"。

在百老汇街上，还有美国最大的百货公司——梅西公司（MACY'S）。该百货公司高 30 层楼，包括 168 个商场，陈列商品达 800 万种以上，商业面积 220 万平方米，是世界上屋顶下最大的百货公司，吸引了大批游客观光购物。

巴黎的香榭丽舍大街（Avenue des Champs Elysees）

法国巴黎最繁华热闹、最具代表性的香榭丽舍大街是以凯旋门和戴高乐广场为轴心呈辐射状的12条街道中的主干道。中央马路宽80米，可容纳12辆汽车并行，全长2公里。街道两侧的人行便道平坦宽阔，林立着各种专业公司、大小商店，从银行、保险、时装、娱乐到文物古玩以及花卉、报刊摊位，各行各业应有尽有。香榭丽舍大街是巴黎尊贵的代表，但其经营的百货服饰类商店大多是一般精品和品牌店，真正的高级精品店在香榭大街一侧的蒙塔涅大街。在香榭大街上数量最多的是餐馆和咖啡馆。这大概与法国人的浪漫是分不开的。在这条街上，人们能够品尝到法国的蜗牛、意大利的比萨饼、日本的生鱼片和中国的水饺、烤鸭等世界著名风味食品。电影院、电子游戏场、夜总会、迪斯科厅错杂其间，营业至午夜或凌晨，是巴黎人夜生活的好去处。大街中段还有一个比地面上的商店更加富丽堂皇的地下商场，几十家大公司在这里设有分号地上地下组成一个立体商业街区。

　　在香榭大街上，还有著名的大皇宫、小皇宫和协和广场。大、小皇宫都是法国建筑艺术的代表，其文化艺术展览为香榭丽舍大街增添了丰富的文化内涵。协和广场是在香榭丽舍大街一端、与凯旋门遥遥相对的大型中央广场。绿色的草坪、古老的建筑和雕塑，广场中央具有3000多年历史的埃及方尖碑使得协和广场成为游客和巴黎市民休憩、消闲的最佳场所。巴黎的香榭丽舍大街不仅商业气氛浓厚，使人感受到法国人的悠闲、轻松和浪漫，而且香榭大街也是法国人大型集会、庆典的举办地。如每年7月14日法国国庆日，政府都要在香榭大街举行隆重的阅兵式，因而香榭大街也使游客们感受到法国的政治、经济和历史。

东京银座

　　银座位于东京的"心脏"地带，是日本最繁华的商业区。长约1公里半的银座中央大街由北至南横贯其间，把一丁目至八丁目连在一起，即所谓"银座八丁"。大街两旁商店鳞次栉比，宽绰的橱窗内陈列着各种各样的商品，五彩缤纷，琳琅满目。据统计，在这面积只有2平方公里的地区，集中了大小商店、餐厅4000余家，每年消耗的电力多达48亿度。银座的地价贵得惊人，是世界上地价最贵的地区之一。

　　银座之所以能成为闻名世界的闹市之一，主要是这个区的行业齐全，能满足不同收入阶层的多种消费需求，银座既有历史悠久、各具特色的"三越""西武""松板屋"等大百货商店，又有为数众多的规模不大、专门经营某些独特产品的"老店"，既有高级酒店、餐厅，也有普通饭馆、酒店。银座得以迅速发展的另一原因是商业与娱乐业相结合，互相促进，共同繁荣。银座不仅是一个商业中心，也是一个娱乐中心，它既能满足消费者物质方面的需要，又能适应消费结构的变化，满足人们的文化娱乐需要。据粗略统计，银座及其附近地区拥有40余家影剧院、音乐厅，日本有名的歌舞伎座就设在这里。

　　交通便利对银座的兴旺发达具有十分重要的意义。银座四周有高速公路环绕，四面通行电车，还有三条地下铁路线在这里汇合。据统计，在银座和附近六个车站上下车的乘客每天约90万人次，其中银座地下铁路综合站就为33万人。

国外商业街的比较、分析与借鉴

从以上我们可以看到，一个国家、一个城市著名商业街的形成有其城市发展的历史背景，也各有其特色，并在现代城市的建设中不断调整、完善，以适应现代人的新生活需要。比较分析这些著名的商业街，我们可以看到其发展对我们的启示，也可借鉴他们的成功经验，改造、建设我国大城市的商业街。

1. 商业街必须具有立体化、网络化的交通，以保证交通通达性好。这是城市商业街建设的基本要素。地上地下形成立体化、网络化交通，不论以什么交通方式都出入便利。即便是商业街为步行街，主街两侧的辅街均应有良好的交通能力和充足的泊位，并有严格的交通管制。为了保证地面交通的通畅，交通网络整体连接，人流、车流分离，让人流在"室内"流动，地面车流才能通畅。纽约、伦敦、东京的商业街建设都是靠这种立体化的交通网络来扩充商业街的人口容量和疏通交通的。向地下要空间是商业街发展的趋势。

2. 商业街的行业结构应是三足鼎立，以满足消费者多层次多方位的需求。所谓"三足鼎立"是指购物、餐饮、休闲娱乐在商业街中各占有 1/3 的比例，一般是商品购物占 40%，餐饮（含咖啡、茶座）占 30%，休闲娱乐等占 30%，形成商业街特有的市场格局。这种结构还有一个优势，就是可以提高商业街的吸附力，白天是游客的观光胜地，夜晚是当地市民的消闲娱乐场所，从功能上满足了旅游者观光、购物游览的心理和消遣、休憩、品位都市文化的精神要求，同时也为当地居民创造了休闲消费的场所。而我国有的城市的商业街功能单一，设施不配套，游客高高兴兴慕名而去，却疲惫不堪无精打采而归，甚至是有钱花不出去，使商业街的形象和效益大打折扣。纽约第五大道突出的是购物和城市公园休闲，摩天大楼仰天望去使人更体会城市现代化的风采；而香榭丽舍大街上的咖啡吧、餐馆使游客在兴致勃勃品尝各国风味中，品味法国的历史和文化，这正是商业结构为人们创造了增加愉悦感的氛围和环境。

3. 商业街应具有独特的商业魅力。城市商业街与一般的社区商圈不同，它是一个城市的形象代表，也是一个城市经济实力、文化历史的展示窗口，因而每个城市的商业街都应具有有别于其他城市商业街的独特魅力。这种魅力集中表现在：

环境魅力：商业街自然环境清洁幽雅，商业气氛浓重，配套设施齐全，流光溢彩，即便是 Window Shopping 也是一种享受、乐趣，使人流连忘返。

商品魅力：商业街经营的商品应为精品、名品，时尚、潮流，且品种齐全，消费者可以在此买到他处买不到的商品，也可以买到大众化但质量优的商品。这是商业街的错位经营，也是吸引消费者的核心魅力。有了好的商品，才会有旺盛的消费人气。像东京银座热闹的街市、蜂拥的购物人潮，很难使人联想起日本经济的不景气。

功能魅力：功能齐全、商娱结合，既能满足人们的物质需求（购物），又能满足人们的精神文化需求和体能生理需求（因疲劳而产生的体力休息恢复需求）。实际上这是商业街由单一购物的初级化市场功能向多样性的高级化市场功能转变，这是必然趋势。纽约的百老汇、巴黎的香榭大街都充分体现了这种功能多样性的魅力。

4. 商业街应有传统与现代相结合的文化气息。大城市商业街的形成与发展有其自身的历史过程，构成商业街浓郁的文化特色，挖掘商业街的历史文脉，突出其历史文化底蕴，是商业街的品牌要素。忽略甚至在开发中摒弃商业街的传统、历史文脉，商业街就会失去长久发展的底气，也会使城市失去文化个性特征。因此，商业街的开发建设，必须注重保留商业街的"商魂"——历史、文化底蕴。但是一味地保存传统文化也会使商业街失去活力，使人产生没落、衰退的感觉，传统文化应该与现代文化、现代科技相结合，才能真正提升商业街的品牌价值含量。如纽约第五大道的摩天大楼、现代雕塑和百老汇的时代广场使人更感受商业街的活力与激情，而北京王府井东方广场的崛起更使王府井大街壮观、靓丽。

5. 商业街必须突出整体协调性和人性化设计。商业街的规划、开发必须注重协调性，建筑风格、装饰色彩、经营类别、项目选择等都要从商业街的全局考虑，从人性化要求出发。人性化设计以往大多是体现在产品上，很少有人把它推论至商业街，其实商业街更需要突出人性化设计。无论是来商业街游览的旅游者还是来商业街休憩消闲的当地市民，在短则几百米，长则几公里的街上漫步，时间花费短则二三个小时，长则七八个小时，不仅需要生理上的补给和"休养生息"，也需要精神上的调节与愉悦，因此现代商业街更要充分体现以人为本的人性化设计，这里除了诸如厕所、电话、休息座椅等人的生理需求外，更需要从人的高层次需求出发去设计商业街，这应该是第三代商业街设计的基本出发点。（作者认为：第一代商业街是传统的商铺集中、商业结构以零售店为主、功能以购物为主、客源以当地为主的街市；第二代商业街是商业设施集中、商业结构除零售店外、餐饮、娱乐等设施占有相当的比例、具有商业购物、旅游功能、以吸引外埠客源为主的街区；第三代商业街指除零售店、餐饮、娱乐等设施外，还具有相当的文化、休闲、商务等设施，具有旅游功能和休闲功能，不仅吸引海内外游客，也是本地居民休闲、消遣的好去处。）如纽约第五大道上的中国公园和公园周围的8座博物馆、美术馆，巴黎香榭丽舍大道上的协和广场，若用经济效益去衡量，这些设施坐落在世界级的"金街"上恐怕是最大的浪费，但她们的人性化设计给旅游者和市民带来的"体验经济"（美国未来学家约翰·奈斯比特语）和城市品牌形象是难以用金钱来估价的。这应该是我国大城市商业街在开发与建设中向国际著名商业街学习的核心内容。

参考文献

[1] 朱月华. MOOK自游自在丛书/欧洲版 [M]. 台湾：台湾墨刻出版社，2000.

[2] 森小安. MOOK自游自在丛书/巴黎版 [M]. 台湾：台湾墨刻出版社，2000.

[3] 黄晓青. MOOK自游自在丛书/纽约版 [M]. 台湾：台湾墨刻出版社，2000.

A Comparison and Analysis of the Famous Commercial Streets Abroad

▲Liu Fei (*Business School, Beijing Technology and Business University, Beijing, 100037, China*)

Abstract: With the great development of tourism, the development of the commercial streets in tourist cities have become an important part of the urban design. This paper introduced, compared and analyzed four famous commercial streets in the world and pointed out that the construction and development of the commercial street in our country should take the three-dimensional, networked transportation system into consideration, and the commercial streets should be extended to the underground space. The business should have "three pillar" structure, and the traditional culture should be combined with modern culture. The commercial streets should show sourrouding charm, commodity charm and function charm, and the third generation commercial streets should treat human as the priority in their design.

Key Words: international; commercial street; comparison and analysis

商业街：中华商业文化之魂*

▲李学工（兰州商学院工商管理学院，甘肃兰州　730020）

> **摘　要**：商业街是中华民族在商品流通领域发展的历史长河中，历经千年的产生、发展、演变，为我们呈现出的一幅幅绚丽多彩的商业及其文化的历史画卷。商业街作为城市商业发展的载体，成就了都市商业的繁华，造就了富有地方都市特色的商业文化。为我们今天的城市商业街向国际化迈进提供一定的借鉴和启示。
>
> **关键词**：商业街；商业文化；发展定位；文化定位

都市商业街作为人类商品经济发展的产物，伴随着商品流通领域的五次革命，零售商业的经营业态、组织形式、营销方式等发生了前所未有的变化，从百货商店到超级市场，从商业的连锁经营到零售经营的大卖场亮相于商业舞台，这些在悄然改变着商品流通产业的发展格局。商业街亲眼目睹了流通领域的这种嬗变，一度却被人们遗忘和冷落。但作为高度浓缩了商业文化之精华的商业聚集地，追溯其在中国产生、发展和演变的过程至少也有近千年的历史，在我们逐步完成西方国家已经历的零售业态革命的进程的同时，商业街也面临着前所未有的挑战，传承与创新是商业街谋求发展的必然选择。

北京的王府井、西单商业街；上海的南京路、淮海路等商业街；广州的上下九路、北京路等商业街；南京的夫子庙商业街、武汉的汉江路、长沙的黄兴北路等都市商业街，先后高奏商业街重新规划改造和功能提升的序曲。各地商业街为避免"千街一面"，立足于地区历史文化传统和人文环境，根据商业街周边消费群体以及各自所处的地理位置、城市规模和流动人口数量进行定位，建设了具有浓郁地域文化色彩与时代特征的时尚商业街。

拓展商业街功能，提升商业街形象，业已成为众多城市塑造现代都市形象的重要举措，并纳入其城市总体发展规划之中。锻造名牌商业街也将成为城市的品牌形象塑造的一个重要的组成部分。但各地区商业经济发展的水平、历史文化传统及人文环境的差异，必然决定了各自商业街在新的发展阶段中，以文化的视角，探究都市商业街的历史传统、文化秉性与气质及潜在的地域文化资源，塑造具有地方文化特色的现代化、国际化商业街。

---

* 本文原刊载于《北京工商大学学报（社会科学版）》2002年第4期。

一、中华商脉之精华——商业街文化

　　翻开中国商业史，中华商脉的延续离不开商业街的发展史。夏、殷、周三朝创造了举世闻名的四大文明古国之一的古代中国。而其中的殷代便在华夏历史中曾留下不可抹去的浓重而又辉煌的一笔，殷王朝的缔造者是赫赫有名的商族人，他们崇尚贸易、善于经商，由此也就通过自己的经济实力经营着一个伟大的商业帝国。商、商代、商人其历史的演进，展示着一个文明古国昔日的商业风采。有史为证："大市日昃而市，百族为主；朝市朝时而市，商贾为主；夕市夕时而市，贩夫贩妇为主。"给我们呈现出一幅全民经商的画面。进入百花齐放、百家争鸣的春秋战国时代，商业舞台上给我们展现出中华商脉的延续者——"陶朱事业"的代表人物范蠡，"端木生涯"的鸿儒巨商子贡。作为中国儒教文化的奠基者——孔夫子，在其终身著书立说与周游列国中，曾受子贡的慷慨资助，得以完成孔圣人的伟大事业，并留下了影响中华民族数千年的不朽思想。中华商脉继续延伸至汉代，造就了至今让中外学者专家赞叹不已的丝绸之路。它是东西方经济、文化大规模交流之发端。自此中华文化传到欧洲，西方文化传之东方，便开始了东西文化的融合。到明清时期，中国商海中便涌现出曾成长并活跃数百年，叱咤商界风云的徽商和晋商。纵横捭阖天下的徽商自古以来素有"无徽不成镇"的说法，徽商的商业势力如水银泻地，无孔不入。在商业道德方面，徽商以儒家的"诚""信""义""仁"的道德说教作为其经商的行为规范，造就了一个事业成功的儒商群体；晋商，到今天北方还有许多地区仍流传着"先有复盛公，后有包头城"的说法，延续到清代的红顶商人胡雪岩，更是晋商群体具象化、代表性人物，使山西帮的事业发展到了极致。安徽帮与山西帮这两大商人群体在流通领域中的事业辉煌，足以称之为中华商脉中的"动脉"系统。

　　从中国的都市商业街形成的历史渊源来看，早期商业街区是一个管理严格，并明确规定交易时间的场所，"日中为市，日落散市""前朝后市"是中国早期商业街市的基本格局，即交易的时间与交易的场所是固定的。且商业区内为了官府的管理和检查，同时便于顾客的购买，将经营同类商品的商户，鳞次栉比地排成行列，称为"肆""市肆"或"列肆"。这种格局从奴隶社会的商周一直延续到唐末宋初。坊市制度在宋代初年的彻底瓦解，标志着中国早期商业进入了一个崭新的发展阶段，也使商业街市得到了前所未有的质的飞跃。

　　仅以宋代为例，北宋的汴京、南宋的临安城市零售商业发展达到了封建社会商业的顶峰。作为封建社会商业发达的形态，"坊"与"市"的界限被完全打破，宋代商业分布和内部分工已日趋完善；商业管理技术较高；附属机构非常完备；商业街市店铺门类繁杂多样。据史料记载，工商业至少有160多行，除了大量的零售商店，如日用品零售店，还有药肆、茶肆、各类饮食店酒楼、食店星罗棋布于商业街市上。汴京

"市井经纪之家,往往只于市内旋买饮食,不置家蔬"。① 说明家务劳动社会化现象已有所表现;并出现了邸店(类似近代的旅馆业)、典当、占卜等行业。此外,还有新兴的服务行业,如仓储、租赁、赊卖、汇兑、证券交易、浴堂及瓦肆等。而瓦肆,则是为诸行商人汇聚的地方(提供精神娱乐服务的场所),内有小唱、杂剧、讲史、散乐、影戏、商谜、说史等。② 在此娱乐的人们"终日居此,不觉抵暮"。③

明清时期由于商品生产与商品交换的进一步发展,城市商业区扩大和行业的繁荣,为商业街逐步成形奠定了坚实的基础。商业街道增加,有大量的专业街道,主要是提供某类商品集中交易的场所。此外,商业街道上分布有专业化商店,商业行业门类日趋齐全。城市庙会更加繁盛,北京的隆福寺、护国寺;南京的夫子庙;苏州的玄妙观;成都的青羊宫等庙会,都逐渐演变为富有地方特色的商业街。

从中我们可以体会到,随着商品经济的日益发展,商业街市不但向社会提供了生活服务,而且还能向社会提供精神文化娱乐服务。商业街市还具有引领消费时尚,传播消费文化的独特功能。商业街市向现代意义上的商业街演变的渐进过程,也是一个商业文化日积月累逐步丰富的过程。商业街文化给我们留下了一幅活生生的都市繁荣"天下熙熙,皆为利来,天下攘攘,皆为利往"的商业画面,让我们感受到商业街文化的特有魅力。

正是商业街市这块商业的风水宝地,成为了商贾们在商海中弄潮的场所,纵横四海的商业舞台,它不仅作为城市经济发展的晴雨表,而且演绎着历史长河中的人生精华,诠释着商业文化的真谛,从而名垂千古。

中国商业文化内核辐射力的进一步延伸与放大,聚集到城市商业领域所产生的商业街市文化现象,简直就是一个商业经济的万花筒,内容包罗万象,都市商业街市的布局格式、建筑风格、商业习俗、地方特色风味饮食、服装服饰、消费时尚、街市格局、商业经营管理技术、工商业老字号,等等。商业街文化作为商业文化的重要组成部分,其深厚的底蕴甚至可称得上商业发展史上一部高度浓缩的杰作。以至于今天的扬州和开封争相兴建宋城,因扬州素有"水乡"之称,具有开发兴建宋城的得天独厚之自然条件,但也仅仅是"形似"而已,而河南的开封则凭借北宋东京汴梁宋城御街的古商业文化之遗风,试图延续当年汴京的历史风貌和文化传统,给我们及后世留下一个活生生的《清明上河图》。总之,中国商业街文化,追溯其历史发展的时间,少则近千年的光阴,其饱满而丰富的文化内涵,留给我们许多有滋有味的精神食粮,这种商业精神是值得我们现代商业街传承与发扬的。

商业在其悠久的历史渊源中,为我们后世呈现出博大精深的商业精神文化,从白圭那一言九鼎、石破天惊的"商战胜于兵战"的至理名言,到计然的市场预测理论;从商族人到管子、范蠡、子贡、吕不韦、桑弘羊、徽州帮、山西帮,从个体到群体,堪称为华夏商业历程中的一座座丰碑;从黄宗羲的"工商皆本"到郑观应的"习兵战,

---

① 《东京梦华录》卷三"马行街铺席"条。
②③ 《东京梦华录》卷五"京瓦伎艺"条。

不如习商战"这振聋发聩的大声疾呼;从两宋高度发达的商业形态到元代国际贸易的登峰造极;从商业的物质文化到精神文化。这一切均源自于"商业对于落后的、封建的生产方式来说,无疑是一个革命的因素"(恩格斯语)。商业在不同社会形态中,都不同程度打破原有的寂静,在改变着意识形态,孕育着新的生产方式,主宰着人类社会发展的进程。我们感受中华商业文化的灿烂与辉煌,我们期待华夏商业精神与日月同辉。

二、商业街的文化秉性及其发展定位

尽管商业街在国内外的内涵或外延上,存在着一定程度的差异,但从商业街成长和发展的历史足迹来看,中外商业街成长的社会历史背景不同,必然带有浓郁的地域文化特质。就整体而言,西方经济发达的欧美及日本等国家,其商业街的发端,可以说是工业文明的产物,至少我们所见到的国外商业街更多的带有现代文明的痕迹;而我国的商业街则是农业文明后期的产物,是城市经济的一个重要组成部分。

商业街带有较为悠久的历史文化遗迹,内含着深厚的商业文化底蕴。以北京的王府井、大栅栏、前门为例,早在几百年前,就作为北京的商业繁华街区,在这些饱经历史沧桑的商业街上,为我们培育了众多的中华商业老字号,甚至是驰名中外的著名商业品牌,成为我们民族骄傲与自豪的商业精神财富。时至今日,商业街作为传统文明与现代文明的物化表现形式,在其兼收并蓄、传承与扬弃的成长历程中,秉承民族文化的精华,汲取地域文化的营养而已成为现代化大都市标志性街区,它是传统商业与现代商业在历史发展的长河中,展示零售商业经营管理、经营形态、经营技术、经营方式等汇聚一处的"商业博物馆",它凝结了中华民族在商业发展进程中,在推动商品流通产业成长中蕴含的大量的智慧结晶,它是对商业文化的高度浓缩与概括。它不论是对零售市场的培育、发展和完善,还是对商品流通产业的贡献都是不容置疑的。并且融入社会的经济、政治、文化、法律等,几乎包容了社会发展进程中的方方面面。商业街不仅仅是一个街区的概念,其内涵和外延均随着时代的变迁而得到不断扩展。

从国外商业街发展演变的情况来看,各地商业街周围的内外部环境的差异,地域政治、经济、文化等方面因素,致使商业街形成大小不一、规模不等的各种类型的商业街,且富有鲜明的地区亚文化色彩。例如,东方日本的东京,韩国的汉城;西方美国的纽约,英国的伦敦,法国的巴黎。西方国家某一地区的分布较多的唐人街,更使商业街具有异国他乡的"国中之国"的商业属性,它一方面反映了东方文化的渗透性和韧性,具有与西方文化融合的"活性因子";另一方面则反映了东方商业文化的聚集功效,这一切均源自于商业街的内部构造和外部表征,以及商业街文化博大精深的丰富内涵。

探究商业街历史渊源,从其产生、发展、演变的纵向发展历程考察,"文化"便成为世界各地商业街难以泯灭的独有风格与秉性。即便是我们国内许多城市的商业街,由于其各自所拥有的地域文化内涵上的差异，东部和西部，南方和北方，在人文环境、商业发展水平、商业理念、生活方式、价值观念等方面带有亚文化环境的特色。尤其是在现代文明的影响下，齐鲁文化、岭南文化以及燕京文化，更具有现代中华民族文化的特质与代表性，秉承传统文化的精髓，使之进一步发扬光大。

尽管我国各地商业街发展水平与国外有一定差距，但从我们的商业街发展的角度出发，首先需对商业街发展进行定位，必须结合其在现代文明和历史文化遗产的宝库中寻求其生存与发展的最佳结合点，文化品位彰显商业街发展定位，挖掘地域文化之精髓，秉承商业文化中的商业精神、商业理念、经营文化、管理文化、商业技术文化、商业道德诸因素。以地区文化核心凸显商业街之个性，将现代商业先进的经营理念与文化有机地结合起来，使商业街不但能够在其综合国内开发上最大限度地满足消费者的多元化需求，而且从地域文化深厚的底蕴中丰富商业街的内涵与外延，以地域文化对商业街进行全方面"包装"，如以独具特色的建筑文化、街区文化、饮食文化、茶文化、酒文化、服饰文化、风俗习惯、生活方式等，构成商业街独具魅力的气质或秉性。例如，日本东京银座、韩国汉城的商业街文化特质与格调，洋溢着浓郁的民族文化气息；香港的商业街其文化特征，不但呈现出中西合璧、传统与现代的文化痕迹，而且从主体上保有中华民族文化的主流特色，因此拥有东、西方文化的集大成者之美誉，并素有"东方巴黎"之称。

因此，现代都市商业街无论是从总体规划布局上，还是集购物、休闲、餐饮、娱乐、旅游观光、文化为一体的综合功能开发上，寻求其风格或个性的外扬，只能解决商业街的"形似"，然若欲凸显商业街之"神似"，则需以其赋有的文化内涵定位商业街总体格调与风格，因为有特色的商业街文化是永远抹不去的印记。"诚于中而形于外"。北京的大栅栏商业街、王府井商业街及上海的南京路商业街，为我们培育了不知多少商业老字号和商业英豪，其"诚"则是商业街文化的精髓，而其"形"则又是通过"神"来表现的，历经数百年犹如商业领域的常青树，永葆青春，它们仰仗的是永不凋零、永不褪色的灵魂——商业街的文化和商业精神。总之，都市商业街的文化定位，将成为我国各地城市商业街发扬与光大，寻求可持续发展与创新的重要途径与手段。

商业街的文化定位就其本质而言，即明确其发展定位和理念设计上，具体说来就是在禀赋其地域文化和亚文化商业资源的基础上，找准商业街整体的风格与基调，体现其独有的文化魅力，展示商业街其独树一帜的底蕴深厚的文化精神。如北京的大栅栏，那京味十足拥有悠久历史传统的商业街；王府井那饱经沧桑数百年并曾见证新、旧中国更替，并培养了商业领域中模范标兵——张秉贵，令不计其数的海内外游人流连忘返的老商业街；西单商业街，曾亲眼目睹新中国半个多世纪经济建设的商业街；上海的南京路，曾感受过中西方文化在此碰撞、交融及"火并"的痛苦，完成了从"洋"气到"扬"气的过程，东西方文化碰撞出的近代中国盛极一时的"海派"文化，交融的结果呈现出一个中西合璧的"中华商业第一街"，在世人面前拥有"天下谁人不识君"的赞叹——南京路国际化都市商业街。

上述这千姿百态的商业街,历经数十年甚至数百年经久不衰的内在动力,只有一个要素——"文化",它是各地商业街传承与创新的"基因",也是其发展的基本定位。我国东部与西部,南方与北方社会政治、经济、文化等方面,存在着地区性差异,禀赋地区自然资源、地域文化资源以及城市在未来国内外发展的方向,寻求其商业街的基本定位。北宋的汴京、南宋的临安是以其特有的政治中心、发达的水陆交通、优越的地理位置为前提的;而明清时期的北京除具备前者条件外,建立在京味十足的燕京都城文化的基础之上,是其商业街成长与创新的动力之源。总之,借助城市传统文化与商业精神是都市商业街永葆生命活力的基点。

参考文献

[1] 吴慧.中国古代商业史[M].北京:中国商业出版社,1983.
[2] 林文益.中国商业简史[M].北京:中国展望出版社,1985.
[3] 王振忠.明清徽商与淮扬社会变迁[M].上海:上海三联出版社,1996.
[4] 葛贤慧.商路漫漫五百年——晋商与传统文化[M].武汉:华中理工大学出版社,1996.
[5] 范勇.中华商脉[M].成都:西南财经大学出版社,1996.
[6] 孟元老.东京梦华录[M].上海:中华书局,1981.
[7] 吴自牧.梦粱录[M].上海:中华书局,1985.
[8] 李学工.论北宋汴京城市商业网点的布局[J].兰州商学院学报,1995(1).

Commercial Streets: the Soul of Chinese Business Culture

▲Li Xue-gong (*School of Business Administration, Lanzhou Business College, Lanzhou, Gansu, 730020, China*)

Abstract: Commercial streets are colorful historical picture scrolls of business and culture. The picture scrolls are presented by our nation in the history of the development of commodity circulation. The commercial streets have undergone thousands of years of development and evolution. As the carrier of urban business development, commercial streets bring about the prosperity of urban business and business culture with local features. It offers some implications for today's urban commercial street going internationalized.

Key Words: commercial street; business exchange; development positioning; culture positioning